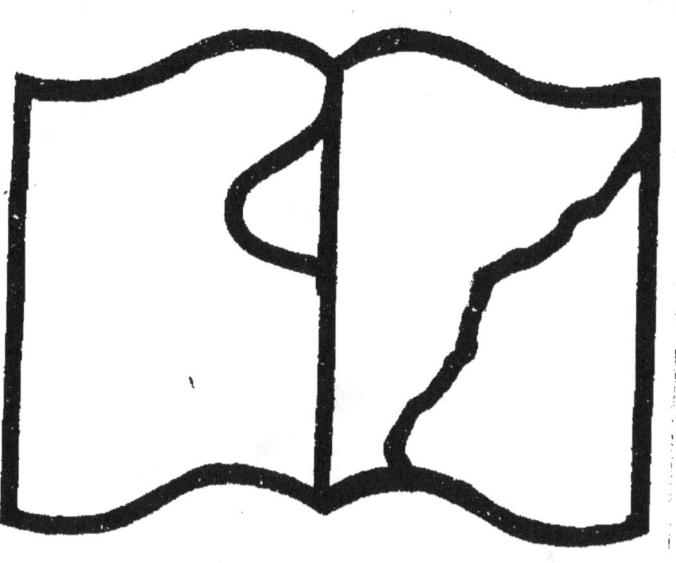

Texte détérioré — reliure défectueuse
NF Z 43-120-11

VALABLE POUR TOUT OU PARTIE
DU DOCUMENT REPRODUIT

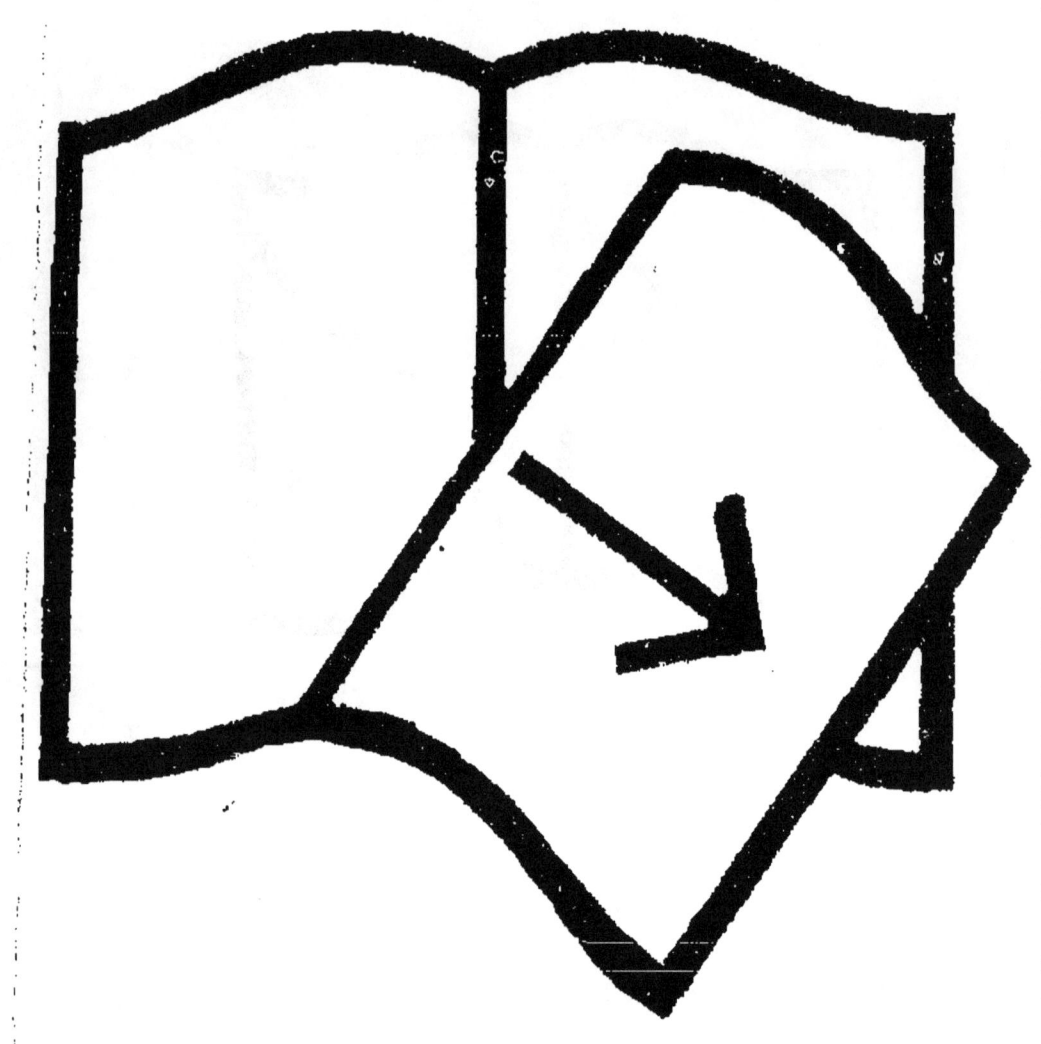

Couvertures supérieure et inférieure manquantes

COMTE DE VILLIERS DE L'ISLE-ADAM

L'ÈVE FUTURE

Transitoriis quære æterna.

PARIS

M. DE BRUNHOFF, ÉDITEUR

ANCIENNE MAISON MONNIER, DE BRUNHOFF, ET Cie

16, rue des Vosges, 16

1886

Tous droits réservés

AVIS AU LECTEUR

Il me paraît de toute convenance de prévenir une confusion possible relativement au principal héros de ce livre.

Chacun sait aujourd'hui qu'un très illustre inventeur américain, M. Edison, a découvert, depuis une quinzaine d'années, une quantité de choses aussi étranges qu'ingénieuses ; — entre autres le Téléphone, le Phonographe, le Microphone — et ces admirables lampes électriques répandues sur la surface du globe; — sans parler d'une centaine d'autres merveilles.

En Amérique et en Europe une LÉGENDE *s'est donc éveillée, dans l'imagination de la foule, autour de ce grand citoyen des Etats-Unis. C'est à qui le désignera sous de fantastiques surnoms — tels que le «* MAGICIEN DU SIÈCLE, *le* SORCIER DE MENLO PARK, *le* PAPA DU PHONOGRAPHE *», etc., etc. L'enthousiasme — des plus naturels — en son pays et ailleurs, lui a conféré une sorte d'apanage mystérieux, ou tout comme, en maints esprits.*

Dès lors, le PERSONNAGE *de cette légende, — même du vivant de l'homme qui a su l'inspirer, — n'appartient-il pas à la littérature humaine? — En d'autres termes, si le docteur Johannes Faust, se trouvant contemporain de Wolfgang Gœthe, eût donné lieu à sa symbolique légende, le « Faust » n'eût-il pas été, quand même, licite?*

*— Donc, l'*EDISON *du présent ouvrage, son caractère, son habitation, son langage et ses théories sont — et devaient être — au moins passablement distincts de la réalité.*

Il est, ainsi, bien établi que j'interprète une légende moderne au mieux de l'œuvre d'Art-métaphysique dont j'ai conçu l'idée, qu'en un mot le héros de ce livre est, avant tout, le « Sorcier de Menlo Park, » etc., — et non M. l'ingénieur Edison, notre contemporain.

Je n'ai pas d'autre réserve à notifier.

VILLIERS DE L'ISLE-ADAM.

Aux rêveurs,   *Aux railleurs*

L'ÈVE FUTURE

LIVRE PREMIER

M. EDISON

I

Menlo Park

> — « Le jardin était taillé comme une belle femme
> « Étendue et sommeillant voluptueusement
> « Et fermant les paupières aux cieux ouverts :
> « Les champs de l'azur du ciel étaient rassemblés correctement
> « Dans un cercle orné des fleurs de la lumière;
> « Les iris et les rondes étincelles de rosée
> « Qui pendaient à leurs feuilles azurées, apparaissaient
> « Comme des étoiles clignotantes qui pétillent dans le bleu du soir. »
> GILES FLETCHER.

A vingt-cinq lieues de New York, au centre d'un réseau de fils électriques, apparaît une habitation qu'entourent de profonds jardins solitaires. La façade regarde une riche pelouse traversée d'allées sablées qui conduit à une sorte de grand pavillon isolé. Au sud et à l'ouest, deux longues avenues de très vieux arbres projettent leurs ombrages supérieurs vers ce pavillon. C'est le n° 1 de la cité de Menlo Park. — Là demeure Thomas Alva Edison, l'homme qui a fait prisonnier l'écho.

Edison est un homme de quarante-deux ans. Sa physionomie rappelait, il y a quelques années, d'une manière frappante, celle d'un illustre Français, Gustave Doré. C'était presque le visage de l'artiste *traduit* en un visage de savant. Aptitudes congénères, applications différentes. Mystérieux jumeaux. A quel âge se ressemblèrent-ils tout à fait ? jamais, peut-être. Leurs deux photographies d'alors, fondues au stéréoscope, éveillent cette impression intellectuelle que certaines effigies de races supérieures ne se réalisent pleinement que sous une monnaie de figures, éparses dans l'Humanité.

Quant au visage d'Edison, il offre, confronté avec d'anciennes estampes, une vivante reproduction de la médaille syracusaine d'Archimède.

Or, un soir de ces derniers automnes, vers cinq heures, le merveilleux inventeur de tant de prestiges, le magicien de l'oreille (qui, presque sourd lui-même, comme un Beethoven de la Science, a su se créer cet imperceptible instrument — grâce auquel, ajusté à l'orifice du tympan, les surdités, non seulement disparaissent, mais dévoilent, plus affiné encore, le sens de l'ouïe —), Edison, enfin, s'était retiré au plus profond de son laboratoire personnel, c'est-à-dire en ce pavillon séparé de son château.

Ce soir-là, l'ingénieur avait donné congé à ces cinq acolytes, ses chefs d'atelier, — ouvriers dévoués, érudits et habiles qu'il rétribue en prince et dont le silence lui est acquis. Assis en son fauteuil américain, accoudé, seul, le havane aux lèvres — lui si peu fumeur, le tabac changeant en rêveries les projets virils, — l'œil fixe et distrait, les jambes croisées, enveloppé de son ample vêtement, légendaire déjà, de soie noire aux glands violâtres, il paraissait perdu en une intense méditation.

A sa droite, une haute fenêtre, grande ouverte sur l'Occident, aérait le vaste pandémonium, laissant s'épandre sur tous les objets une brume d'or rouge.

Çà et là s'ébauchaient, encombrant les tables, des formes d'instruments de précision, des rouages aux mécanismes inconnus, des appareils électriques, des télescopes, des réflecteurs, des aimants énormes, des matras à tubulures, des flacons pleins de substances énigmatiques, des ardoises couvertes d'équations.

Au dehors, par delà l'horizon, le couchant, trouant de lueurs et de rayons d'adieu les lointains rideaux de feuillages sur les collines du New Jersey boisées d'érables et de sapins, illuminait, par instants, la pièce d'une tache de pourpre ou d'un éclair. Alors saignaient, de tous côtés, des angles métalliques, des facettes de cristaux, des rondeurs de piles.

Le vent fraîchissait. L'orage de la journée avait détrempé les herbes du parc — et aussi avait baigné les lourdes et capiteuses fleurs d'Asie épanouies dans leurs caisses vertes, sous la fenêtre. Des plantes séchées, suspendues aux poutres entre les poulies, dégageaient, galvanisées par la température, comme un souvenir de leur vie odorante d'autrefois, dans les forêts. Sous l'action subtile de cette atmosphère, la pensée, habituellement forte et vivace, du songeur — se détendait et se laissait insensiblement séduire par les attirances de la rêverie et du crépuscule.

II

Phonograph's papa

> « C'est lui !... Ah ! dis-je en ouvrant
> de grands yeux dans l'obscurité : c'est l'*Homme au sable* !... »
> HOFFMANN, *Contes nocturnes*.

Bien que son visage aux tempes grisonnantes donne toujours l'idée d'un enfant éternel, Edison est un passant de l'école sceptique. Il n'invente, dit-il, que comme le blé pousse.

Froid et se rappelant des débuts amers, il a le sourire chèrement payé de ceux dont la seule présence dit au prochain : « — Deviens, je suis. » — Positif, il n'estime les théories les plus spécieuses qu'une fois dûment incarnées dans le fait. « Humanitaire », il tire plus de fierté de ses labeurs que de son génie. Sagace, toutefois, lorsqu'il se compare, il désespère d'être dupe. Sa manie favorite consiste à se croire un IGNORANT, par une sorte de fatuité légitime.

De là cette simplicité d'accueil et ce voile de franchise rude, — parfois, même, d'apparence familière, — dont il enveloppe la glace réelle de sa pensée. L'homme de génie avéré, qui eut l'honneur d'être pauvre, évalue toujours, d'un coup d'œil, le passant qui lui parle. Il sait peser au carat les mobiles secrets de l'admiration, en nettifier la probité et la qualité, en déterminer le degré sincère, jusqu'à des approximations infinitésimales. Et le tout à l'éternel insu de l'interlocuteur.

Ayant prouvé de quel ingénieux bon sens il est doué, le grand électricien pense avoir conquis le droit de plaisanter, fût-ce vis-à-vis de lui-même, en ses privées méditations. Là, comme on aiguise un couteau sur une pierre, il affile son esprit scientifique sur de durs sarcasmes dont les étincelles pleuvent jusque sur ses propres découvertes. Bref, il feint de tirer sur ses troupes ; mais ce n'est le plus souvent qu'à poudre et pour les aguerrir.

Donc, victime volontaire des charmes de cette pénétrante soirée, Edison, se sentant en humeur de récréation, savourait paisiblement l'excellente fumée de son havane sans se refuser à la poésie de l'heure et de la solitude, de cette chère solitude que le propre des sots est de redouter.

Comme un simple mortel, il s'abandonnait même, par délassement, à toutes sortes de réflexions fantaisistes et bizarres.

III

Les Lamentations d'Edison.

> « Toute tristesse n'est qu'un amoindrissement de soi.
> SPINOSA. »

Il se parlait à voix basse :

— Comme j'arrive tard dans l'Humanité ! murmurait-il. Que ne suis-je l'un des premiers-nés de notre espèce !... Bon nombre de grandes paroles

seraient incrustées, aujourd'hui, *ne varietur*, — (*sic*),
— textuelles, enfin, sur les feuilles de mon cylindre,
puisque *son prodigieux perfectionnement permet de recueillir, dès à présent, les ondes sonores à distance!...*
Et ces paroles y seraient enregistrées avec le ton,
le timbre, l'accent du débit et même les vices de
prononciation de leurs énonciateurs.

Sans prétendre au cliché galvanoplastique du
« *Fiat lux!* » exclamation proférée, paraît-il, voici
tantôt soixante-douze siècles (et qui, d'ailleurs, à
titre de précédent immémorial, controuvée ou
non, eût échappé à toute phonographie), peut-être
m'eût-il été permis, — par exemple, un peu
après la mort de Lilith et pendant le veuvage
d'Adam, — de saisir et d'empreindre, dissimulé
derrière quelque fourré de l'Eden, tout d'abord
le sublime soliloque : — « *Il n'est pas bon que
l'Homme soit seul!* » — puis l'*Eritis sicut dii!* le
Croissez et multipliez!... enfin le sombre quolibet
d'Elohim : *Voici Adam devenu comme l'un de nous* : —
etc!... Plus tard, une fois le secret de ma plaque
vibrante bien répandu, n'eût-il pas été doux à mes
successeurs de phonographier, au fort du paganisme, par exemple le fameux : *A la plus belle!...*
le *Quos ego!...* les *Oracles de Dodone*, — les *Mélopées
des Sybilles?*... etc. Tous les dires importants de
l'Homme et des Dieux, à travers les âges, eussent
été gravés ainsi, d'une manière indélébile, en de
sonores archives de cuivre : de sorte qu'ultérieurement le doute n'eût jamais été possible sur leur
authenticité.

Même parmi les *bruits* du passé, combien de
sons mystérieux ont été perçus par nos prédé-

cesseurs et qui, faute d'un appareil convenable pour les retenir, sont tombés à jamais dans le néant ?... Qui pourrait, en effet, de nos jours, se former une notion exacte — par exemple du *Son des trompettes de Jéricho* ?... du *Cri du taureau de Phalaris* ?... du *Rire des augures*... du *Soupir de Memnon à l'aurore* ?... etc.

Voix mortes, sons perdus, bruits oubliés, vibrations en marche dans l'abîme et désormais trop distantes pour être ressaisies !... Quelle flèche atteindrait de tels oiseaux ?

Edison toucha négligemment un bouton de porcelaine contre le mur, auprès de lui. Un éblouissant jet bleu, parti d'une vieille pile faradique, à dix pas de son fauteuil, et capable de foudroyer une certaine quantité d'éléphants, traversa, de son dissolvant éclair, un bloc de cristal — puis disparut dans le même cent-millième de seconde.

— Oui, continuait en son nonchaloir le grand mécanicien, j'ai bien cette étincelle... qui est au son ce que la levrace vierge est au chélonien : elle pourrait accorder une avance de cinquante siècles et plus, dans les gouffres, aux anciennes vibrations parties de la terre !... mais, sur quel fil, sur quelles traces la dépêcher vers elles ?... Comment lui apprendre à les rapatrier, une fois ressaisies ? à les rabattre sur le tympan de leur chasseur ?... Cette fois le problème semble, au moins, insoluble.

Edison secoua mélancoliquement, du bout de son petit doigt, la cendre de son cigare : — après un silence, il se leva, non sans un sourire, et se mit à faire les cent pas dans le laboratoire.

— Et penser qu'après six mille et *quelques* années d'une lacune aussi préjudiciable que celle de mon Phonographe, reprit-il, quantité de lazzis, émanés de l'indifférence humaine, ont salué l'apparition de mon premier essai !... « Jouet d'enfant ! » grommelait la foule. Certes, je sais que, prise à l'improviste, quelques jeux de mots lui sont d'un soulagement indispensable et lui donnent le temps de se remettre... Cependant, à sa place, en fait de jeux de mots, je me fusse, du moins, efforcé d'en parfaire quelques-uns d'un aloi supérieur à celui des grossiers calembours qu'elle n'a pas rougi de risquer à mon sujet.

Ainsi, j'eusse blâmé, par exemple, le Phonographe, de son impuissance à reproduire, en tant que *bruits*, le bruit... de la Chute de l'Empire romain... les bruits qui courent... les silences *éloquents*... et, en fait de *voix*, de ce qu'il ne peut clicher ni la voix de la conscience?... ni la voix — du sang?... ni tous ces mots merveilleux qu'on *prête* aux grands hommes... ni le *Chant du Cygne*... ni les sous-*entendus*... ni la Voie lactée? non ! Ah ! je vais trop loin. — Seulement, pour satisfaire mes semblables, je sens bien qu'il faut que j'invente un instrument qui répète avant même qu'on ait parlé, — ou qui, si l'expérimentateur lui souffle : « Bonjour, monsieur ! » réponde : « Merci, comment vous portez-vous ? » Ou qui, s'il arrive qu'un oisif éternue dans l'auditoire, lui crie : « A vos souhaits ! » ou : « Dieu vous bénisse ! » etc.

Ils sont étonnants, les hommes.

J'accorde que la voix de mes premiers phonographes avait l'air d'être, en effet, celle de la Conscience parlant avec la pratique de Polichinelle ; mais l'on pouvait attendre, que diable ! avant de se prononcer si lestement, que le Progrès les eût rendus ce qu'aux premières plaques de Nicéphore Niepce ou de Daguerre, sont les épreuves photochromiques ou héliotypiques actuelles.

— Eh bien, puisque la monomanie du doute est inguérissable à notre égard, je tiendrai secret, jusqu'à nouvel ordre, le surprenant, l'absolu perfectionnement que j'ai découvert !... — et qui est là, sous terre ! — ajouta Edison en frappant légèrement du pied. — J'écoulerai, de la sorte, pour cinq ou six millions de vieux phonographes — et puisque l'on veut rire... je rirai le dernier.

Il s'arrêta, songea quelques secondes, puis :

— Bah ! conclut-il avec un mouvement d'épaules : en résumé, il y a toujours du bon dans la folie humaine. — Laissons là de vaines plaisanteries.

Tout à coup, un chuchotement clair, la voix d'une jeune femme parlant tout bas, murmura près de lui :

— Edison ?

IV

Sowana

Comment s'étonner de quelque chose
LES STOÏCIENS.

Cependant, pas même une ombre n'était là.

Il tressaillit.

— Vous, Sowana ? demanda-t-il à haute voix.

— Oui. — Ce soir, j'avais soif du beau sommeil ! J'ai pris l'anneau : je l'ai au doigt. Ce n'est pas la peine d'élever votre son de voix habituel : je suis auprès de vous — et, depuis quelques minutes, je vous entends jouer avec des mots, comme un enfant.

— Et, *physiquement*, où êtes-vous ?

— Etendue sur les fourrures, dans le souterrain, derrière le buisson des oiseaux. Hadaly paraît sommeiller. Je lui ai donné ses pastilles et son eau pure, de sorte qu'elle est toute... ranimée.

La voix, — rieuse sur cette dernière parole, — de l'être invisible que l'électricien venait d'appeler Sowana, bruissait, toujours discrète et basse, en une patère des rideaux violacés. Celle-ci formait plaque sonore et frémissait sous un chuchotement lointain apporté par l'électricité : c'était un de ces nouveaux condensateurs, inventés d'hier à peine, où le prononcé des syllabes et le timbre des voix sont distinctement transmis.

— Dites-moi, mistress Anderson, reprit Edison après un instant de songerie, — en ce moment seriez-vous sûre d'entendre ce qu'une autre personne me dirait ici ?

— Oui, si vous le redisiez vous-même, très bas, entre les lèvres, au fur et à mesure : la différence de l'intonation, dans vos réponses, me ferait comprendre le dialogue. — Vous voyez : je suis un peu comme l'un des génies de l'Anneau, dans les *Mille et une Nuits*.

— En sorte, que si je vous priais de relier le fil téléphonique, avec lequel vous me parlez en ce moment, *à la personne* de notre jeune amie, le miracle dont nous avons parlé se produirait ?

— Sans aucun doute. C'est une chose prodigieuse d'ingéniosité et d'idéal, mais toute naturelle, ainsi réalisée.

Voici : — vous, pour que je vous entende, en l'état mixte et merveilleux où je suis, toute saturée du fluide vivant accumulé en votre anneau, vous n'avez nul besoin de téléphone ; mais pour que vous m'entendiez, vous, ainsi que tel de vos visiteurs, ne faut-il pas que le téléphone, dont je tiens en ce moment l'embouchure, corresponde à une plaque sonore, si dissimulée qu'elle soit?

— Mistress Anderson, dites-moi...

— Donnez-moi mon nom de sommeil. *Ici*, je ne suis plus seulement moi-même. *Ici*, j'oublie — et ne souffre plus. L'autre nom me rappelle l'horrible terre où je tiens encore.

— Sowana, vous êtes absolument sûre de Hadaly, n'est-ce pas?

— Oh! vous me l'avez bien enseignée, votre belle Hadaly et je l'ai si bien étudiée que j'en réponds... comme de mon reflet dans une glace! J'aime mieux être en cette enfant vibrante qu'en moi. Quelle créature sublime! Elle existe de l'état supérieur où je me trouve en ce moment : elle est imbue de nos deux volontés s'unifiant en elle : c'est UNE dualité. Ce n'est pas une conscience, c'est un esprit! — Quand elle me dit : « Je suis une OMBRE, » je me sens troublée : — Ah! je viens d'avoir le pressentiment — qu'elle va s'incarner!...

Après un léger mouvement de surprise pensive :

— Bien. Dormez, Sowana!... répondit à demi-voix l'électricien. — Hélas! il faut un troisième vivant pour que ce Grand-œuvre s'accomplisse!... Et qui, sur la terre, oserait s'en juger digne!

— Tenez, ce soir, je serai prête ! Une étincelle, et Hadaly apparaîtra !... dit la voix, de l'accent d'une personne qui s'endort.

Il y eut un moment de mystérieux silence après cette aussi étrange qu'incompréhensible conversation.

— En vérité, l'habitude même d'un phénomène pareil ne préserve pas tout à fait d'on ne sait quel vertige !... murmura, comme à lui-même, Edison. Et, décidément, au lieu de l'approfondir, — je préfère encore songer à toutes ces paroles... *inouies*... dont l'Humanité ne pourra jamais contrôler les accents, faute d'avoir imaginé, avant moi, le Phonographe.

Que pouvait signifier la subite légèreté d'esprit avec laquelle le grand ingénieur paraissait traiter, maintenant, le secret — si singulier ! — dont il venait d'être question ?

Ah ! les êtres de génie sont ainsi faits : souvent l'on croirait qu'ils cherchent à s'étourdir eux-mêmes sur leur véritable pensée : ce n'est qu'au moment où, comme un flamboiement, celle-ci se dévoile qu'on s'aperçoit... s'ils avaient leurs motifs pour *sembler* distraits, fût-ce dans la solitude.

V

Résumé du soliloque

« Tu te tairas, ô voix sinistre des vivants ! »
LECONTE DE LISLE.

C'est surtout dans le Monde-mystique, — reprit-il bientôt, — que les occasions perdues semblent irréparables !... — Oh ! les vibrations initiales de tout l'énoncé de la Bonne-Nouvelle! Le timbre archangélique de la Salutation, dilué, par les siècles, dans les angelus! le Sermon sur la Montagne! le « Salut, maître! » (Salëm, rabboni, je crois), du jardin des Oliviers — et le bruit du baiser de l'Is-Karioth, — l'*Ecce Homo* du tragique préfet! l'interrogatoire chez le Prince des prêtres!... tout ce procès, enfin, si judicieusement revisé, de nos jours, d'ailleurs, par ce subtil maître Dupin, président de l'Assemblée française, en un livre aussi disert qu'opportun, dans lequel l'illustre bâtonnier relève si savamment, au seul point de vue du Droit de l'époque, et dans l'espèce, chaque vice de procédure, omissions, étourderies, quiproquos et négligences dont Ponce-Pilate, Caïphe et le fougueux Hérode-Antipas se rendirent, juridiquement répréhensibles, au cours de cette affaire.

L'électricien médita quelques instants sans parler.

— Il est à remarquer, reprit-il, que le Verbe divin semble avoir fait peu d'état des côtés extérieurs et tangibles de l'écriture et de la parole. Il n'écrivit qu'une seule fois — et, encore, sur le sable. Sans doute n'estimait-il, dans la vibration du mot, que cet insaisissable *au delà*, dont le magnétisme inspiré de la Foi peut pénétrer un vocable dans l'instant où on le profère. Qui sait si le reste n'est pas de peu d'importance, en effet?... Toujours est-il qu'il a permis seulement qu'on *imprimât* son Evangile, et non qu'on le *phonographiât*. Cependant, au lieu de dire : « Lisez les Saintes Ecritures! » on eût dit : « Ecoutez les Vibrations Sacrées! » — Enfin, il est trop tard...

Les pas du professeur sonnaient sur les dalles : le crépuscule, autour de lui, s'approfondissait.

— Qu'ai-je à phonographier, aujourd'hui, sur la terre ? gémissait-il sarcastiquement : on pourrait, en vérité, croire que le Destin n'a permis à mon instrument d'apparaître qu'au moment où rien de ce que dit l'Homme ne semble plus guère valoir la peine d'être conservé...

— Après tout, que m'importe ! Inventons ! inventons ! — Qu'importe le son de la voix, la bouche qui prononce, le siècle, la minute où telle idée s'est révélée, puisque toute pensée n'est, de siècle en siècle, *que selon l'être qui la réfléchit* ? Ceux-là qui ne sauront jamais *lire*, auraient-ils su jamais *entendre* ?... Ce n'est pas d'entendre le son, mais l'*En dedans* créateur de ses vibrations même, — ces voiles ! — qui est l'essentiel.

VI

Des bruits mystérieux

<small>Que celui qui a des *oreilles* pour entendre, entende !
NOUVEAU TESTAMENT.</small>

Ce disant, Edison alluma tranquillement un second cigare.

— Il ne faut donc pas s'exagérer le désastre, reprit-il en continuant sa promenade et en fumant dans l'obscurité.

S'il est regrettable, en effet, que le son authentique et originel des paroles célèbres n'ait pas été retenu par le Phonographe, je trouve, en y réfléchissant, qu'étendre ce regret jusqu'aux bruits énigmatiques ou mystérieux auxquels je songeais tout à l'heure serait un acte d'absurdité.

Car ce n'est pas eux qui ont disparu, mais bien le caractère impressionnant dont ils étaient revêtus en et par l'ouïe des anciens — et qui, seul, en animait l'insignifiance intrinsèque. Donc, ni jadis ni de nos jours, il ne m'eût été possible de graver exactement des bruits dont la *réalité* dépend de l'auditeur.

Mon Mégaphone, même, s'il peut augmenter la dimension, pour ainsi dire, des oreilles humaines (ce qui est déjà un immense progrès, scientifiquement parlant), ne saurait, toutefois, augmenter la valeur de CE qui écoute en ces mêmes oreilles.

Quand bien même j'arriverais à faire flotter au vent les pavillons auriculaires de mes semblables, l'esprit d'analyse ayant aboli, dans le tympan des *existeurs* modernes, le sens intime de ces rumeurs du passé, (sens qui en constituait, encore un coup, la *véritable* réalité), j'eusse eu beau clicher, en d'autres âges, leurs vibrations, celles-ci ne représenteraient plus aujourd'hui, sur mon appareil, que des sons morts, en un mot que des bruits *autres* qu'ils furent et que leurs étiquettes phonographiques les prétendraient être, *puisque c'est en nous que s'est fait le silence.*

C'est *pendant* que ces bruits étaient encore mystérieux qu'il eût été vraiment intéressant d'essayer d'en rendre le mystère transportable sur une machine en l'y fixant pour de longs siècles... — Et encore que dis-je là? murmura soudainement l'électricien : — j'oublie qu'une réciprocité d'action est la condition essentielle de toute réalité! Donc, au fond, l'on peut affirmer que les *murailles seules de la ville de Jéricho entendirent le son des trompettes de Josué, puisque seules elles avaient qualité pour cela*, mais que ni l'armée d'Israël, ni les assiégés chananéens ne distinguèrent en ce son rien d'anormal : ce qui revient à dire qu'au fond *personne ne les a jamais entendues.*

Une comparaison : si je place, — voyons, — la *Joconde* de Léonard de Vinci devant les prunelles d'un Pawnie ou d'un Cafre, — ou même de certains bourgeois de toutes nationalités, — quelque puissantes que soient les loupes ou les lentilles à l'aide desquelles j'augmenterai les forces de la vue chez ces naturels, parviendrai-je jamais à leur faire *voir* CE qu'ils regarderont ?

D'où je conclus qu'il en est des bruits comme des voix et des voix comme des signes — et que nul n'a droit de rien regretter. — De nos jours, d'ailleurs, s'il n'est plus de bruits surnaturels, je puis, par compensation, en enregistrer d'assez importants, comme le bruit de l'avalanche, du Niagara, de la Bourse, d'une éruption, des canons de plusieurs tonnes, d'une tempête, d'une multitude, du tonnerre, du vent, de la houle, d'une bataille, etc.

Une réflexion suspendit ici la nomenclature d'Edison.

— Il est vrai que mon seul Aërophone domine, d'ores et déjà, tous ces vacarmes dont la contingence bien reconnue est dépourvue désormais de tout intérêt ! acheva-t-il avec mélancolie.

— Décidément, je le répète, le Phonographe et moi nous arrivons tard dans l'Humanité. Considération tellement décourageante que — si je n'étais pas un homme d'une activité pratique extraordinaire, — j'irais, tout bonnement, nouveau Tityre, m'étendre à l'ombrage de quelque arbre champêtre : là, l'oreille appliquée au récepteur de mon Microphone, je laisserais couler les jours en écoutant l'herbe pousser pour me distraire, tout en me disant, *in petto*, qu'un Dieu des plus probables m'a fait ces loisirs.

Edison en était là de sa rêverie, lorsqu'un coup de timbre, limpide et sonore, fit tressaillir les ombres autour de lui.

VII

Une dépêche!

« — Prends garde : c'est...
« — Je ne vois pas bien
« — Qu'il entre ! »
LUBNER, *Le Spectre*;

L'ingénieur abaissa le ressort d'un briquet à hydrogène qui se trouvait plus près de lui que les allumoirs électriques. Le jet de gaz, au contact de la frêle éponge de platine, s'enflamma.

Une veilleuse brilla : l'immense capharnaüm s'éclaira subitement.

Edison s'approcha d'un phonographe dont le porte-voix communiquait à un téléphone et gratifia d'une chiquenaude le pas-de-vis de la plaque vibrante (car il dédaigne le plus possible de parler lui-même, excepté à lui-même).

— Hé bien ! qu'est-ce ? que me veut-on ? cria l'instrument dans le capuchon du téléphone avec la

voix d'Edison légèrement nuancée d'impatience :
— est-ce vous, Martin?

Une voix forte répondit au milieu de la chambre, bien qu'on ne vît personne :

— Oui, c'est moi, monsieur Edison. Je suis à New York, dans votre chambre de Broadway. Je vous transmets une dépêche, reçue ici, pour vous, il y a deux minutes.

La voix provenait d'un appareil de condensation perfectionné, non divulgué encore, — sorte de petite boule polyèdre suspendue à un fil inducteur qui tombait du plafond.

Edison détourna le regard vers le récepteur d'une réduction Morse, fixée sur un socle auprès du phonographe. Un carré de papier télégraphique s'y trouvait ajusté.

Un frémissement imperceptible, un murmure d'esprits en voyage, agita le double fil correspondant. L'électricien étendit la main, le papier sauta hors de son alvéole de métal, la dépêche suivante, qu'Edison approcha de la lampe, s'y étant brusquement imprimée :

— *New York, Broadway, pour Menlo Park, n° 1.* — 8. 1. 83. 4 h. 35 m. soir. — *Thomas Alva Edison, ingénieur.*
— *Arrivé ce matin : recevrez ma visite ce soir. Félicitations affectueuses.*
Lord Ewald.

A cette signature, le grand mécanicien jeta une exclamation de surprise profonde et joyeuse.

— Lord Ewald! s'écria-t-il. — Quoi! lui?... de retour aux Etats-Unis?—Ah! qu'il vienne, le cher, le noble ami!

Et, après un silencieux sourire, auquel on eût peu reconnu le sceptique de tout à l'heure :

— Non, je n'ai pas oublié cet admirable adolescent... qui me porta secours, il y a des années, déjà! lorsque, mourant de misère, j'étais tombé sur cette route, là-bas, près de Boston.

Tous avaient passé auprès de moi en disant : »Pauvre garçon !« Lui, l'excellent, le charmant samaritain, sans tant de doléances, sut mettre pied à terre pour me relever et, d'une poignée d'or, me sauver la vie, le travail ! — Il s'est donc souvenu de mon nom ?... Tout mon cœur le recevra! Ne lui dois-je pas la gloire — et le reste!

Edison marcha vivement vers une tenture et appuya le doigt sur le bouton d'une sonnerie.

Un bruissement de cloche retentit au loin, dans le parc, du côté du château.

Presqu'aussitôt une voix d'enfant joyeuse partit, auprès d'Edison, de l'angle d'un tabouret d'ivoire :

— Qu'est-ce que tu veux, père? disait la voix.

Edison saisit l'embouchure d'un appareil appliqué entre les tapisseries :

— Dash! y prononça-t-il, on laissera pénétrer dans le pavillon, ce soir, un visiteur, lord Ewald. On le recevra comme moi-même... Il est chez lui.

— Bien, mon père! dit la même voix, qui, grâce à un jeu de condensateurs, sembla, cette fois, provenir du centre d'un grand réflecteur à magnésium.

— Je préviendrai s'il soupe ici avec moi. Ne m'attendez point. Qu'on soit sages! Bonsoir.

Un enfantin et charmant éclat de rire se fit entendre, dans les ombres, de tous côtés. On eût dit qu'un elfe invisible, cachée dans l'air, répondait à un magicien.

Edison, en souriant, laissa échapper le cornet du téléphone et reprit sa promenade.

En passant auprès d'une table d'ébène, il jeta distraitement la dépêche parmi les ustensiles qui s'y trouvaient disposés.

Mais, par hasard, le papier tomba sur un objet d'aspect saisissant et extraordinaire : la présence en était même inexplicable en ce lieu.

La circonstance de cette rencontre fortuite parut attirer l'attention d'Edison qui s'arrêta, considérant le fait et réfléchissant.

VIII

Le songeur touche un objet de songe

« Pourquoi pas ? »
DEVISE DES TEMPS MODERNES.

C'était un bras humain posé sur un coussin de soie violâtre. Le sang paraissait figé autour de la section humérale : à peine si quelques taches pourpres, sur un chiffon de batiste placé tout auprès, attestaient une récente opération.

C'était le bras et la main gauche d'une jeune femme.

Autour du poignet délicat s'enroulait une vipère d'or émaillé : à l'annulaire de la pâle main étincelait une bague de saphirs. Les doigts idéals retenaient un gant couleur perle, mis plusieurs fois sans doute.

Les chairs étaient d'un ton demeuré si vivant, le derme si pur et si satiné que l'aspect en était aussi cruel que fantastique.

Quel mal inconnu pouvait avoir nécessité cette amputation désespérée? — alors, surtout, que la plus saine vitalité semblait courir encore en ce doux et gracieux spécimen d'un corps juvénile?

Une pensée glaçante se fût éveillée à cette vue dans l'esprit d'un étranger.

En effet, le grand cottage de Menlo Park, que ses attenances font ressembler à un château perdu sous les arbres, est un domaine isolé. Edison est, au su de l'univers, un expérimentateur intrépide et qui n'est tendre que pour des amis bien éprouvés. Ses découvertes d'ingénieur et d'électricien, ses inventions de tout genre, dont on ne connaît que les moins étranges, donnent en général des impressions d'un positivisme énigmatique. Il a composé des anesthésiques d'une puissance telle, au dire de ses flatteurs, que « si l'un des réprouvés avait l'heur d'en absorber quelques gouttes, il deviendrait sur-le-champ parfaitement insensible aux questions les plus raffinées de la Géhenne. » Lorsqu'il s'agit d'une tentative nouvelle, devant quoi reculerait un physicien? l'existence d'autrui? la sienne?

— Ah! quel savant, digne de ce titre, pourrait, ne fût-ce qu'une seconde, songer, sans remords et même sans déshonneur, à des préoccupations de cet ordre lorsqu'il s'agit d'une découverte? Edison, à coup sûr moins que tout autre, Dieu merci!

La presse européenne a spécifié de quelle nature sont quelquefois ses expériences. Il ne se soucie que du but grandiose; les détails ne méritent à ses yeux que le regard dont un philosophe honore toujours trop de pures contingences.

Il y a quelques années, d'après les gazettes américaines, Edison ayant trouvé le secret d'arrêter court, et sans le plus léger encombre, deux trains lancés à toute vapeur à l'encontre l'un de l'autre, sut persuader au directeur d'une compagnie d'embranchement du Western-Railway de tenter et sans retard l'essai du système pour en sauvegarder le brevet.

Les aiguilleurs donc, par une belle nuit de lune, dirigèrent sur une même ligne et lancés avec une vitesse de trente lieues à l'heure, l'un vers l'autre, deux trains gorgés de voyageurs.

Or, les mécaniciens, se troublant, au moment précis de la manœuvre, devant la soudaineté du péril, exécutèrent tout de travers les instructions d'Edison qui, debout sur une hauteur voisine et mâchonnant un régalia, regardait s'accomplir le phénomène.

Les deux trains fondirent comme l'éclair l'un sur l'autre, s'accostant avec un choc terrible.

En quelques secondes plusieurs centaines de victimes furent projetées de tous côtés, pêle-mêle, écrasées, carbonisées, broyées, hommes, femmes et enfants, y compris les deux mécaniciens et les chauffeurs dont il fut impossible de retrouver trace dans la campagne.

— Stupides maladroits! murmura simplement le physicien.

Toute autre oraison funèbre, en effet, n'eût été que superflue. Les panégyriques ne sont pas de son métier, d'ailleurs. — Depuis ce contre-temps, l'étonnement d'Edison est que les Américains hésitent à se risquer en une seconde expérience et, dit-il parfois, « au besoin dans une troisième », — enfin, « jusqu'à ce que le procédé réussisse ! »

Le souvenir de tentatives analogues, maintes fois renovées, eût constitué, disons-nous, dans l'esprit d'un visiteur, une impression suffisante pour légitimer le soupçon de quelque fatal essai d'une découverte nouvelle, à la vue de ce bras si radieux, ainsi détronqué.

Cependant, arrivé auprès de la table d'ébène, Edison considérait le pli télégraphique tombé entre deux doigts de cette main. Il toucha le bras, tressaillit, comme si une idée soudaine lui eût traversé l'imagination.

— Tiens, murmura-t-il, si, par hasard, c'était ce voyageur qui doit éveiller Hadaly !

Le mot « éveiller » fut prononcé par l'électricien avec une sorte d'hésitation tout à fait singulière. Après une seconde, il haussa les épaules avec un sourire :

— Bon ! voici que je deviens superstitieux ! acheva-t-il.

Il dépassa la table et reprit sa promenade à travers l'appartement.

Préférant sans doute l'obscurité, en arrivant à la veilleuse, il l'éteignit.

Soudain, au dehors, au-dessus des vallées, le croissant lunaire, passant entre les nuages, glissa très sinistrement un rayon sur cette table noire, par la croisée ouverte.

Le pâle rayon caressa la main inanimée, erra sur le bras, fit jeter un éclair aux yeux de la vipère d'or, la bague bleue brilla...

Puis tout redevint nocturne.

IX.

Rétrospectivité.

<small>La gloire, c'est le soleil des morts.
HONORÉ DE BALZAC.</small>

Edison, s'enfonçant en de nouveaux aspects de sa songerie de plus en plus sombre et railleuse, reprit bientôt :

— Ce qui est positivement surprenant dans l'Histoire — et, même, inconcevable, — c'est que, dans la foule des grands inventeurs, depuis tant de siècles, aucun n'ait découvert le Phonographe ! Et, cependant, la plupart d'entre eux ont innové des trouvailles d'une main-d'œuvre mille fois plus compliquée. Il est d'une confection si simple qu'elle ne doit rien aux matériaux de provenance scientifique. Abraham aurait pu le fabriquer et y prendre empreinte de sa vocation. Une barbe d'acier, une feuille de papier à chocolat, ou peu s'en faut, un cylindre de cuivre et l'on emmagasine les voix et les bruits de la terre et du ciel.

A quoi donc pensait l'ingénieur Bérose ? Si, remettant à plus tard ses études sur les formes du gnomon à Babylone, il y a quatre mille deux cents ans, il eût été doué d'un peu de sens et de réflexion, nul doute qu'il eût trouvé mon appareil. Et le subtil Erathosthène ? Au lieu de consacrer près d'un demi-siècle, en son observatoire d'Alexandrie, voici deux mille ans, à mesurer, (comme il l'a fait, d'ailleurs, fort exactement), l'arc de méridien compris entre les tropiques, n'eût-il pas été plus sage de songer, d'abord, à fixer une vibration quelconque sur une plaque de métal? — Et les Chaldéens! Si... Mais non! Ceux-là vivaient dans le bleu. — Et le puissant Euclides? Le logique Aristote? Et Pythagore, le mathématicien poëte? Et le grand Archimède, lui, qui défendant Syracuse à lui seul, procréait des grappins qui brisaient, des miroirs qui brûlaient les flottes romaines en pleine mer, n'était-il pas doué des mêmes facultés d'attention que moi? Si j'ai découvert le Phonographe en remarquant que le son de ma voix faisait vibrer le fond de mon chapeau lorsque je parlais en cet objet, n'a-t-il pas découvert sa Loi des liquides en examinant l'eau de son bain? Comment ne s'est-il pas aperçu avant moi que les vibrations du son, autour de nous, s'inscrivent en traces que l'on peut fixer comme une écriture.

Ah! sans le méfait du soudard des hordes de Marcellus, qui l'assassina sur cette équation inconnue, je sens qu'il m'eût distancé dans ma découverte! — Et les ingénieurs de Karnac? d'Ypsamboul? Les architectes de la citadelle sacrée d'Ang-Kor, ces Michel-Ange inconnus d'un temple où se joueraient une ou deux douzaine de Louvres et dont la hauteur passait de moitié, je crois, celle de la pyramide de Chéops, — temple visible et palpable, au nord du Cambodge, et dont chaque architrave, chaque parvis, chaque monstrueuse colonne, qui se nombrent par centaines, sont ciselées et découpées à jour, et cela sur une montagne entourée d'un désert de cent lieues!... temple tellement ancien qu'il est impossible d'en découvrir le dieu ni la provenance, ni de reconnaître le nom de la nation, perdue dans la nuit des âges, qui en construisit le vaste miracle! Est-ce qu'il n'était pas plus facile d'imaginer le Phonographe que ce temple-là ? — Et les mécaniciens du roi Goudhéa, mort il y a six mille ans, et, qui, au dire des inscriptions accades, n'était fier que *d'avoir porté si loin les progrès dans les sciences et dans les arts ?*

— Et ceux de Khorsabad, de Troie, de Baalbeck ? Et les Mages des anciens satrapes de Mycie? Les physiciens lydiens de Crésus, qui lui changeaient des points de vue en une nuit? Et les forgeurs de Babylone, qu'employa pour détourner le cours de l'Euphrate, Sémiramis ? Et les architectes de Memphis, de Tadmor, de Sicyone, de Babel, de Ninive et de Carthage? Et les ingénieurs d'Is, de Palmyre, de Ptolémaïs, d'Ancyre, de Thèbes, d'Ecbathane, de Sardes, de Sidon, d'Antioche, de Corinthe, d'Hiérosolyme?... Et les mathématiciens de Saïs, de Tyr, de la Persépolis brûlée, de Bysance, d'Éleusis, de Rome, de Césarée, de Bénarès et d'Athènes? — Et tous les conditionneurs de merveilles, apparus par milliers, au milieu de ces immenses civilisations antiques, — de celles dont il ne restait pas même un nom, une pierre, une trace de fumée au temps d'Hérodote, — où donc ont-ils eu l'esprit de ne pas inventer, d'abord, le Phonographe? Au moins nous pourrions, aujourd'hui, prononcer exactement leurs langues ainsi que leurs noms. Tant d'autres noms, soi-disant immortels, ne sont plus pour nous que des syllabes n'ayant aucun rapport de son avec celles qui appelèrent les fantômes dont nous voulons parler! — Comment le monde a-t-il pu se passer du Phonographe jusqu'à moi? Je m'y perds. Les savants des nations oubliées ressemblaient donc aux nôtres, qui ne sont bons qu'à constater, le plus souvent, puis classer et perfectionner ce que les ignorants inventent et découvrent?

Je dis qu'il est phénoménal que des hommes sérieux comme ceux d'il y a cinq mille ans — (par exemple que les ingénieurs de Rhamsinit, de la onzième dynastie, qui trempaient le cuivre mieux que les armuriers d'Albacète ne trempent aujourd'hui l'acier, si bien que leur secret ayant été perdu nous ne pouvons, avec les plus puissants marteaux-pilons de nos usines, forger le moindre de leurs instruments de ce métal.) — il est, dis-je, phénoménal que, parmi des hommes de... cette trempe... enfin, un seul ne se soit pas trouvé qui ait pensé à reproduire sa propre voix d'une manière indestructible!... Après cela, peut-être, mon appareil a-t-il été inventé, dédaigné et oublié. Voici neuf cents ans, paraît-il, que mon téléphone a été mis au rebut dans la vieille Chine, cette patrie archiséculaire et ressassée des aérostats, de l'imprimerie, de l'électricité, de la poudre, etc, — et de tant de choses que *nous* n'avons pas encore découvertes. — Qui ne sait que l'on a constaté, dans Karnac, des traces de rails datant de trois mille années? du temps où les peuples ne vivaient que d'invasions? — Heureusement qu'aujourd'hui les inventions de l'Homme présentent des garanties de durée « définitive. » — Certes, on se disait également cela du temps de Nabonassar, du temps même du prince touranien Xixouthros, c'est-à-dire voici environ sept ou huit mille ans, sauf erreur; — mais il faut admettre de toute nécessité qu'aujourd'hui ce sera « sérieux. » Pourquoi? je n'en sais rien. L'essentiel est d'en être bien persuadé, voilà tout. Sans quoi, tout le monde, une fois fortune faite, se croiserait les bras. — Moi tout le premier.

X

Photographies de l'Histoire du monde.

> PHOTOGRAPHIE A LA MINUTE :
>
> UN MONSIEUR, *entrant* : — Monsieur je désirerais avoir ma phot...
> — LE PHOTOGRAPHE, *se précipitant* : — N'achevez pas !... La voici. »
>
> CHAM.

Ici le regard de l'ingénieur tomba sur le grand réflecteur à magnésium où cette voix d'enfant s'était jouée tout à l'heure.

— La Photographie, elle aussi, est arrivée bien tard ! — continua-t-il. N'est-il pas désespérant de songer aux tableaux, portraits, vues et paysages qu'elle eût recueillis jadis et dont le spectacle est à jamais détruit pour nous ? Les peintres imaginent : mais c'est la réalité positive qu'elle nous eût transmise. Quelle différence ! — C'en est fait ! nous ne verrons plus, nous ne *reconnaîtrons* jamais, en leurs effigies, les choses et gens d'autrefois, — sauf le cas où l'Homme découvrirait le moyen de résorber, soit par l'électricité, soit par un agent plus subtil, la réverbération interastrale et perpétuelle de tout ce qui se passe, — découverte à venir sur laquelle il ne faut pas compter outre mesure, car il est plus que probable que tout le Système solaire aura été vaporisé par les fournaises du *Zéta* d'Hercule, qui nous attire seconde par seconde, — ou, tout au moins, que notre planète aura été abordée et défoncée, malgré sa croûte de trois à dix lieues d'épaisseur, et réduite, comme tant d'autres, à l'état de *sac à charbon* par son satellite, — ou, même, encore, qu'une vingt ou vingt-cinquième oscillation aux pôles nous aura inondés d'une nappe d'écume de trois ou quatre mille lieues, comme par le passé, — avant qu'il ait été permis à notre espèce de bénéficier, d'une façon quelconque, de ce phénomène, avéré en effet, de l'éternelle réfraction intrastellaire de toutes choses.

C'est dommage.

Il nous eût été si agréable de posséder quelques bonnes épreuves photographiques, (prises au moment même du phénomène,) de *Josué arrêtant le soleil*, par exemple? — de quelques *Vues du Paradis terrestre* prises de l'*Entrée aux épées flamboyantes* ; de l'*Arbre de la Science* ; du *Serpent* ; etc. : — de quelques vues du *Déluge, prises du sommet de l'Ararat* (l'industrieux Japhet, aurait, je le parierais, emporté un objectif dans l'arche s'il eût connu ce merveilleux instrument). Plus tard, on eût cliché les *Sept Plaies d'Egypte*, le *Buisson ardent*, le *Passage de la mer Rouge*, avant, pendant et après l'épisode, le *Mané, Thécel, Pharès*, du festin de Balthazar; le bûcher d'*Assur-banipal*, le *Labarum*, la *Tête de Méduse*, le *Minotaure*, etc., — et nous jouirions, aujourd'hui, des portraits-cartes de *Prométhée*, des *Stymphalides*, des *Sybilles*, des *Danaïdes*, des *Furies*, etc., etc.

Et tous les épisodes du Nouveau-Testament! Quelles épreuves! — Et toutes les anecdotes de l'Histoire des empires d'Orient et d'Occident! Quelle collection! Et les martyres! et les supplices! Depuis celui des sept Machabées et de leur mère, jusqu'à ceux de Jean de Leyde et de Damiens, sans omettre les principaux sacrifices des chrétiens livrés aux bêtes dans les cirque de Rome, de Lyon et d'ailleurs !

Et les scènes de torture, depuis le commencement des sociétés jusqu'à celles qui se sont passées dans les prisons de la San Hermandad au temps où les bons *frailes redemptors*, nantis de leurs trousseaux de fer, massacraient, en leurs affreux loisirs, pendant des années, les Maures, les hérétiques et les juifs ? — Et les questions qui ont été subies dans les cachots de l'Allemagne, de l'Italie, de la France, en Orient et dans l'Univers ?— L'Objectif, aidé du Phonographe, (qui sont connexes,) en reproduisant à la fois la vue et les différents cris des patients, en eussent donné une idée complète, exacte. Quel enseignement salubre c'eût été dans les lycées, pour assainir l'intelligence des enfants modernes — et même des grandes personnes ! — Quelle lanterne magique !

Et les portraits de tous les civilisateurs, de Nemrod à Napoléon, de Moïse à Washington et de Koang-fu-Tsë à Mohammed ! — Et des illustres femmes, de Sémiramis à Catherine d'Alfendelh, de Thalestris à Jeanne d'Arc, de Zénobie à Christine de Suède ?

Et les portraits de toutes les belles femmes, depuis Vénus, Europe, Psyché, Dalila, Rahel, Judith, Cléopâtre, Aspasie, Freya, Maneka, Thaïs, Akëdyssëril, Roxelane, Balkis, Phryné, Circé, Déjanire, Hélène, etc, jusqu'à la belle Paule ! jusqu'à la Grecque voilée par la loi ! jusqu'à lady Emma Harte Hamilton !

Et tous les dieux, enfin ! et toutes les déesses ! jusqu'à la déesse Raison, sans oublier monsieur de l'Etre ! Grandeur nature !

Hélas ! n'est-ce pas dommage qu'on n'ait pas les photographies de tout ce monde-là ? — Quel album !

Et en Histoire naturelle ? En paléontologie, surtout ! — Il est hors de doute que nous nous faisons une idée très défectueuse du mégathérium, par exemple, — de ce pachyderme paradoxal, — et que nos conceptions du ptérodactyle, cette chauve-souris, ce chéroptère géant, — du plésiosaure, ce patriarche monstrueux des sauriens, — sont, pour ainsi dire, enfantines. Ces intéressants animaux s'ébattaient ou voletaient, cependant, leurs squelettes l'attestent, à cette place même où je rêve aujourd'hui, — et ce, voici à peine quelques centaines de siècles, moins que rien ; — quatre ou cinq fois moins que l'âge du morceau de craie avec lequel je pourrais l'écrire sur une ardoise.

La Nature a bien vite passé l'éponge de ses déluges sur ces ébauches informes, sur ces premiers cauchemars de la Vie ! Que de curieuses épreuves il y aurait eu à prendre de toutes ces bêtes, cependant ! — Hélas, visions disparues !

Le physicien soupira.

— Oui, oui, tout s'efface, en effet ! reprit-il ; — même les reflets sur le collodion, même les pointillés sur les feuilles d'étain. Vanité des vanités ! tout est, bien décidément, vanité. Ce serait à se briser l'objectif, à se faire sauter le phonographe, à se demander — les yeux aux voûtes (purement apparentes, d'ailleurs, du ciel), — si la location de ce pan de l'Univers nous est gratuite et qui en solde le luminaire ? — qui, en un mot, nous avance les frais de cette Salle si peu solide où se joue le vieux logogriphe — et, enfin, d'où l'on s'est procuré tout ces lourds décors de Temps et d'Espace, si usés, si rapiécés, auxquels personne ne croit plus.

Quant aux mystiques, je puis leur soumettre une réflexion naïve, paradoxale, superficielle, s'ils veulent, mais singulière : — N'est-il pas attristant de penser que si Dieu, le Très-Haut, le bon Dieu, dis-je, enfin le Tout-Puissant, (lequel, de notoriété publique, est apparu à tant de gens, qui l'ont affirmé, depuis les vieux siècles, — nul ne saurait le contester sans hérésie) — et dont tant de mauvais peintres et de sculpteurs médiocres s'évertuent à vulgariser *de chic* les prétendus traits) — oui, penser que s'Il daignait nous laisser prendre la moindre, la plus humble photographie de Lui, voire me permettre, à moi, Thomas Alva Edison, ingénieur américain, sa créature, de clicher une simple épreuve phonographique de Sa vraie Voix (car le tonnerre a bien mué, depuis Franklin), *dès le lendemain il n'y aurait plus un seul athée sur la terre!*

Le grand électricien, en parlant ainsi, plaisantait sourdement l'idée vague, — indifférente, même, selon lui, — de la réflexe et vivante spiritualité de Dieu.

Mais, en celui qui la réfléchit, l'Idée-vive de Dieu n'apparaît qu'au degré seul où la foi du voyant *peut* l'évoquer. Dieu, comme toute pensée, n'est dans l'Homme que selon l'individu. Nul ne sait où commence l'Illusion, ni en quoi consiste la Réalité. Or, Dieu étant la plus sublime conception possible et toute conception n'ayant sa réalité que selon le vouloir et les yeux *intellectuels* particuliers à chaque vivant, il s'ensuit qu'écarter de ses pensées l'idée d'un Dieu ne signifie pas autre chose que se décapiter gratuitement l'esprit.

En prononçant ces dernières paroles, Edison s'était arrêté dans sa marche méditative et considérait fixement les brumes lunaires sur l'herbe du parc, par l'ouverture de la grande croisée.

— Allons!... dit Edison, défi pour défi ! Puisque la Vie semble le prendre de si haut avec nous et ne daigne nous répondre que par un profond et problématique silence, — nous allons bien voir si nous ne pouvons pas l'en faire sortir !... En tous cas, nous pouvons déjà lui montrer... ce qu'Elle est devant nous.

A ces mots, l'étrange inventeur tressaillit : — il venait d'apercevoir, dans le rayon de lune, une ombre humaine, immobile, interposée entre lui et le dehors, derrière la porte vitrée du grand parc.

— Qui est là ?... demanda-t-il très haut, dans l'obscurité, — en caressant tout doucement dans la poche de son grand sayon de soie violette, la crosse d'un court pistolet.

XI

Lord Ewald

> « On eût dit que cette femme projetait son ombre sur le cœur de ce jeune homme. »
> Lord BYRON. *Le Rêve.*

— Moi, lord Ewald, — dit une voix.

Et l'ombre ouvrait, en parlant, la porte vitrée.

— Ah! mon cher lord, mille pardons! répondit Edison en faisant un pas, à tâtons, vers un allumoir électrique, les chemins de fer sont si lents encore que je ne vous attendais que dans trois quarts d'heure.

— Aussi ai-je fait surchauffer un train spécial à la dernière atmosphère du manomètre, dit la même voix, afin d'être de retour à New York ce soir.

Trois lampes oxhydriques, entourées de globes teintés de bleu, flamboyèrent brusquement, au plafond, autour d'une sorte de foyer d'électricité rayonnante, illuminant le laboratoire d'un effet de soleil nocturne.

Le personnage qui se tenait debout en face d'Edison était un jeune homme de vingt-sept à vingt-huit ans, de haute taille et d'une rare beauté virile.

Il était vêtu avec une si profonde élégance qu'il eût été impossible de dire en quoi elle consistait. Les lignes de sa personne laissaient deviner des muscles d'une exceptionnelle solidité, tels que les exercices et les régates de Cambridge ou d'Oxford savent les rendre. Son visage un peu froid, mais d'un tour gracieux et sympathique, s'éclairait d'un sourire empreint de cette sorte de tristesse élevée qui décèle l'aristocratie d'un caractère. Ses traits, bien que d'une régularité grecque, attestaient par la qualité de leur finesse, une énergie de décision souveraine. De très fins et massés cheveux, une moustache et de légers favoris, d'un blond d'or fluide, ombraient la matité de neige de son teint juvénile. Ses grands yeux noblement calmes, d'un bleu pâle, sous de presque droits sourcils, se fixaient sur son interlocuteur. — A sa main sévèrement gantée de noir, il tenait un cigare éteint.

Il sortait de son aspect cette impression que la

plupart des femmes devaient, à sa vue, se sentir comme devant l'un de leurs plus séduisants dieux. Il semblait tellement beau qu'il avait naturellement l'air d'accorder une grâce à qui lui parlait. Tout d'abord on eût dit un don Juan d'une froideur insoucieuse. Mais, à l'examiner un instant, on s'apercevait qu'il portait, dans l'expression de ses yeux, cette mélancolie grave et hautaine dont l'ombre atteste toujours un désespoir.

— Mon cher sauveur! dit chaleureusement Edison en s'avançant, les mains tendues vers l'étranger. Que de fois j'ai pensé à ce... providentiel jeune homme de la route de Boston, auquel je devais la gloire, la vie et la fortune!

— Ah! mon cher Edison, répondit en souriant lord Ewald, je dois m'estimer, au contraire, votre obligé dans cette circonstance, puisque, par vous, je fus utile au reste de l'Humanité. Ce que vous êtes devenu le prouve. Le peu d'or auquel vous faites allusion, je pense, ne m'était, à moi, qu'insignifiant : donc, entre vos mains (surtout alors qu'il vous était nécessaire), ne se trouvait-il pas beaucoup plus légitimement placé qu'entre les miennes? — Je parle au point de vue de cet intérêt général qu'il est du plus strict devoir de toute conscience de ne jamais totalement oublier. Quels remercîments ne dois-je pas au Destin de m'avoir ménagé cette circonstance atténuante de ma fortune! — Et tenez, c'est pour vous le dire que, passant en Amérique, je me suis si empressé de vous rendre visite. Je venais vous remercier, moi, — *de ce que je vous ai trouvé sur ce grand chemin de Boston.*

Et lord Ewald s'inclina, tout en serrant les mains d'Edison.

Un peu surpris par ce discours, débité avec ce flegmatique sourire qui donnait l'idée d'un rayon de soleil sur de la glace, le puissant inventeur salua son jeune ami.

— Mais, comme vous avez grandi, mon cher lord! reprit gaiement Edison, en indiquant un fauteuil à lord Ewald.

— Vous aussi, et plus que moi! répondit le jeune homme en s'asseyant.

Edison, en examinant son interlocuteur — dont le visage était maintenant bien éclairé — s'aperçut, dès le premier coup d'œil, de l'ombre terrible qui pesait sur cette physionomie.

— Milord, dit-il en s'empressant, — est-ce que la rapidité de votre trajet vers Menlo Park vous aurait indisposé?... J'ai là un cordial...

— Nullement, répondit le jeune homme : pourquoi?

Edison, après un silence, dit simplement :

— Une impression. Excusez-moi.

— Ah! dit lord Ewald, je vois ce qui vous a fait penser à cela. Ce n'est rien de physique, je vous assure. C'est, figurez-vous, un chagrin incessant, qui, à la longue, m'a rendu le regard habituellement un peu soucieux.

Et, ajustant son lorgnon, il jeta un coup d'œil autour de lui :

— Combien je vous félicite de votre sort, mon cher savant, continua-t-il. Vous êtes un élu et voici un musée qui promet. — N'est-elle pas de vous, cette lumière merveilleuse? On dirait une après-midi d'été!

— Grâce à vous, mon cher lord.

— Vraiment, c'est un *Fiat lux!* que vous avez du prononcer tout à l'heure!

— Ma foi, j'ai découvert deux ou trois cents petites choses comme celle-là, je vous dirai : j'espère, même, ne point m'arrêter trop vite en ce chemin. Je travaille toujours, même en dormant, — même en rêvant! Je suis une sorte de *Dormeur éveillé,* comme dirait Shéhérazade. Voilà tout.

— Vous savez que je me sens fier, en vérité, de notre rencontre sur cette grande route mystérieuse! Je finis par penser qu'elle était inévitable. Et, comme le dit Wieland, en son *Peregrinus Protée* : « Il n'y a point de hasard : nous devions nous rencontrer — et nous nous sommes rencontrés. »

La secrète préoccupation du jeune lord, même au cours de ces affectueuses paroles, transparaissait. Il y eut un moment de silence.

— Milord, répondit soudainement Edison, — eh bien! à mon tour, permettez-moi de m'intéresser à vous à titre de vieil ami.

Lord Ewald reporta les yeux sur lui.

— Vous venez de parler d'une peine dont votre regard porte l'empreinte, en effet, continua l'électricien. Or, je ne sais comment vous exprimer, aussi vite, le désir que j'éprouve : mais, voyons! ne vous semble-t-il pas que le poids des soucis les plus amers s'allège, partagé avec un cœur dévoué? — Sans autre préambule, voulez-vous en essayer avec moi? Qui sait!... Je suis de cette race de médecins très bizarres qui ne croient guère aux maux sans remède.

Lord Ewald ne réprima pas un léger mouvement de surprise à cette brusque ouverture.

— Oh! la douleur en question, répondit-il, provient d'un accident très banal; d'une passion vraiment fort malheureuse, qui m'attriste à jamais. Vous le voyez: mon secret est des plus simples, n'en parlons pas.

— Vous! Une passion malheureuse! s'écria Edison étonné lui-même.

— Pardon, interrompit lord Ewald, mais je ne me sens pas le droit de m'arroger un temps précieux pour tous, mon cher Edison, — et notre conversation serait bien plus intéressante, il me semble, si nous en revenions à vous.

— Mon temps? Eh! mais... tous vous le doivent un peu ! — dit l'électricien. Et ceux qui m'admirent, aujourd'hui, au point d'avoir fondé des sociétés au capital de cent millions sur mon crédit intellectuel ou mes découvertes passées et à venir, m'auraient parfaitement laissé crever comme un chien, à votre place! Et j'en ai quelque souvenir. L'Humanité attendra : je la crois supérieure à ses intérêts, comme l'a dit un Français. L'affection sincère a des droits, aussi sacrés que les siens, mon cher lord : la qualité de la mienne me permet d'insister sur ce que je sollicitais tout à l'heure de votre confiance, puisque je sens que vous souffrez.

L'Anglais, après avoir allumé un cigare :

— En vérité, vous parlez si noblement, monsieur l'inventeur, dit-il, que je ne saurais résister longtemps à votre sympathie! Laissez-moi vous avouer, cependant, que j'étais à mille lieues de m'attendre à ce que — à peine assis chez vous — je vous choisirais pour confident. On voit que tout se passe à l'exemple de l'éclair, chez les électriciens. Enfin, puisque vous le désirez, voici : — j'ai le malheur de subir un amour très pénible, le premier de ma vie (et, dans ma famille, le premier est presque toujours le dernier, c'est-à-dire le seul) pour une très-belle personne — tenez! *pour la plus belle personne du monde*, je crois! — et qui est, actuellement à New York, au théâtre, dans notre loge, où elle fait miroiter les pierres de ses oreilles en paraissant écouter le *Freyschütz.* — Là!... Vous voilà satisfait, j'imagine, monsieur le curieux?

A ces mots Edison considéra lord Ewald avec une attention singulière. Il ne répondit pas tout de suite; mais, s'assombrissant à vue d'œil, en deux secondes, il parut s'absorber dans une pensée secrète.

— Oui, c'est désastreux, en effet, ce que vous m'apprenez là! murmura-t-il froidement.

Et il regarda devant lui d'un air distrait.

— Oh! Vous ne pouvez, même, comprendre jusqu'à quel point! murmura lord Ewald.

— Mon cher lord, il faut donc que vous m'en disiez un peu plus! reprit Edison après un instant.

— Ah! par exemple! — A quoi bon?

— J'ai, maintenant, un motif de plus pour vous le demander!

— Un motif?

— Oui; je crois — que j'ai, peut-être, un moyen *de vous guérir* — ou, tout au moins, de...

— Hélas! Impossible!... dit lord Ewald avec

un sourire amer. La Science ne saurait aller jusque-là.

— La Science? — Je suis celui qui ne sait rien, qui devine parfois, qui trouve souvent, qui étonne toujours.

— D'ailleurs, l'amour dont je souffre est d'un ordre qui ne saurait sembler qu'étrange et inconcevable.

— Tant mieux ! tant mieux !... dit Edison en ouvrant de plus en plus les yeux : — donnez-moi, seulement, quelques détails !

— C'est que... j'ai lieu de craindre qu'ils soient *inintelligibles*, même pour vous !

— *Inintelligibles ?*... N'est-ce pas Hégel qui a dit : « Il faut comprendre *l'Inintelligible comme tel?* » — On esssaiera, mon cher lord ! — s'écria l'électricien. Et vous allez voir avec quelle clarté nous nettifierons le *point* obscur de votre mal ! — Si vous me refusez, maintenant, ah ! tenez... je... je vous rembourse !

— Voici l'histoire ! dit lord Ewald, réchauffé lui-même par le cordial sans gêne d'Edison.

XII

Alicia

> « Elle marche dans sa beauté, pareille à la nuit des climats sans nuages et des cieux étoilés ! »
> Lord BYRON. *Mélodies hébraïques.*

Lord Ewald, s'étant croisé les jambes, commença, entre deux légers flocons de son cigare :

— J'habitais, depuis quelques années, l'un des plus anciens domaines de ma famille, en Angleterre, le château d'Athelwold, dans le Stattfordshire, un très désert et très brumeux district. Ce manoir, l'un des derniers, environné de lacs, de forêts de pins et de rochers, s'élève à quelques milles de Newcastle-under-Lyne ; j'y vivais depuis mon retour de l'expédition d'Abyssinie, d'une existence fort isolée, n'ayant plus de parents, avec de bons serviteurs vieillis à notre usage.

Ma dette militaire une fois acquittée envers mon pays, je m'étais arrogé le droit d'exister ainsi, à ma guise. Un ensemble de réflexions sur l'esprit des temps actuels m'ayant induit à renoncer, de très bonne heure, à toute carrière d'état, de lointains voyages ayant en moi développé ce goût de la solitude qui m'est natal, cette existence d'isolement suffisait à mes ambitions rêveuses et je m'estimais des plus heureux.

Cependant, à l'occasion d'un anniversaire du couronnement de l'Impératrice des Indes, notre souveraine, et sur le rescrit officiel qui me convoquait avec les autres pairs, je dus quitter, un beau matin, ma baronnie et mes chasses et me rendre à Londres. Une circonstance, aussi futile que banale, de ce voyage, me mit en présence d'une personne attirée aussi vers notre capitale par cette solennité. A quel propos cette aventure m'advint-elle? Voici : — à la gare de Newcastle les wagons encombrés n'étaient plus assez nombreux. Sur la jetée du chemin de fer, une jeune femme semblait contrariée jusqu'à tristesse de ne pouvoir partir. Au dernier moment et sans me connaître, elle s'approcha de moi, n'osant me demander place dans le salon où je voyageais seul, — gracieuseté que, toutefois, je ne sus lui refuser.

Ici, mon cher Edison, qu'il me soit permis de vous le dire : jusqu'à cette rencontre les occasions de ce que l'on appelle des liaisons mondaines m'avaient, toujours en vain, favorisé.

Une sauvagerie de ma nature m'avait toujours strictement préservé de quelque bonne fortune que ce fût. — Si je n'eus jamais de fiancée, il m'était inné, en effet, de ne pouvoir aimer ou désirer, même un instant, d'autre femme que celle — inconnue encore, mais appelée, peut-être, — à devenir la mienne.

Très « en retard » je prenais à ce point l'amour conjugal au sérieux. Ceux de mes visiteurs les plus amis qui ne partageaient pas mon ridicule à cet égard me surprenaient, et, même aujourd'hui, hélas, je plains toujours les jeunes hommes qui, sous de lâches prétextes, trahissent *d'avance* celle qu'un jour ils épouseront. De là ce renom de froideur dont m'avaient illustré, jusque chez la reine, quelques rares familiers, qui me prétendaient à l'épreuve des Russes, des Italiennes et des créoles.

Eh bien, il arriva ceci : en quelques heures, je devins passionnément épris de cette voyageuse que je voyais pour la première fois ! — A notre arrivée à Londres, j'en étais — sans même le savoir — à ce premier et sans doute dernier amour qui est de tradition chez les miens. Bref, en peu de jours, entre elle et moi d'intimes liens s'établirent : ils durent encore ce soir.

Puisque vous n'êtes plus, en ce moment, qu'un mystérieux docteur auquel il ne faut rien cacher, il devient nécessaire, pour l'intelligence même de ce que je dois ajouter, de vous dépeindre, d'abord, physiquement, miss Alicia Clary. Je ne me dispenserai donc pas de m'exprimer en amant et même, s'il est possible, en poète, attendu, d'abord, que cette femme, aux yeux de l'artiste le plus désintéressé, serait d'une beauté non seulement incontestable mais tout à fait extraordinaire.

Miss Alicia n'a que vingt ans à peu près. Elle est svelte comme le tremble argenté. Ses mouvements sont d'une lente et délicieuse harmonie; — son corps offre un ensemble de lignes à surprendre les plus grands statuaires. Une chaude pâleur de tubéreuse en revêt les plénitudes. C'est, en vérité, la splendeur de la *Vénus Victrix* humanisée. Ses pesants cheveux bruns ont l'éclat d'une nuit du sud. Souvent, au sortir du bain, elle marche sur cette étincelante chevelure que l'eau même ne désondule pas et en jette, devant elle, d'une épaule à l'autre, les luxuriantes ténèbres comme le pan d'un manteau. Son visage est de l'ovale le plus séduisant; sa cruelle bouche s'y épanouit, comme un œillet sanglant ivre de rosée. D'humides lumières se jouent et s'appuient sur ses lèvres lorsque les fossettes rieuses découvrent, en les avivant, ses naïves dents de jeune animal. Et ses sourcils frémissent pour une ombre ! le lobe de ses oreilles charmantes est froid comme une rose d'avril; le nez, exquis et droit, aux narines transparentes, continue le niveau du front aux sept gracieuses pointes. Les mains sont plutôt païennes qu'aristocratiques : ses pieds ont cette même élégance des marbres grecs. — Ce corps est éclairé par deux yeux fiers, aux lueurs noires, qui regardent habituellement à travers leurs cils.

Un chaud parfum émane du sein de cette fleur humaine qui embaume comme une savane et c'est une senteur qui brûle, enivre et ravit. Le timbre de la voix de miss Alicia, lorsqu'elle parle, est si pénétrant, les notes de ses chants ont des inflexions si vibrantes, si profondes, que, soit qu'elle récite un passage tragique ou quelques nobles vers, soit qu'elle chante quelque magnifique arioso, je me surprends toujours à frémir malgré moi d'une admiration qui est, ainsi que vous allez le voir, d'un ordre inconnu.

XIII

Ombre

« Un rien... »
LOCUTION HUMAINE.

A Londres, pendant les fêtes de la cour, les plus radieuses jeunes filles de notre nid de cygnes passèrent inaperçues de mes yeux. Tout ce qui n'était pas la présence d'Alicia ne m'était que pénible : — J'étais ébloui.

Toutefois, et depuis les premiers jours, je résistais vainement à l'obsession d'une étrange évidence qui m'apparaissait en cette jeune femme. Je voulais douter du sentiment que ses paroles et ses actes me laissaient d'elle à chaque instant ! Je m'accusais d'inintelligence plutôt que d'admettre leur signification et j'avais recours à toutes les circonstances atténuantes que fournit la raison pour en détruire l'importance en ma pensée. — Une femme ! N'est-ce pas une enfant troublée de mille inquiétudes, sujette à toutes influences? Ne devons-nous pas accueillir toujours avec l'indulgence la plus amie et de notre meilleur sourire les semblants de ses tendances fantasques, les inconstances de ses goûts, pour une ombre aussi changeants que le chatoiement d'un plumage? Cette instabilité fait partie du charme féminin. Une joie naturelle doit nous porter, au contraire, à doucement reprendre, à transfigurer par mille transitions lentes — et dont elle nous aime davantage, les devinant, — à guider, enfin, un être frêle, irresponsable et délicat qui, de lui-même et par instinct, demande appui. — Donc, était-il sage de juger aussi vite et sans réserve une nature dont l'amour pouvait bientôt (et ceci dépendait de moi) modifier les pensées jusqu'à les rendre le reflet des miennes?

Certes, je me disais cela! Cependant, je ne pouvais oublier qu'en tout être-vivant il est un fond indélébile, essentiel, qui donne à toutes les idées, même les plus vagues, de cet être et à toutes ses impressions, versatiles ou stables, — quelques modifications qu'elles puissent *extérieurement* subir, — l'aspect, la couleur, la qualité, le *caractère*, enfin, sous lesquels, seulement, il lui est permis d'éprouver et de réfléchir. Appelons ce substrat l'*âme*, si vous voulez.

Or, entre le corps et l'âme de miss Alicia, ce n'était pas une disproportion qui déconcertait et inquiétait mon entendement : c'était un *disparate*.

A ce mot de lord Ewald, on eût dit que le visage d'Edison s'inondait d'une pâleur soudaine : il eut un mouvement et un regard d'une surprise — qui pouvait être de la stupeur. Mais il ne risqua aucune parole d'interruption.

— En effet, continua le jeune lord, les lignes de sa beauté divine semblaient *lui* être étrangères; ses paroles paraissaient dépaysées et gênées dans sa voix. Son être intime s'accusait comme en contradiction avec sa forme. On eût dit que non seulement son genre de personnalité était privé de ce que les philosophes appellent, je crois, le médiateur plastique, mais qu'elle était enfermée, par une sorte de châtiment occulte, dans le démenti perpétuel de son corps idéal. Le phénomène, de temps à autre (et, tout à l'heure, j'essaierai de vous en donner la sensation par une analyse de faits) était si apparent, à tout instant, que j'en venais à le trouver... je dirai presque incontestable. Oui, parfois, il m'arrivait d'imaginer, *très sérieusement*, que, dans les limbes du Devenir, cette femme s'était égarée en ce corps, — et qu'il ne lui appartenait pas.

— C'est une supposition bien excessive, répondit Edison; cependant, presque toutes les femmes, — *pendant* qu'elles sont belles, ce qui leur passe vite — évoquent des sensations analogues, surtout chez ceux qui aiment pour la première fois.

— Pour peu que vous veuilliez attendre, dit lord Ewald, vous allez reconnaître que la chose était ici plus compliquée et que miss Alicia Clary pouvait prendre, à mes yeux, les insolites proportions sinon d'une absolue *nouveauté* humaine, du moins du type le plus sombre (c'est l'expression, je crois), de ces inquiétantes anomalies. — Maintenant, la *durée* de la beauté la plus radieuse, ne fût-elle que d'un éclair, si je meurs, en subissant cet éclair, en aura-t-il été moins éternel pour moi ? Peu importe ce que dure la beauté pourvu qu'elle soit apparue ! Et, quant au reste, ne suis-je pas obligé de prendre un peu au sérieux ce qui, malgré la froide et sceptique indifférence de ma raison, me confond, à la fois, l'entendement, les sens — et le cœur ? — Croyez donc bien, d'avance, mon cher docteur, que ce n'est point pour vous détailler en m'y complaisant naïvement, un cas d'hystérique démence quelconque, plus ou moins banal, étiqueté dans tous les manuels médicaux, que je prends sur moi d'appeler ainsi toute votre attention. Le cas est d'un ordre physiologique plus étonnant : rassurez-vous.

— Pardon : votre tristesse proviendrait-elle de ce que cette belle personne ne vous serait pas demeurée fidèle ?

— Plût au ciel que ceci lui eût été possible ! répondit lord Ewald. Alors, je n'aurais pas à me plaindre, *car elle serait autre !* — D'ailleurs l'homme coupable d'avoir été trompé en amour ne saurait se plaindre que de ce qu'il a mérité. Le moyen d'en vouloir à une femme de ce qu'on n'a pas su la captiver un peu ! — La vérité de ceci est, d'instinct universel, ce qui revêt toujours de quelque ridicule les doléances des époux infortunés. Tenez pour certain que si l'ombre d'une fantaisie, d'un caprice passionnel, eût jamais détourné de notre fidélité réciproque miss Alicia Clary, j'eusse favorisé cette inconstance par une assez orgueilleuse inattention. Elle m'accorde, au contraire, c'est évident, le seul *amour dont elle soit capable* et je le crois d'autant plus «sincère» hélas ! que c'est MALGRÉ ELLE qu'elle le subit.

— Voulez-vous, dit Edison, reprendre à présent, le récit logique de cette aventure, mon cher lord, au point même de mon interruption ?

— Après quelques soirées, j'appris de cette amie qu'elle était d'une assez bonne famille de l'Ecosse, anoblie même de nos jours. Séduite par un fiancé, puis abandonnée pour une fortune, Alicia venait de quitter la demeure paternelle : elle se proposait de mener l'existence indépendante et nomade d'une virtuose ; elle y renoncerait plus tard. Sa voix, son extérieur, son talent dramatique lui assuraient, si elle devait en croire quelques sérieux avis, une aisance au moins suffisante pour ses goûts modestes. — Quant à moi, disait-elle, elle se félicitait de cette rencontre du premier instant de son évasion ! Ne pouvant plus être épousée, mais se sentant de la sympathie pour ma personne, elle accueillait, sans autre exigence, l'amour dont je la pressais et dont elle espérait pouvoir partager bientôt l'inclination.

— A tout prendre, interrompit Edison, ces aveux marquent une certaine dignité de cœur, j'imagine ?... hein ? — Non ?

Lord Ewald le regarda d'une manière indéfinissable.

On eût dit qu'il touchait au point le plus pénible de sa confidence mélancolique.

XIV

Comme quoi le fond change avec la forme

> *Soi-disant même idée :*
> « Les absents ont toujours tort. »
> SAGESSE DES NATIONS.
>
> « Tu as des amis dévoués : pourtant,...
> si tu partais ?... »
> GOETHE

Sans changement d'intonation, il poursuivit impassiblement :

— Oui ; mais — c'est ma traduction que vous venez d'entendre et non les paroles mêmes d'Alicia.

Autre style, autres sentiments : — et je vois bien qu'il me faut vous avouer le *texte* même. — Substituer son style à celui d'une personne dont on prétend exposer le caractère, sous prétexte qu'elle s'est, *à peu près*, exprimée de la sorte, c'est placer l'auditeur dans la situation d'un voyageur qui, égaré, de nuit, sur une route, irrite un loup en croyant caresser un chien.

Voici donc, *exactement*, ses paroles :

« Celui dont elle avait à se plaindre n'était qu'un bien petit industriel n'ayant jamais eu pour lui que sa fortune.

« Elle ne l'avait pas aimé, non, certes. — Elle avait succombé à des sollicitations croyant hâter par là son mariage avec lui : c'était pour en finir avec l'existence de demoiselle qu'elle s'était résignée à lui : autant ce mari que tel autre. — D'ailleurs, il offrait une position passable. — Mais les jeunes filles calculent mal. Cela lui apprendrait, une autre fois, à croire aux phrases.
— Par exemple, il était fort heureux qu'elle n'eût pas d'enfant. Si encore son aventure eût été tenue se-

crète, elle eût, quand même, essayé de s'*établir* avec tel nouveau prétendant.

Mais, là-bas, ses proches mêmes, par une sotte folie peut-être, l'avaient ébruitée. De sorte qu'elle avait préféré s'enfuir, tant cela l'avait ennuyée. Ne sachant que devenir elle se destinait au théâtre. De là sa présence à Londres, où quelques petites épargnes lui permettraient d'attendre un bon engagement. Certes, une telle carrière achevait de déconsidérer une femme : mais la faute qu'elle avait commise étant la plus grave possible, quels ménagements lui restait-il à garder, à ce sujet du moins ? Au surplus elle prendrait, elle aussi, un nom de guerre. Des personnes compétentes lui ayant assuré que sa voix était fort belle, ainsi que sa figure et qu'elle *représentait* fort bien, elle était fondée à croire qu'elle aurait « du succès ». Or, lorsqu'on gagne de l'argent, on arrange beaucoup de choses. Quand elle en aurait mis de côté suffisamment, elle quitterait « les planches », prendrait, sans doute, un commerce, se marierait et vivrait HONORABLEMENT. — En attendant, elle ressentait beaucoup de goût pour moi : — quelle différence !.. Elle voyait bien qu'elle avait affaire à un « grand seigneur ». — D'ailleurs, j'étais, un gentilhomme « c'était tout dire ».

— *Et cætera ;* le reste, à l'avenant.

Que pensez-vous de miss Alicia d'après cette version-ci ?

— Diable ! dit Edison : les deux teneurs sont d'un ton si distinct, en effet, que la sienne et votre traduction me semblent, à présent, avoir énoncé *deux* choses n'ayant plus entre elles qu'un rapport fictif.

Il y eut un moment de silence.

XV

Analyse

> Hercule entra dans la bauge du bois d'Erymanthe, y saisit par le cou l'énorme pourceau féroce, et, le traînant hors de ces ténèbres, produisit, de force, aux aveuglants rayons du soleil, le groin fangeux du monstre ébloui.
> MYTHOLOGIE GRECQUE.

— Donc, voici quel fut l'enchaînement de mes pensées, dès l'examen du sens fondamental inclus en cet ensemble d'expressions, continua lord Ewald impassible.

— Ainsi, me dis-je, une jeune créature aussi lumineusement belle semble, tout d'abord, ignorer jusqu'à quel mystérieux degré son corps atteint le type idéal de la forme humaine. Ce n'est que par *métier* que son jeu théâtral traduit, avec de si puissants moyens mimiques, les inspirations du génie : — elle les trouve *creuses*. Ces grandes, ces seules réalités de l'esprit pour toutes les âmes sensées, elle les appelle, avec un sourire quelconque, du « *poétique* et de l'*éthéré* », et c'est en rougissant, c'est par force majeure, qu'elle achève, à l'entendre, de s'*abaisser* (comme à d'assez honteux enfantillages) en les interprétant.

Riche, ce serait à peine un passe-temps, pour elle — un peu moins intéressant, disons-nous, que de jouer aux cartes. — Cette voix, épandant son enchantement d'or sur toute syllabe, n'est qu'un instrument vide : c'est, à son sens, un gagne-pain, *moins* DIGNE *que tout autre*, dont elle ne se sert que faute d'autres et impatiente de le renier (après en avoir extrait une fortune habilement). — L'illusion divine de la gloire, l'enthousiasme, les nobles élans de la foule ne sont, pour elle, qu'un engouement de désœuvrés, auxquels elle estime que les grands artistes ne servent que de « jouets ».

Maintenant, ce que cette femme regrette dans sa faute, loin d'être l'honneur lui-même (cette abstraction surannée), n'est que le bénéfice que ce capital rapporte, prudemment conservé.

Elle va jusqu'à supputer les avantages dont une mensongère virginité l'eût indignement dotée si sa malversation fût demeurée inconnue dans son pays. Elle ne sent, d'aucune manière, que de pareils regrets constituent et conditionnent seuls le vrai déshonneur, bien plus qu'un accident extérieur de la chair, puisque celui-ci ne peut plus être, dès lors, envisagé que comme une fatalité *inévitable*, virtuellement contenue, dès avant les langes, dans le tempérament d'un être qui se définit de la sorte.

Son inconscience de la vraie nature de ce qu'elle prétend ou croit avoir perdu ne rend-elle pas INSIGNIFIANTE, en un mot, cette circonstance corporelle de plus ou de moins ?

Quand donc cette jeune femme fut-elle plus déchue ? Avant ou après ? — Ne se vante-t-elle pas, même, en s'accusant d'une « chute » puisque sa façon de déplorer cette prétendue chute est plus impure que la faute ? — Et, quant à sa virginité, je dis qu'elle n'eut jamais à perdre, sous ce rapport, qu'une sorte de néant, puisqu'elle n'eut pas même l'excuse de l'amour.

Ne percevant en rien l'absolu monde qui sépare une vierge abusée d'une fille déçue, elle confond avec le déshonneur ce pathologique événement en la purement extérieure et secondaire gravité duquel le propre des dignités de convention est d'être à jamais et comme machinalement circonscrites.

Car, enfin, une fille, séduite, qui, dans le fait de l'honneur perdu, ne regretterait *que l'Honneur seul*, ne serait-elle pas infiniment plus vénérable que des millions de femmes honnêtes *qui ne le seraient demeurées* QUE PAR INTÉRÊT ?

Elle fait donc partie du nombre immense de ces femmes dont le très solide calcul est à l'honneur ce que la caricature est au visage et qui définiraient volontiers ce même honneur « une sorte de luxe que les gens riches seuls peuvent se permettre et qu'il est toujours loisible d'acheter en y mettant le prix » : ce qui signifie que le leur fut toujours à l'enchère, quelques hauts cris qu'elles puissent en jeter extérieurement. — Ces dames la reconnaîtraient tout de suite pour une des leurs encore, à son langage ! — et se diraient, avec un soupir, en l'écoutant : « — Quel dommage que cette enfant ait *mal tourné!* » Certes, elle saurait s'attirer cette monstrueuse compassion, dont elle serait flattée en secret, — le reproche, entre ces sortes de consciences, ne portant, au fond, que sur l'inhabileté *dupée* d'une trop inexpérimentée novice.

Elle manque du sens de la honte au point de me faire subir de tels aveux ! Un reste de tact féminin ne l'avertit pas sourdement que, même à cet inconvenant point de vue du calcul, elle anéantit dans mon cœur toute sympathie, toute admiration pour elle, par sa glaçante maladresse ! — Quoi ! cette beauté, si impressionnante, est imbue de tant de mystérieuse misère morale !... Alors j'y renonce. En résumé, cette femme est d'une candeur cynique, dont je ne puis que dédaigner l'inconscience en m'éloignant, — n'étant pas, ai-je dit, de ceux qui acceptent de posséder un corps dont ils récusent l'âme.

La réponse allait donc être un millier de guinées, destinées à lui rendre indifférent l'adieu dont je les eusse accompagnées.

XVI.

Hypothèse

« Ô toi !... etc. ».
LES POÈTES.

Ainsi, renoncer à miss Alicia, poursuivit lord Ewald, — et prendre congé d'elle sur-le-champ, j'allais m'y résoudre quand une inquiétude me donna soudainement à hésiter.

Lorsqu'Alicia cessait de parler, son visage, ne recevant plus l'ombre que projetaient sur lui ses plates et déshonnêtes paroles, son marbre, resté divin, démentait le langage évanoui.

Avec une personne très belle, mais de perfections *ordinaires*, je n'eusse pas éprouvé cette sensation d'inintelligible que me causait miss Alicia

Clary. Dès l'abord, un rien, un éclair, — la qualité des lignes, la dureté des cheveux, le grain de la peau, les attaches des extrémités, un mouvement, tout m'eût averti du naturel caché ! — mille indices insensibles ! — et j'eusse... reconnu son identité *avec elle-même*.

Mais ici, je vous le dis encore, la *non-correspondance* du physique et de l'intellectuel s'accusait constamment et dans des proportions paradoxales. Sa beauté, je vous l'affirme, c'était l'Irréprochable, défiant la plus dissolvante analyse. A l'extérieur — et du front aux pieds — une sorte de Vénus Anadyomène : au dedans, une personnalité tout à fait ÉTRANGÈRE à ce corps. Imaginez ce semblant de conception réalisé : une Déesse bourgeoise.

J'en vins donc à penser que *toutes les lois physiologiques étaient bouleversées en ce vivant et hybride phénomène*, ou que je me trouvais, tout bonnement, en présence d'un être dont la tristesse et l'orgueil avaient atteint quelque degré suprême et qui se dénaturait à bon escient, sous le jeu le plus amer, le plus dédaigneux ! — Bref, il me parut impossible de s'expliquer cette femme sans lui prêter le lyrique sentimentalisme suivant.

Lord Ewald, *s'étant recueilli un instant*, continua :

— Encore toute tremblante de l'offense terrible, affreuse, irréparable, qui lui fut faite — elle s'est raidie en ce mépris froid que la première trahison subie verse aux cœurs les plus nobles. Une défiance très sombre et dont quelques-uns, même, ne peuvent se guérir, l'induit à déguiser, sous ces dehors, une ironie souveraine, nul ne lui paraissant de nature à concevoir la souveraine qualité de sa mélancolie.

Elle s'est dit:

— Puisque le goût des seules sensations a détruit, paraît-il, tout auguste sentiment chez ces humains nouveaux (aux faces un peu trop baissées vers la terre et parmi lesquels je me vois confondue pour peu de temps), ce jeune homme qui me parle de tendresse et de passion divines doit être pareil aux passants de ce siècle. Certes, il doit penser comme les autres cœurs environnants, qui, réfugiés dans le seul sensualisme, pour essayer de vivre, croient, en leur abaissement, pouvoir mesurer d'un sarcasme vide toutes les tristesses, n'ayant plus la force d'imaginer qu'il en est, peut-être, de positivement inconsolables. M'aimer!... Est-ce que l'on aime encore! — La jeunesse brûle en son sang; un transport dissiperait son désir. Si je l'écoutais ce soir, il me laisserait demain plus déserte... Non !, non. — Avant de tenter aussi vite l'espérance, moi, vêtue de deuil encore, qu'au moins ma première expérience, hélas ! m'éclaire. Je dois vérifier, d'abord, s'il récite quelque rôle aussi, car je n'entends accorder à personne le droit de sourire du malheur dont souffre tout mon être, ni surtout que mon amant puisse jamais m'en croire oublieuse.

Périsse tout désormais plutôt que cette seule intégrité qui me reste. Je veux être inoubliable en celui qui sera l'élu de ma grandeur humiliée. Non, je ne me livrerai ni dans un baiser, ni dans une parole à ce nouvel étranger, avant de m'être assurée que je puis être reçue de celui à qui je me donne.

Si ses profondes paroles nè voilent qu'un jeu passager, — qu'il les garde, avec ses présents ! que ma soucieuse indifférence n'accueille que fatiguée de beaucoup trop ingénieuses contraintes. Je veux être aimée comme on n'aime plus ! non pas seulement autant que je suis belle, mais autant que je me vois infortunée.

Le reste seul est vain. Comme le marbre divin auquel je ressemble, mon seul devoir est de faire ressentir (ah ! pour toujours !) à ceux qui m'approchent, l'exception que je suis. A l'œuvre, donc ! Soyons ressemblante à leurs femmes, à celles qu'ils désirent et qu'ils préfèrent, les grossiers passants familiers ! Qu'aucune lumière natale ne transparaisse en moi ! Que la nullité médiocre emmielle mes discours ! Comédienne, voici ta première création. Noue ton masque : tu joues pour toi. — Si tu es une puissante artiste, ici le triomphe ne sera point la gloire, mais l'amour. Incarne-toi dans ce rôle odieux où la plupart des femmes du siècle acceptent de travestir leurs natures, sous prétexte que LA MODE les y oblige.

Ce sera l'épreuve. Si, malgré cette indigence d'âme dont je feindrai la misère sans concession ni pitié, il persiste, *quand même*, à me vouloir pour amour, *ce sera qu'il n'est pas plus digne de moi que tel autre* et que je ne représente, pour sa passion, qu'une somme de plaisirs, qu'une ivresse pareille à celle du vin ; *qu'enfin il se rirait de ma réalité s'il pouvait la pressentir*.

Alors, je lui dirai :

— Vous pouvez aller vous unir à celles-là seules

que vous pouvez aimer, à celles qui ont perdu out sentiment d'un autre destin. Adieu !

S'il veut, au contraire, m'abandonner — sans même tenter ma possession, — s'il s'éloigne désespéré, lui aussi, mais sans avoir même l'idée de profaner le rêve que je lui aurai pour jamais inspiré, — alors, à ce signe, je reconnaîtrai qu'il est... *qu'il est de mon pays* ! Je verrai cette chose imprécise, qui est la seule sérieuse entre les choses, passer dans ses yeux où trembleront des larmes saintes ! Je constaterai qu'il mérite toute ma tendresse, et peu d'instants alors, suffiront — ah ! pour nous rendre les cieux.

Maintenant, si l'épreuve me démontre, en lui, le mensonge redouté, si je me vois condamnée à la solitude, eh bien ! la solitude, plutôt ! Et, déjà, je me sens ressuscitée à des appels plus augustes que ceux des sens et du cœur. Je ne veux plus être trahie ! L'Art seul efface et délivre. — Renonçant donc aux *soi-disant réels* attachements de la terre, je me survivrai, sans regrets, en ces êtres immortellement imaginaires que crée le Génie, et je les animerai de mon chant mystérieux. Ce seront mes seules compagnes, mes seules amies, mes uniques sœurs : — et, comme pour la Maria Malibran, il se trouvera bien quelque grand poète pour immortaliser ma forme, ma voix, mon âme et ma cendre ! Ainsi, je cacherai ma mélancolie dans la lumière et je m'en irai dans ces régions de l'Idéal où l'insulte des humains n'atteint plus.

— Peste ! dit Edison.

— Oui, reprit lord Ewald, tel fut *l'impossible* secret dont, pour m'expliquer cette femme, j'essayai de la parer.—Vous pensez que, pour m'en sembler digne, il faut qu'elle soit d'une beauté bien prodigieuse, bien étourdissante, n'est-ce pas ?

— Vraiment, mon cher lord, vous me faites comprendre qu'un lord peut s'appeler Byron ! répondit Edison en souriant, et il faut que vous soyez bien rude à la désillusion pour avoir eu recours à toute cette impraticable poésie plutôt que d'admettre la banale réalité. Voyons, ne sont-ce pas là des raisonnements de grand opéra ? Quelle femme pourrait jamais les concevoir, — à part quelques derniers êtres mystiques ? — On ne s'élève ainsi le tempérament que pour un dieu.

— Mon cher et subtil confident, j'ai reconnu trop tard qu'en effet ce sphinx n'avait pas d'énigme : je suis un rêveur puni.

— Mais, dit Edison, comment en êtes-vous encore à l'amour pour elle, l'ayant à ce point analysée ?

— Ah ! parce que le réveil n'entraîne pas toujours l'oubli du rêve et que l'Homme s'enchaîne avec sa propre imagination ! répondit amèrement lord Ewald. Voici ce qui s'est passé.

Pénétré de la foi dont j'entourais ainsi mon amour, elle et moi nous nous sommes vite appartenus. Que d'évidences, alors, il a fallu pour me prouver que la comédienne — *ne jouait pas de comédie !* Le jour où je le reconnus sans retour, je voulus encore m'affranchir de ce fantôme...

Mais, je dois l'avouer, les liens de la Beauté sont forts et sombres. J'ignorais leur *intrinsèque* pouvoir lorsque, dupe de ma chimère, je m'aventurai dans cette passion. Les siens étaient entrés déjà dans mes chairs comme des lacets de tortionnaire, quand, désillusionné à jamais, je voulus les secouer ! — Je me suis réveillé, un peu comme Gulliver à Lilliput, chargé d'un million de fils. — Alors, je me sentis perdu. En mes sens, brûlés de l'étreinte d'Alicia, mon énergie s'était affaiblie. Dalila m'avait coupé les cheveux pendant ce sommeil. Je pactisai par lassitude. Plutôt que d'abandonner courageusement le corps, je voilai l'âme. Je devins muet.

Jamais elle ne s'est doutée des transports de véritable rage que je dompte et refoule dans mes veines à son sujet. Que de fois j'ai failli la détruire et moi-même ensuite ! — Une concession défendue, un mirage ! m'ont donc asservi à cette merveilleuse forme morte !... Hélas ! miss Alicia ne représente plus, aujourd'hui, pour moi, que l'habitude d'une présence et j'atteste Dieu que la posséder me serait impossible.

A ce mot, à l'éclair qui passa dans les yeux du jeune homme sur cette dernière parole, Edison eut comme un mystérieux sursaut ; — néanmoins il se tut.

— Ainsi conclut lord Ewal, elle et moi nous existons, ensemble et séparés à la fois.

XVII

Dissection

> « Les sots ont cela d'impardonnable qu'ils rendent indulgent pour les méchants. »
>
> Jean MARRAS.

Lord Ewald avait cessé de parler.

— Voudriez-vous, mon cher lord, me définir quelques points? Tout, ici, ne porte que sur des nuances, intéressantes, en effet. — Voyons : miss Alicia Clary n'est pas une femme... *bête*, n'est-ce pas?

— Certes, non, répondit avec un sourire triste lord Ewald. — En elle, nulle trace de cette bêtise presque sainte, qui, par cela même qu'elle est un extrême, est devenue aussi rare que l'intelligence. Une femme déshéritée de toute bêtise, est-elle autre chose qu'un monstre? Quoi de plus attristant, de plus dissolvant que l'abominable être qu'on nomme une « femme d'*esprit* », si ce n'est son vis-à-vis, le beau parleur? L'esprit, dans le sens mondain, c'est l'ennemi de l'intelligence. Autant, n'est-ce pas, une femme recueillie, croyante, un peu *bête* et modeste, et qui, avec son merveilleux instinct, comprend le vrai sens d'une parole comme à travers un voile de lumière, autant cette femme est un trésor suprême, est la véritable compagne, autant l'autre est un fléau insociable!

Or, comme tout être médiocre, miss Alicia, loin

d'être *bête*, n'est que *sotte*. — Son rêve serait de paraître, à tout le monde, une « femme d'esprit ! » à cause des dehors « brillants », des avantages que, trouve-t-elle, cela donne.

Cette fantastique bourgeoise aimerait ce masque comme une toilette, comme un passe-temps agréable, mais, cependant peu *sérieux*. De sorte qu'elle trouve le moyen de rester encore médiocre, même en ce sec et morbide idéal.

— Quel est son genre de sottise dans la vie de tous les jours ? demanda Edison.

— Elle est atteinte, répondit lord Ewald, de ce prétendu bon sens négatif, dérisoire, qui rétrécit simplement toutes choses et dont les observations ne portent jamais que sur des réalités insignifiantes, sur celles que leurs passionnés zélateurs appellent emphatiquement des choses *terre à terre*. Comme si ces choses fastidieuses, et convenues le plus tacitement possible, devaient absorber, à ce point, la totalité des soucis, chez les réels vivants !

Une correspondance occulte est établie entre certains êtres et ces choses inférieures : de là cette naturelle tendance, cet aimant réciproque entre ces choses et ces êtres. Cela s'appelle, s'attire et se confond. Les gens de ces choses ne s'enrichissent que vainement ; ils souffrent et meurent, en secret, de la bassesse natale dont ils étouffent. Au point de vue physiologique, ces cas de positivisme inepte, qui se multiplient de nos jours, ne sont que des formes bizarres de l'hypocondrie. C'est un genre de démence qui porte les malades à redire, même pendant le sommeil, des mots d'un aspect « important » et qui leur semble donner, *par leur seul énoncé*, du « poids » à la vie. Par exemple, les mots : « *sérieux! — positif! — bon sens!...* etc., proférés *quand même*, à tout hasard. Nos maniaques s'imaginent, et souvent avec raison, que la seule vertu de ces syllabes confère, à qui les articule, même distraitement, un brevet de capacité. De sorte qu'ils ont pris la lucrative et machinale habitude de prononcer, constamment, ces vocables, — ce qui, à la longue, pénètre ces hommes de l'hystérie abrutissante dont ces mêmes vocables sont imbus. Le plus étonnant est qu'ils font des dupes, qu'ils arrivent, parfois à disposer du pouvoir gouvernemental en divers États, alors que leur souriante, suffisante et quiète nullité ne mériterait que l'hospice. Eh bien, l'âme de cette femme que j'aime, hélas! est sœur de celles-là : miss Alicia, dans la vie quotidienne, — c'est la déesse Raison.

— Bien! dit Edison. Continuons. Si je vous ai compris, miss Alicia Clary n'est pas une *jolie* femme?

— Certes, non! dit lord Ewald. En vérité, si elle n'était que la plus jolie des femmes, je ne lui accorderais pas tant d'attention, croyez-le. Vous connaissez l'adage : l'amour du Beau, c'est l'horreur du Joli. Or, tout à l'heure, sans hésiter, j'ai cru pouvoir évoquer, à son sujet, l'écrasante forme de la *Venus victrix*. Simple question : l'homme qui trouverait « jolie » la *Venus victrix* serait-il intelligible? Donc, l'aspect d'une créature humaine capable de supporter, sans fléchir, — pour l'instant du moins, — le poids d'une comparaison sérieuse avec un tel marbre, ne saurait, vraiment, en rien éveiller dans un esprit bien portant l'impression que laisse la vue d'une jolie femme ». En ce dont il est réellement question ici, celle-ci est *autant* son contraire que la plus hideuse des Euménides. On pourrait se figurer leurs trois types, aux extrémités d'un triangle isocèle.

Le seul malheur dont soit frappée miss Alicia, c'est la pensée ! — Si elle était privée de toute pensée, je pourrais la comprendre. La *Vénus* de marbre, en effet, *n'a que faire de la Pensée*. La déesse est voilée de minéral et de silence. Il sort de son aspect ce Verbe-ci : — « Moi, je suis *seulement* la Beauté même. Je ne pense que par l'esprit de qui me contemple. En mon absolu, toute conception s'annule d'elle-même, puisqu'elle perd sa limite. Toutes s'y abîment, confondues, indistinctes, identiques, pareilles aux vagues des fleuves à l'entrée de la mer. Pour qui me réfléchit, je *suis* telle qu'il peut m'approfondir. »

Ce sens de la statue que *Vénus Victrix* exprime avec ses lignes, miss Alicia Clary, debout, sur le sable, devant l'Océan, pourrait l'inspirer comme son modèle, — si elle se taisait et fermait les paupières. Mais comment comprendre une Vénus victorieuse qui, ayant retrouvé ses bras au fond de la nuit des âges et apparaissant au milieu de la race humaine, renverrait au monde éperdu qui viendrait lui offrir son éblouissement, le coup d'œil rêche, oblique et retors d'une matrone manquée dont le mental n'est que le carrefour où toutes les chimères de ce faux Sens-commun, dont nous venons de constater la morne suffisance, tiennent, gravement, leur oiseux conseil ?

— Bien, dit Edison, continuons. Dites-moi : —

miss Alicia n'est pas une *artiste*, n'est-ce pas ?

— Juste ciel! dit lord Ewald : je le crois bien. Ne vous ai-je point dit que c'était une virtuose ? Et le virtuose n'est-il pas l'ennemi direct et mortel du Génie et de l'Art même, par conséquent?

L'Art n'a pas plus de rapport, vous le savez, avec les virtuoses, que le Génie n'a de rapport avec le Talent ; la différence, entre eux, étant, en réalité, incommensurable.

Les seuls vivants méritant le nom d'Artistes sont les créateurs, ceux qui éveillent des impressions intenses, inconnues et sublimes. Les autres?... Qu'importe! Les glaneurs, passe encore ; mais ces virtuoses qui viennent enjoliver, aniaiser enfin, l'œuvre divine du Génie? Ces infortunés qui, dans l'art de la Musique, par exemple, s'évertueraient à « broder mille variations », de « brillantes fantaisies » jusque sur le clairon du Jugement-dernier ?... Quelle odeur de singes ! — N'auriez-vous jamais vu de ces personnages qui, après une « séance », passent deux doigts dans leurs longs cheveux et regardent les plafonds, en mesure, d'une manière inspirée? De tels fantoches donnent honte, vraiment. C'est à croire qu'ils n'ont d'âme qu'au figuré, comme on dit l'âme d'un violon. — Eh bien, miss Alicia n'a que cette sorte d'âme!... Mais, médiocre avant tout, elle manque même de ce sens bâtard qui fait que les virtuoses croient que la Musique est belle ! chose qu'ils ont cependant bien moins le droit de dire que le dernier des sourds. Ainsi, en parlant de sa voix surnaturelle, de ses mille inflexions, de la magie de son timbre idéal, elle dit qu'elle possède un « talent d'agrément. » Elle trouve les gens un peu «fous» de s'intéresser tant à ces choses-là ! L'enthousiasme lui fait toujours un peu pitié, comme seyant fort mal aux *personnes distinguées*. De sorte qu'elle trouve moyen de renchérir encore, vous le voyez, sur la sottise et la suffisance des virtuoses. Lorsqu'elle chante, grâce à quelques instances de ma part, — (car cela l'ennuie, chanter n'étant pour elle que le travail de son regrettable métier, *pour lequel elle n'était pas faite, hélas!*) — il lui arrive parfois de s'interrompre — si l'admiration me fait fermer les yeux, et de me dire « qu'elle ne comprend vraiment pas qu'un gentilhomme puisse *se monter ainsi la tête pour des choses en l'air*, au lieu de songer *à la tenue qu'exige le rang!*... » Vous voyez : c'est simplement, ici, rachitisme intellectuel.

— Ce n'est pas, non plus, une femme *bonne*? demanda Edison.

— Comment le serait-elle, puisque c'est une sotte ! On n'est bon que lorsqu'on est bête, dit lord Ewald. — Oh ! criminelle, méchante, sombre, avec des sens d'impératrice romaine, je l'eusse comprise ! et mille fois préférée ! Mais, sans être bonne, elle n'a pas de ces appétits fauves, nés, au moins, d'un puissant orgueil. Bonne ! dites-vous ? En elle, aucune trace de cette auguste bonté qui transfigure la laideur et répand son baume enchanté sur toute blessure !

Non. Médiocre avant tout, elle n'est *même* pas méchante : elle est *bonnasse*, comme elle est avaricieuse plutôt qu'avare : toujours sottement, jamais bêtement. Elle a cette hypocrisie des cœurs faibles et secs, pareils au bois mort, qui ne sont pas plus dignes, enfin, des services qu'ils rendent que de ceux qu'ils reçoivent. — Aussi, de quelle sensiblerie les bonasses ne doublent-ils pas leur amertume indifférente? — Tenez, mon cher Edison, un soir, au théâtre, j'observais miss Alicia Clary pendant qu'elle écoutait je ne sais quel mélodrame, issu de la plume de l'un de ces faussaires de la parole, de ces détrousseurs de lettres qui, avec leur jargon de faiseurs, les banalités de leur fiction, leurs lazzis de grimaciers, atrophient, dans une impunité triomphante et lucrative, le sens de toute élévation chez les foules. Eh bien! j'ai vu les admirables yeux de cette femme se remplir de larmes à ces dialogues abjects! Et je la regardais pleurer comme on regarde pleuvoir. Moralement, j'eusse aimé mieux de la pluie : mais, physiquement, — que voulez-vous? il faut bien en convenir, — ces larmes mêmes, sur ce visage, étaient splendides. Les lumières en baignaient les diamants : elles roulaient sur ce sublime et pâle visage, sous lequel ne somnolait, cependant, que la niaiserie émue! En sorte que je ne pouvais qu'admirer avec mélancolie cette simple transsudation d'animalité.

— Bien! dit Edison. — Miss Alicia n'est pas sans appartenir à quelque secte religieuse, n'est-ce pas?

— Oui, dit lord Ewald. Je me suis complu dans l'analyse de la religiosité de cette inquiétante femme. Elle est mystique — non par le vivifiant amour d'un Dieu Rédempteur, — mais parce que cela lui semble de toute convenance et que c'est très « comme il faut. » Voyez-vous, la manière dont elle tient son livre de prières en revenant de l'office du dimanche ressemble, dans un autre ordre d'idées, à celle dont elle mé dit que « je suis un gentilhomme » : cela cause une impression qui fait un peu rougir. — Ainsi, elle a foi dans un Dieu d'une sublimité éclairée, entendue : — elle peuple son paradis de martyrs qui n'exagèrent rien ; d'élus honorables, de saints compassés, de vierges pratiques, de chérubins convenables. Elle croit à un ciel, mais à un ciel de dimensions rationnelles ! — Son idéal serait un ciel *terre à terre*, enfin, car le soleil, même, lui paraît trop dans les nuages, trop dans *le bleu*. »

Le phénomène de la Mort la choque beaucoup. Cela, par exemple, lui semble un excès qu'elle ne comprend pas : cela « ne lui paraît plus de notre temps. » Voilà l'ensemble de ses « idées mystiques. » Pour conclure, ce qui déconcerte en elle, c'est le fait de cette presque surhumaine beauté recouvrant de son divin voile ce caractère de modération plate, cet esprit de vulgarisme, cette exclusive et folle considération pour ce que l'Or, la Foi, l'Amour et l'Art ont de purement *extérieur*, c'est-à-dire de vain et d'illusoire ; c'est ce sinistre rétrécissement de l'intellect enfin, qui rappelle les résultats obtenus par les habitants des rives de l'Orénoque, lesquels serrent, entre des ais, le crâne de leurs enfants, pour les empêcher de pouvoir jamais penser à des choses *trop* élevées. En revêtant ce fond de caractère d'une suffisance placide vous aurez, à peu près, ce à quoi se réduit l'impression que laisse d'elle miss Alicia Clary.

Je dis donc que le spectacle abstrait de cette femme a tué ma joie, continua lord Ewald après un silence. Quand je la regarde et l'écoute, elle me fait éprouver la sensation d'un temple profané, non par la rébellion, l'impiété, la barbarie et leurs torches sanglantes, mais par l'ostentation intéressée, l'hypocrisie timorée, la vaine et machinale fidélité, la sécheresse inconsciente, la superstition incrédule, — et de qui ? de la prêtresse repentie de ce temple même dont l'idole, au-dessous du blasphème, mérite à peine le sourire — et de laquelle elle me débite, cependant, sans cesse, d'un ton compoinct et rassis, la légende vide.

— Avant de conclure, dit Edison, ne m'avez vous pas dit que c'était, malgré ce manque de vibrations, une fille de race ?

Une imperceptible rougeur monta aux joues de lord Ewald à cette parole.

— Moi ? Je ne crois pas avoir dit cela, répondit-il.

— Vous avez dit que miss Alicia Clary appartenait à « quelque bonne famille, d'origine écossaise, anoblie récemment. »

— Ah ! parfaitement, dit lord Ewald ; mais ceci n'est pas la même chose. Ce n'est même pas un éloge. Au contraire. En ce siècle, il faut *être* — ou *naître* — noble, l'heure étant pour longtemps passée où l'on pouvait le devenir. La noblesse, en nos pays, se confère, aujourd'hui, en souriant. Et nous estimons qu'il ne peut être que nuisible à l'essence, quand même réfractaire, de certaines lignées, d'être inoculées, à l'étourdie, de ce douteux et affadi vaccin, dont tant de bourgeoisies indélébiles ne sont qu'empoisonnées.

Et, comme perdu en une réflexion inconnue, il ajouta, très bas, avec un grave sourire :

— Peut-être, même, est-ce la *cause*, dit-il.

Edison, en homme de génie (sorte de gens dont la noblesse toute spéciale humiliera toujours les égalitaires), répondit en souriant aussi :

— Le fait est qu'on ne devient pas un cheval de race par le seul fait d'entrer au champ de course. Seulement, ce qu'il y a de positivement remarquable au fond de toute cette analyse, c'est que vous ne vous apercevez pas que cette femme *serait l'Idéal féminin pour les trois quarts de l'Humanité moderne !* — Ah ! quelle bonne existence des millions d'individus mèneraient avec une telle maîtresse, étant riches, beaux et jeunes comme vous !

— Moi, j'en meurs, dit lord Ewald comme à lui-même. Et c'est, par analogie, ce qui, en moi, constitue la différence entre le pur-sang et les chevaux vulgaires.

XVIII

Confrontation

Sous cette pesante chape de plomb, le désespéré proféra cette seule parole : « Je n'en peux plus !... »
(DANTE, l'*Enfer*).

Lord Ewald, tout à coup, s'écria, cédant à quelque irritation juvénile, jusque-là contenue :

— Ah ! qui m'ôtera cette âme de ce corps ! — C'est à croire à quelque inadvertance d'un Créateur ! Je ne pensais pas que mon cœur méritât d'être attaché au pilori de cette curiosité ! — Demandais-je tant de beauté, au prix de tant de misère ? Non. J'ai DROIT de me plaindre. Une enfant d'un cœur simple, d'un visage vivant, éclairé par des yeux aimants et ingénus, et j'eusse accepté la vie ; je n'eusse pas ainsi fatigué mon esprit à son sujet. Je l'eusse aimée tout simplement, — comme on aime. — Mais cette femme!... Ah! c'est l'Irrémédiable. — De quel droit n'a-t-elle pas de génie, ayant une telle beauté! De quel droit cette forme sans pareille vient-elle faire appel, au plus profond de mon âme, à quelque amour sublime pour en démentir la foi! « Trahis-moi, plutôt, mais existe! Sois pareille *à l'âme de ta forme!* » lui dit perpétuellement mon regard, — qu'elle ne comprend jamais. Tenez, un Dieu apparaissant à celui qui l'intercède, transporté d'amour, de ferveur et d'extase, et ce Dieu lui disant, à voix basse : « Je n'existe pas! » ne serait pas plus inintelligible que cette femme.

Je ne suis pas un amant, mais un prisonnier. Ma déception est affreuse. Les joies que cette vivante morose m'a prodiguées furent plus amères que la mort. Son baiser n'éveille en moi que le goût du suicide. Je ne vois même plus que cette délivrance.

Lord Ewald, se remettant de ce mouvement, reprit bientôt de sa voix redevenue plus calme :

— Elle et moi, nous avons voyagé. Les pensées changent de couleur, parfois, avec les frontières. Je ne sais trop ce que j'espérais : un étonnement peut-être, quelque diversion salubre. Je la traitais comme une malade, à son insu.

Eh bien, ni l'Allemagne, ni l'Italie, ni les steppes russes, ni les splendides Espagnes, ni la jeune Amérique n'ont ému, distrait ou intéressé cette mystérieuse créature ! Elle regardait, jalouse, les chefs-d'œuvre qui, pensait-elle, la privaient, pour un instant, d'une attention totale, sans comprendre qu'elle faisait partie de la beauté de ces chefs-d'œuvre et que c'étaient des miroirs que je lui montrais.

En Suisse, devant le mont Rose, à l'aurore, elle s'écriait (et avec un sourire aussi beau que cette aurore sur cette neige) : « Ah ! je n'aime pas les montagnes, moi ; cela m'écrase. »

A Florence, devant les merveilles du siècle de Léon X, elle disait avec un bâillement léger :

— Oui, c'est très intéressant, tout cela.

En Allemagne, en écoutant Wagner, elle disait :

— On ne peut pas suivre un « air », dans cette musique-là ! Mais c'est *fou !*

D'ailleurs, tout ce qui n'est même pas simplement sot ou vil, elle appelle cela les *étoiles*.

Ainsi, à chaque instant, je l'entends murmurer de sa voix divine :

— Tout ce que vous voudrez, mais pas les *étoiles !* Voyez-vous, mon cher lord, ce n'est plus *sérieux*.

Telle est sa devise favorite, qu'elle récite machinalement, ne traduisant, en ce refrain, que sa soif natale d'abaisser toujours ce qui dépasse le strict niveau de la terre.

— L'Amour ? c'est un de ces mots qui ont le don de la faire sourire, et je vous dis qu'elle clignerait de l'œil, si son visage sublime obéissait à la frivole grimace de son âme, puisqu'il paraît qu'elle en a une. Et j'ai constaté qu'elle en avait une dans les seuls et terribles instants où *elle sem-*

ble avoir je ne sais quelle peur obscure et instinctive de son corps idéal.

Une fois, à Paris, il s'est passé ce fait extraordinaire. Doutant de mes yeux, doutant de ma raison, l'idée sacrilège ! — folle, je l'avoue ! — me prit d'une confrontation de cette morne vivante, avec la grande pierre, qui est, vous dis-je, son image, avec la Venus Victrix. Oui, je voulus savoir ce que cette accablante femme répondrait à cette présence. Un jour donc, en plaisantant, je la conduisis au Louvre, en lui disant : « Ma chère Alicia, je vais vous causer, je pense, une surprise. » Nous traversâmes les salles, et je la mis brusquement en présence du marbre éternel.

Miss Alicia releva son voile, cette fois. Elle regarda la statue avec un certain étonnement ; puis, stupéfaite, elle s'écria naïvement :

— Tiens, moi !

L'instant d'après, elle ajouta :

— Oui, mais moi, j'ai mes bras, et j'ai l'air plus distingué.

Puis elle eut comme un frisson : sa main, qui avait quitté mon bras pour s'appuyer à la balustrade, le reprit, et elle me dit tout bas :

— Ces pierres... ces murs... Il fait froid, ici. Allons-nous-en.

Une fois au dehors, comme elle était demeurée silencieuse, j'avais je ne sais quel espoir d'une parole inouïe.

En effet, je ne fus point déçu ! — Miss Alicia, qui suivait sa pensée, se serra tout contre moi, puis me dit :

— *Mais, si l'on fait tant de frais pour cette statue, alors, — j'aurai du* SUCCÈS ?

Je l'avoue, cette parole me donna le vertige. La Sottise (poussée ainsi jusqu'aux cieux !) me parut comme une damnation. Déconcerté, je m'inclinai.

— Je l'espère, lui répondis-je.

Je la reconduisis chez elle. Ce devoir accompli, je revins au Louvre.

Je rentrai dans la salle sacrée ! Et après un regard sur la Déesse, dont la forme contient la Nuit-étoilée, ah ! pour l'unique fois de ma vie, j'ai senti mon cœur se gonfler de l'un des plus mystérieux sanglots qui aient étouffé un vivant.

Ainsi cette maîtresse, dualité animée qui me repousse et m'attire, me retient à elle par cela même, comme les deux pôles de cet aimant attachent à lui, par leur contradiction, ce morceau de fer.

Toutefois, je ne suis pas d'une nature capable de subir longtemps l'attrait (si puissant qu'il soit) de ce que je dédaigne à moitié. L'amour où nul sentiment, nulle intelligence ne se mêle à la sensation me semble offensant envers moi-même. Ma conscience me crie qu'il prostitue le cœur. Les réflexions très décisives que ce *premier amour* m'a inspirées, en me donnant un grand éloignement pour toutes les femmes, m'ont conduit *au plus incurable spleen.*

Ma passion d'abord ardente pour les lignes, la voix, le parfum et le charme EXTÉRIEUR de cette femme, est devenue d'un platonisme absolu. Son être moral m'a glacé les sens à jamais : ils en sont devenus purement *contemplatifs.* Voir en elle une maîtresse me *révolterait* aujourd'hui ! Je n'y suis donc attaché que par une sorte d'admiration douloureuse. Contempler morte miss Alicia serait mon désir, si la mort n'entraînait pas le triste effacement des traits humains ! En un mot la présence de sa forme, fût-elle illusoire, suffirait à mon indifférence éblouie, puisque rien ne peut rendre cette femme digne de l'amour.

Je me suis décidé, d'après ses instances, à lui faciliter l'accès du théâtre, à Londres : ce qui signifie, en d'autres termes, que... *je ne me soucie plus de la vie.*

Maintenant, pour me prouver que je ne fus pas totalement un inutile, j'ai voulu venir vous reconnaître et vous serrer la main avant de m'effacer...

Voilà mon histoire. C'est vous qui l'avez demandée. Vous voyez que je suis sans remède. Votre main donc et adieu.

XIX

Remontrances

« On ne sçaurait se r'avoir de ce trouble ! »
MONTAIGNE.

— Cher comte Ewald, dit lentement Edison, quoi ? pour une femme ! que dis-je ! pour une telle femme ? Vous !... Je crois rêver.

— Moi aussi, dit lord Ewald avec un sourire triste et très froid. Que voulez-vous ! Cette femme fut pour moi comme ces sources claires, aux murmures charmeurs, nées en des pays de soleil, à l'ombre d'antiques forêts. Si, au printemps, séduit par la beauté de leur onde mortelle, vous y plongez une jeune feuille verte et toute vivante encore de sève, vous la retirez pétrifiée.

— C'est juste, dit Edison, pensif.

Et, comme il observait le jeune homme, il vit distinctement flotter le suicide dans le regard vague et profond de lord Ewald.

— Milord, dit-il, vous êtes la proie d'un mal juvénile qui se guérit de lui-même. Oubliez-vous que tout s'oublie ?

— Oh! dit lord Ewald en replaçant son lorgnon, me prenez-vous pour un inconsistant? J'ai le caractère et la nature faits de telle manière que, tout en pesant parfaitement l'absurdité de cette « passion », je n'en subis pas moins la hantise, la douleur et l'ennui. Je sais jusqu'où je suis touché. C'est fini. Et maintenant, ami, puisque la confidence est faite, n'en parlons plus.

Edison releva la tête et considéra quelques instants ce pâle et *trop* noble jeune homme, comme un opérateur regarde un malade abandonné.

Il méditait; — il hésitait !

On eût dit qu'il rassemblait ses forces et ses pensées pour quelque projet étrange et inconnu.

— Voyons! nous disons donc, reprit-il, que vous êtes l'un des plus brillants seigneurs de l'Angleterre. Vous savez qu'il est des compagnes qui ennoblissent toutes les joies de la vie, des jeunes filles radieuses et dont l'amour ne se donne positivement qu'une fois : oui, des cœurs sacrés, des êtres d'aurore et d'idéal. — Et vous, milord, vous dont le front rayonne d'une si lumineuse intelligence, vous qui avez la noblesse, la puissance, la haute fortune, quelque avenir éclatant, si bon vous semble... vous voici sans force devant cette femme. Sur un désir, sur un signe, mille autres, tout aussi captivantes peut-être, et presque aussi belles, vous apparaîtraient! — Entre elles se trouveraient cent natures charmantes, dont le souvenir ne laisse que des pensées heureuses et réchauffantes! Entre celles-ci, dix femmes au cœur solide, au nom sans tache, et, entre elles encore, une femme digne à jamais de porter le vôtre, puisqu'il est toujours une Hypermnestra sur cinquante Danaïdes.

Grâce à celle-ci, en vous projetant par la pensée à trente ou quarante années de rayonnantes et nobles joies, — des joies de tous les jours — vous pouvez vous voir considérant un passé sans doute même illustre! laissant à l'Angleterre de beaux enfants, orgueilleux de votre nom et dignes de votre sang! — Et, au mépris de ce nombreux bonheur que le Destin vous offre, enfant gâté de la terre, de cet avenir pour lequel tant d'autres fils d'Eve joueraient mille fois la vie ou se consumeraient en luttes persévérantes, vous allez vous éteindre, vous allez abdiquer, déserter l'existence, et ceci à cause d'une femme de hasard, élue par la fatalité entre cinq millions de ses pareilles, pour que cette œuvre malfaisante soit accomplie! — Vous prenez cette ombre au sérieux, alors que son souvenir ne serait plus, dans quelques années, pour vous, que pareil à ces fumées enivrantes et noires qui sortent de ces insolentes cassolettes où l'on brûle du haschich! — Ah! permettez-moi de vous dire que, si miss Alicia Clary préfère, natalement le penny à la guinée, la chose me paraît avoir été contagieuse pour vous, — et c'est là, véritablement, un malheur.

— Mon ami, répondit lord Ewald, soyez moins sévère pour moi, car je le suis plus que vous, et inutilement.

— Je parle au nom de cette jeune fille qui serait votre salut, poursuivit Edison. A qui la laisserez-vous? On est responsable du mal qu'entraîne le bien que l'on n'a pas accompli.

— Je vous répète que je me suis tourmenté de bien d'autres encore, répondit lord Ewald; mais, j'ai dans l'être de n'aimer qu'une fois. En ma famille, si l'on tombe mal, on disparaît, sans doléances ni discussions, voilà tout : nous laissons les « nuances » et les « concesssions » aux autres hommes.

Edison semblait évaluer le degré du mal.

— Oui, murmura-t-il comme à lui-même, c'est fort grave, en effet ! — Diable ! diable !

Puis, après une réflexion soudaine :

— Mon cher lord, dit-il, comme je suis peut-être le seul médecin sous le ciel qui puisse beaucoup pour votre résurrection, je vous requiers, au nom de ma reconnaissance envers vous, de me répondre d'une façon définitive et péremptoire. Une dernière fois, vous m'affirmez ne pouvoir arriver jamais à considérer votre aventure galante — qui n'est extraordinaire que pour vous, — comme l'un de ces caprices mondains, passionnels, si l'on veut, intenses même, mais sans la moindre importance vitale enfin ?

— Que miss Alicia Clary puisse devenir, demain,

pour beaucoup d'autres, la maîtresse d'un soir, cela est possible. — Quant à moi, je n'en ressusciterai pas : Je ne vois que sa forme au fond de la vie.

— La méprisant ainsi, vous persistez à vous exalter à ce point pour sa beauté, — et cela d'une manière toute idéale, puisque, m'avez-vous dit, vos sens en sont devenus à jamais contemplatifs et glacés?

— Contemplatifs et glacés !... Oui, c'est bien cela ! répondit lord Ewald. Je n'éprouve plus aucun désir pour elle. Elle est la radieuse obsession de mon esprit, voilà tout. — J'en subis l'envoûtement, comme disaient les sorciers du Moyen-âge.

— Vous renoncez délibérément à rentrer dans la vie sociale?

— Oui ! répondit lord Ewald en se levant. Sur ce, mon cher Edison, vivez! Soyez célèbre! Soyez utile à notre race tout entière ! Moi, je pars. Achille mourut bien d'une blessure au talon ! — Et maintenant, pour la dernière fois, adieu. Je ne me sens pas le droit d'abuser, plus longtemps, en vaine et personnelle causerie, d'heures précieuses pour toute l'Humanité.

Ce disant, lord Ewald, toujours correct et froid, prit son chapeau, dont il avait aveuglé un grand télescope auprès de lui.

Mais Edison s'était levé aussi.

— Ah çà ! s'écria-t-il, vous figurez-vous que je vais, tranquillement, vous laisser vous brûler la cervelle sans rien tenter pour vous sauver la vie, alors que je vous dois la mienne et tout ce qui s'y rattache? — Pourquoi vous eussé-je questionné sans motif? — Mon cher lord, vous êtes un de ces malades que l'on ne peut traiter que par le poison : je me résous donc, toutes remontrances épuisées, à vous médicamenter, s'il vous plaît, d'une façon terrible, votre cas étant exceptionnel. Le remède consiste *à réaliser vos vœux!* — (Du diable, si je m'attendais, par exemple, à risquer cette première expérience sur vous!...) murmura, comme à part lui, l'électricien. Il faut constater que les êtres et les idées s'attirent — et c'est à croire que je vous attendais moi-même, inconsciemment, ce soir! Allons, je le vois! je dois tenter de vous sauver l'*être*. Et, comme il est des blessures que l'on ne peut guérir qu'en empirant leur profondeur, *je veux accomplir votre rêve tout entier!*—Milord Ewald, ne vous êtes-vous pas écrié, tout à l'heure, en parlant d'*Elle* : « Qui m'ôtera cette âme de ce corps? »

— Oui! murmura lord Ewald, un peu interdit.

— Eh bien! C'EST MOI.

— Hein?

— Mais vous, milord, interrompit Edison sur un ton d'une solennité brusque et grave, — n'oubliez pas qu'en accomplissant votre ténébreux souhait, je ne cède... qu'à la Nécessité.

LIVRE DEUXIEME

LE PACTE

I

Magie blanche

> « Prends garde ! En jouant au fantôme
> on le devient. »
> *(Précepte de Kabbale.)*

L'accent et le regard dont l'électricien avait appuyé ces paroles firent tressaillir son interlocuteur : celui-ci le regarda fixement.

Edison était-il en pleine possession de ses facultés ? — Vraiment, ce qu'il venait d'avancer passait toute intelligence ! Le plus sage était d'attendre qu'il s'expliquât.

Toutefois, un magnétisme irrésistible était sorti de ces derniers mots. Lord Ewald, malgré lui, le subissait et ressentait le pressentiment d'un imminent prodige.

Quittant de vue Edison, il promena son attention, en silence, sur les objets environnants.

Et, sous la lumière des lampes qui leur jetait une pâleur terrible, ces objets autour de lui, monstres d'une scientifique région, prenaient des configurations inquiétantes et éclatantes. Ce laboratoire semblait, positivement, un lieu magique; ici, le naturel ne pouvait être que l'extraordinaire.

De plus lord Ewald songeait que la plupart des découvertes de son hôte étaient encore inconnues: le caractère constamment paradoxal de celles dont il avait entendu parler entourait, à ses yeux, Edison d'une sorte de halo intellectuel au centre duquel celui-ci lui apparaissait.

Cet homme était pour lui comme un habitant des royaumes de l'Electricité.

Au bout de quelque temps, il se sentit gagner par des sentiments complexes, où la curiosité, la stupeur et une très mystérieuse espérance de *Nouveau* se mêlaient étrangement. La vitalité de son être en était, pour ainsi dire, augmentée.

— Il s'agit, simplement, d'une... *transsubstantiation*, — dit Edison. Mais j'ai quelques mesures à prendre à l'instant même. — Au fait... acceptez-vous ?

— Vous avez parlé sérieusement?

— Oui. — Acceptez-vous ?

— Certes! et je vous donne « carte blanche » ! ajouta lord Ewald, avec un sourire d'une tristesse un peu mondaine, déjà.

— Eh bien, reprit Edison, après un coup d'œil sur l'horloge électrique placée au-dessus de la porte, je commence, n'est-ce pas? Car le temps est précieux, et il me faut trois semaines.

— Vraiment? Je vous accorde un mois! dit lord Ewald.

— Inutile; — et je suis ponctuel. Il est, ici, disons-nous, huit heures trente-cinq minutes. A pareille heure, ici même, dans vingt et un jours, miss Alicia Clary vous apparaîtra, non seulement transfigurée, non seulement de la « compagnie » la plus enchanteresse, non seulement d'une élévation d'esprit des plus augustes, mais revêtue d'une sorte d'immortalité. — Enfin, cette sotte éblouissante sera non plus une femme, mais un ange; non plus une maîtresse, mais une amante; non plus la Réalité, mais l'Idéal.

Lord Ewald considéra l'inventeur avec un étonnement inquiet.

— Oh! je vais vous exposer mes moyens d'exécution!... continua celui-ci; le résultat me paraît assez merveilleux, par lui-même, pour que les apparentes désillusions de son analyse scientifique s'évanouissent devant sa soudaine et profonde splendeur! — Oui, ne fût-ce que pour vous rassurer au sujet de la parfaite lucidité de ma raison, je vais vous mettre au courant de mon secret, tenez, dès ce soir. — Mais, avant tout, à l'œuvre! L'explication se dégagera, d'elle-même, au fur et à mesure que l'œuvre s'effectuera. — Voyons; miss Alicia Clary, d'après vos paroles, n'est-elle pas en ce moment à New York, au Théâtre?

— Oui.

— Le numéro de la loge?

— Numéro 7.

— Vous ne lui avez pas dit à propos de quelle visite vous la laissiez seule?

— Cela l'eût si peu intéressée que j'ai cru devoir le lui taire.

— A-t-elle entendu prononcer mon nom?

— Peut-être... Mais elle l'a oublié.

— Très bien! dit Edison rêveur; ceci était important.

Et, s'approchant du phonographe, il en écarta le style, jeta un regard sur les pointillés, fit jouer le cylindre jusqu'à ceux qu'il désirait, ramena le style, et, rapprochant le capuchon du téléphone, donna un coup de doigt à l'instrument vocal :

— Martin, êtes-vous là? cria le phonographe dans le téléphone.

Nulle réponse ne se fit entendre.

— Bon! le sacripant s'est jeté sur mon lit; je parie qu'il ronfle! grommela Edison en souriant.

Ayant appliqué l'oreille au récepteur d'un microphone-perfectionné :

— Juste! dit-il; voilà : quand il a pris son grog, après le dessert, sa conscience réclame une sieste, — et le scélérat, pour en jouir sans crainte, interrompt parfois la sonnerie.

— A quelle distance est la personne à qui vous parlez? demanda lord Ewald.

— Oh! tout simplement à New York, dans mon appartement de Broadway, répondit Edison, préoccupé.

— Comment! vous entendez un individu ronfler à vingt-cinq lieues?

— Je l'entendrais du pôle! dit Edison, au train dont il va, surtout. Croyez-vous que le *Fine-Oreille* de vos contes de Fées, lui-même, oserait en dire autant sans que les enfants, révoltés de la lecture du conte, ne se missent à crier : « Ah ! cela, c'est impossible ! » Cela est, pourtant : et, demain, cela n'étonnera plus personne.— Par bonheur, j'ai prévu le cas actuel... J'aurais bien là certaine bobine..., mais non : loin de moi l'idée de le chatouiller d'une étincelle ! — Tenez, j'ai là-bas mon aérophone de chevet, auquel correspond ce téléphone-ci : j'estime qu'il suffira pour lui, voire pour tout le quartier.

Ce disant, il avait appliqué au phonographe l'embouchure encapuchonnée d'un appareil voisin du premier.

— Pourvu que, là-bas, les chevaux ne se cabrent pas dans la rue ! murmura-t-il.

L'instrument répéta sa question.

Trois secondes après, la voix de basse de tout à l'heure, mais précipitée et provenue évidemment d'un homme éveillé en sursaut, sembla sortir du chapeau que lord Ewald tenait encore à la main et qui touchait, par hasard, un condensateur en suspens auprès du jeune homme.

— Hein ! quoi ? — Est-ce que c'est le feu ?... criait la voix tout effarée.

— Là ! dit Edison, en riant : voilà notre homme sur pieds.

Il prit le cordon du premier téléphone, qu'il emboucha lui-même cette fois.

— Non, Martin ; non, mon ami : l'avertisseur n'est qu'à dix-huit degrés ; rassurez-vous. Seulement, faites parvenir, à l'instant même et en mains, la dépêche que je vais vous envoyer.

— J'attends, monsieur Edison, répondit la voix, plus calme.

L'électricien, déjà, choquait, avec de rapides saccades, le manipulateur de son cadran Morse, sur la colonne : il écrivait télégraphiquement.

— Est-ce lu ? demanda-t-il ensuite dans le téléphone.

— Oui ! j'y vais moi-même, répondit la voix.

Et, grâce à un mouvement distrait ou plaisant de l'ingénieur qui avait mis la main sur le commutateur central du laboratoire, cette voix sembla rebondir d'angle en angle de tous les côtés où elle pénétrait des condensateurs. On eût dit qu'une douzaine d'individus, échos fidèles les uns des autres, parlaient à la fois dans l'appartement. Lord Ewald en regarda autour de lui.

— Vous me crierez vite la réponse ! ajouta Edison, du ton dont on poursuit un homme qui s'en va.

Puis, revenant vers le jeune lord :

— Tout va bien ! dit-il.

Il s'arrêta, le regardant fixement ; puis, d'un ton froid et qu'une si soudaine transition rendait singulièrement saisissant :

— Milord, dit-il, je dois vous prévenir que nous allons, maintenant, quitter ensemble les domaines (inexpliqués, sans doute, mais trop parcourus, n'est-ce pas ?) de la vie normale, de la Vie proprement dite, — et pénétrer dans un monde de phénomènes aussi insolites qu'impressionnants. Je vous donnerai la clef de leur chaîne.—Quant à vous dire, au juste, la nature de ce qui en fait mouvoir les anneaux, je commence par m'en déclarer incapable avec toute l'Humanité : (pour le moment du moins, et, j'en ai peur, pour toujours.)

Nous allons constater, rien de plus. L'Être dont

vous allez subir la vision est d'un mental indéfinissable. Son aspect, même familier, cause toujours un certain saisissement. Il ne présente, pour nous, aucun péril physique; cependant il est de mon devoir de vous avertir que, pour en supporter la première vue sans braver une défaillance intellectuelle, il ne serait peut-être pas hors de propos d'appeler à vous tout votre sang-froid... et même une partie de votre courage.

Lord Ewald, après un bref silence, s'inclina :

— Bien. J'espère dominer toute émotion, dit-il.

II

Mesures de sûreté

« Je n'y suis pour personne ! Entendez-vous ? Pour PERSONNE ! »
(LA COMÉDIE HUMAINE.)

Edison marcha vers la grande fenêtre et la ferma, déplia les volets intérieurs et les fixa : les lourdes franges des rideaux se joignirent. Allant ensuite à la porte du laboratoire, il en poussa les verrous.

Cela fait, il enfonça dans le ressort le bouton d'un phare de signal, d'une flamme d'un rouge intense, installée au-dessus du pavillon et qui indiquait au loin un danger pour qui s'en approcherait, attendu qu'une expérience redoutable y était essayée.

Une pression sur le pas de vis de l'isolateur central rendit instantanément sourds et muets tous les inducteurs micro-téléphoniques, à l'exception du timbre qui correspondait avec New York.

— Nous voici séparés quelque peu du monde des vivants! dit Edison, qui s'était remis à son télégraphe et qui, tout en ajustant divers fils de la main gauche, écrivait énigmatiquement force tirets et points de la main droite, en remuant les lèvres.

— N'avez-vous pas sur vous une photographie de miss Clary? demanda-t-il tout en écrivant.

— C'est vrai! Je l'oubliais! dit lord Ewald en tirant un carnet de sa poche. La voici, — dans tout son marbre pur! Voyez, et jugez si j'ai dépassé le réel dans mes paroles.

Edison prit la carte, l'examina d'un coup d'œil :

— Prodigieux!... C'est, en effet, la fameuse Vénus du sculpteur inconnu! s'écria-t-il; — c'est plus que prodigieux... c'est stupéfiant, en vérité! — je l'avoue!

Se détournant, il toucha le régulateur d'une batterie voisine.

L'étincelle, sollicitée, parut entre le vis-à-vis des pointes d'une double tige de platine; elle hésita deux secondes, comme cherchant de tous côtés par où s'enfuir, et criant son chant bizarre.

Un fil bleu, — comme tout sellé pour l'Incommensurable, — s'approcha d'elle; l'autre extrémité de ce fil se perdait sous terre.

A peine la courrière haletante eût-elle senti son elfe de métal qu'elle sauta sur lui et disparut.

L'instant d'après, un bruit sombre se fit entendre sous les pieds des deux hommes. Il roulait comme du fond de la terre, du fond d'un abîme, vers eux : c'était lourd et c'était enchaîné. On eût dit qu'un sépulcre, arraché aux ténèbres par des génies, s'exhumait et montait à la surface terrestre.

Edison, gardant toujours la carte photographique à la main — et les yeux fixés sur un point de la muraille, en face de lui, à l'autre bout du laboratoire, — semblait anxieux et attendait.

Le bruit cessa.

La main de l'électricien s'appuya sur un objet que lord Ewald ne distingua pas bien...

— Hadaly! appela-t-il enfin à haute voix.

III

Apparition

> « Qui se cache derrière ce voile ?... »
> *(Das verschleierte Bild zu Saïs).*

A ce nom mystérieux, une section de la muraille, à l'extrémité sud du laboratoire, tourna sur des gonds secrets, en silence, démasquant un étroit retrait creusé entre les pierres.

Tout l'éclat des lumières porta brusquement sur l'intérieur de ce lieu.

Là, contre les parois concaves et demi-circulaires, des flots de moire noire, tombant fastueusement d'un cintre de jade jusque sur le marbre blanc du sol, agrafaient leurs larges plis à des phalènes d'or piquées çà et là aux profonds de l'étoffe.

Debout en ce dais, une sorte d'*Être*, dont l'aspect dégageait une impression d'*inconnu*, apparaissait.

La vision semblait avoir un visage de ténèbres : un lacis de perles serrait, à la hauteur de son front, les enroulements d'un tissu de deuil dont l'obscurité lui cachait toute la tête.

Une féminine armure, en feuilles d'argent brûlé, d'un blanc radieux et mat, accusait, moulée avec mille nuances parfaites, de sveltes et virginales formes.

Les pans du voile s'entrecroisaient sous le col autour du gorgerin de métal ; puis, rejetés sur les épaules, nouaient derrière elle leurs prolongements légers. Ceux-ci tombaient ensuite sur la taille de l'apparition, pareils à une chevelure, et, de là, jusqu'à terre, mêlés à l'ombre de sa présence.

Une écharpe de batiste noire lui enveloppait les flancs et, nouée devant elle comme un pagne, laissait flotter, entre sa démarche, des franges noires où semblait courir un semis de brillants.

Entre les plis de cette ceinture était passé l'éclair d'une arme nue de forme oblique : la vision appuyait sa main droite sur la poignée de cette lame ; de sa main gauche pendante, elle tenait une immortelle d'or. A tous les doigts de ses mains étincelaient plusieurs bagues, de pierreries différentes — et qui paraissaient fixées à ses fins gantelets.

Après un instant d'immobilité, cet être mystérieux descendit l'unique marche de son seuil et s'avança, dans son inquiétante beauté, vers les deux spectateurs.

Bien que sa démarche semblât légère, ses pas

sonnaient sous les lampes dont les puissantes lueurs jouaient sur son armure.

A trois pas d'Edison et de lord Ewald, l'apparition s'arrêta ; puis, d'une voix délicieusement grave :

— Eh bien, mon cher Edison, me voici ! dit-elle.

Lord Ewald, ne sachant que penser de ce qu'il voyait, la regardait en silence.

— L'heure est venue de vivre, si vous voulez, miss Hadaly, répondit Edison.

— Oh ! je ne tiens pas à vivre ! murmura doucement la voix à travers le voile étouffant.

— Ce jeune homme vient de l'accepter pour toi ! — continua l'électricien en jetant dans un récepteur la carte photographique de miss Alicia.

— Qu'il en soit donc selon sa volonté ! dit, après un instant et après un léger salut vers lord Ewald, Hadaly.

Edison, à ce mot, le regarda ; puis, réglant de l'ongle un interrupteur, envoya s'enflammer une forte éponge de magnésium à l'autre bout du laboratoire.

Un puissant pinceau de lumière éblouissante partit, dirigé par un réflecteur et se répercuta sur un objectif disposé en face de la carte photographique de miss Alicia Clary. Au-dessous de cette carte, un autre réflecteur multipliait sur elle la réfraction de ses pénétrants rayons.

Un carré de verre se teinta, presque instantanément, à son centre, dans l'objectif ; puis le verre sortit de lui-même de sa rainure et entra dans une manière de cellule métallique, trouée de deux jours circulaires.

Le rais incandescent traversa le centre impressionné du verre par l'ouverture qui lui faisait face, ressortit, coloré, par l'autre jour qu'entourait le cône évasé d'un projectif, — et, dans un vaste cadre, sur une toile de soie blanche, tendue sur la muraille, apparut alors, en grandeur naturelle, la lumineuse et transparente image d'une jeune femme, — statue charnelle de la *Venus Victrix*, en effet, s'il en palpita jamais une sur cette terre d'illusions.

— Vraiment, murmura lord Ewald, je rêve, il me semble !

— Voici la forme où tu seras incarnée, dit Edison, en se tournant vers Hadaly.

Celle-ci fit un pas vers l'image radieuse qu'elle parut contempler un instant sous la nuit de son voile.

— Oh !... si belle !... Et me forcer de vivre ! — dit-elle à voix basse et comme à elle-même.

Puis, inclinant la tête sur sa poitrine, avec un profond soupir :

— Soit ! ajouta-t-elle.

Le magnésium s'éteignit ; la vision du cadre disparut.

Edison étendit la main à la hauteur du front de Hadaly.

Celle-ci tressaillit un peu, tendit, sans une parole, la symbolique fleur d'or à lord Ewald, qui l'accepta, non sans un vague frémissement ; puis, se détournant, reprit, de sa même démarche somnambulique, le chemin de l'endroit merveilleux d'où elle était venue.

Arrivée au seuil, elle se retourna ; puis, élevant

ses deux mains vers le voile noir de son visage, elle envoya, d'un geste tout baigné d'une grâce d'adolescente, un lointain baiser à ceux qui l'avaient évoquée.

Elle rentra, souleva le pan d'une des draperies de deuil et disparut.

La muraille se referma.

Le même bruit sombre, mais cette fois s'enfonçant et s'évanouissant dans les profondeurs de la terre, se fit entendre, puis s'éteignit.

Les deux hommes se retrouvaient seuls sous les lampes.

— Qu'est-ce que cet être étrange ? demanda lord Ewald, en fixant à sa boutonnière la fleur emblématique de miss Hadaly.

— *Ce n'est pas un être vivant*, répondit tranquillement Edison, les yeux sur les yeux de lord Ewald.

IV

Préliminaires d'un prodige

Sans phosphore, point de *pensée* !
MOLESCHOTT.

Lord Ewald, à cette révélation, considérant aussi l'effrayant physicien dans les yeux, parut se demander s'il avait bien entendu.

— Je vous affirme, reprit Edison, que ce métal qui marche, parle, répond et obéit, ne revêt *personne*, dans le sens ordinaire du mot.

Et comme lord Ewald continuait de le regarder en silence :

— Non, *personne*, reprit-il. Miss Hadaly n'est encore, *extérieurement*, qu'une entité magnéto-électrique. C'est un Etre de limbes, une possibilité. Tout à l'heure, si vous le désirez, je vous dévoilerai les arcanes de sa magique nature. Mais, continua-t-il, en priant d'un geste lord Ewald de le suivre, voici quelque chose qui pourra mieux vous éclairer sur le sens des paroles que vous venez d'entendre.

Et, guidant le jeune homme à travers le labyrinthe, il l'amena vers la table d'ébène, où le rayon de lune avait brillé avant la visite de lord Ewald.

— Voulez-vous me dire quelle impression produit sur vous ce spectacle-ci? — demanda-t-il en montrant le pâle et sanglant bras féminin posé sur le coussin de soie violâtre.

Lord Ewald contempla, non sans un nouvel étonnement, l'inattendue relique humaine, qu'éclairaient, en ce moment, les lampes merveilleuses.

— Qu'est-ce donc? dit-il.

— Regardez bien.

Le jeune homme souleva d'abord la main.

— Que signifie cela? continua-t-il. Comment! cette main... mais elle est tiède, encore!

— Ne trouvez-vous donc rien de plus *extraordinaire* dans ce bras?

Après un instant d'examen, lord Ewald jeta une exclamation, tout à coup:

— Oh! murmura-t-il, ceci, je l'avoue, est une aussi surprenante merveille que *l'autre*, et faite pour troubler les plus assurés! Sans la blessure, je ne me fusse pas aperçu du chef-d'œuvre!

L'Anglais semblait comme fasciné; il avait pris

le bras et comparait avec sa propre main la main féminine.

— La lourdeur ! le modelé ! la carnation même !... continuait-il avec une vague stupeur. — N'est-ce pas, en vérité, de la chair que je touche en ce moment ? La mienne en a tressailli, sur ma parole !

— Oh ! c'est mieux ! — dit simplement Edison. La chair se fane et vieillit : ceci est un composé de substances exquises, élaborées par la chimie, de manière à confondre la suffisance de la « Nature ». —(Et, entre nous, la Nature est une grande dame à laquelle je voudrais bien être présenté, car tout le monde en parle et personne ne l'a jamais vue !) — Cette *copie*, disons-nous, de la Nature, — pour me servir de ce mot empirique, — enterrera l'original sans cesser de paraître vivante et jeune. Cela périra par un coup de tonnerre avant de vieillir. C'est de la *chair artificielle*, et je puis vous expliquer comment on la produit ; du reste, lisez Berthelot.

— Hein ? vous dites ?

— Je dis : c'est de la chair-artificielle, — et je crois être le seul qui puisse en fabriquer d'aussi perfectionnée ! répéta l'électricien.

Lord Ewald, hors d'état d'exprimer le trouble où ces mots avaient jeté ses réflexions, examina de nouveau le bras irréel.

— Mais, demanda-t-il enfin, cette nacre fluide, ce lourd éclat charnel, cette *vie* intense !... Comment avez-vous réalisé le prodige de cette inquiétante illusion ?

—Oh ! ce côté de la question n'est rien ! répondit

Edison en souriant. Tout simplement avec l'aide du Soleil.

— Du Soleil!... murmura lord Ewald.

— Oui. Le Soleil nous a laissé surprendre, en partie, le secret de ses vibrations!... dit Edison. Une fois la nuance de la blancheur dermale bien saisie, voici comment je l'ai reproduite, grâce à une disposition d'objectifs. Cette souple albumine solidifiée et dont l'élasticité est due à la pression hydraulique, je l'ai rendue sensible à une action photochromique très subtile. J'avais un admirable modèle. Quant au reste, l'humérus d'ivoire contient une moelle galvanique, en communion constante avec un réseau de fils d'induction enchevêtrés à la manière des nerfs et des veines, ce qui entretient le dégagement de calorique perpétuel qui vient de vous donner cette impression de tiédeur et de malléabilité. Si vous voulez savoir où sont disposés les éléments de ce réseau, comment ils s'alimentent pour ainsi dire d'eux-mêmes, et de quelle manière le fluide statique transforme sa commotion en chaleur presque animale, je puis vous en faire l'anatomie : ce n'est plus ici qu'une évidente question de main-d'œuvre. Ceci est le bras d'une Andréide de ma façon, mue pour la première fois par ce surprenant agent vital que nous appelons l'Electricité, qui lui donne, comme vous voyez, tout le fondu, tout le moelleux, toute *l'illusion* de la Vie!

— Une Andréide?

— Une Imitation-Humaine, si vous voulez. L'écueil désormais à éviter, c'est que le *fac-simile* ne surpasse, *physiquement*, le modèle. Vous rappelez-vous, mon cher lord, ces mécaniciens d'autrefois qui ont essayé de forger des simulacres humains? — Ah! ah! ah! — ah!...

Edison eut un rire de Cabire dans les forges d'Eleusis.

— Les infortunés, faute de moyens d'exécution suffisants, n'ont produit que des monstres dérisoires. Albert le Grand, Vaucanson, Maëlzel, Horner, etc., etc., furent, à peine, des fabricants d'épouvantails pour les oiseaux. Leurs automates sont dignes de figurer dans les plus hideux salons de cire, à titre d'objets de dégoût d'où ne sort qu'une forte odeur de bois, d'huile rance et de gutta-percha. Ces ouvrages, sycophantes informes, au lieu de donner à l'Homme le sentiment de sa puissance, ne peuvent que l'induire à baisser la tête devant le dieu Chaos. Rappelez-vous cet ensemble de mouvements saccadés et baroques, pareils à ceux des poupées de Nuremberg! — cette absurdité des lignes et du teint! ces airs de devantures de perruquiers! ce bruit de la clef du mécanisme! cette sensation du vide! Tout, enfin, dans ces abominables masques, horripile et fait honte. C'est du rire et de l'horreur amalgamées dans une solennité grotesque. L'on dirait de ces manitous des archipels australiens, de ces fétiches des peuplades de l'Afrique équatoriale : et ces mannequins ne sont qu'une caricature outrageante de notre espèce. Oui, telles furent les premières ébauches des Andréidiens.

Le visage d'Edison s'était contracté en parlant : son regard fixe semblait perdu en d'imaginaires ténèbres; sa voix devenait brève, didactique et glaciale.

— Mais aujourd'hui, reprit-il, le temps a passé!... La Science a multiplié ses découvertes! Les conceptions métaphysiques se sont affinées. Les instruments de décalque, d'*identité*, sont devenus d'une précision parfaite. En sorte que les ressources dont l'Homme peut disposer en de nouvelles tentatives de ce genre sont *autres* — oh! tout autres — que jadis! Il nous est permis de RÉALISER, désormais, de puissants fantômes, de mystérieuses *présences-mixtes* dont les devanciers n'eussent même jamais tenté l'idée, dont le seul énoncé les eût fait sourire douloureusement et crier à l'impossible! — Tenez, ne vous a-t-il pas été, tout à l'heure, difficile de sourire à l'*aspect* de Hadaly? — Cependant, ce n'est encore que du diamant brut, je vous assure. C'est le *squelette d'une ombre* attendant que l'OMBRE soit! La sensation que vient de vous causer un seul des membres d'un andréide féminin ne vous a point semblé, n'est-il pas vrai, tout à fait analogue à celle que vous eûssiez ressentie au toucher d'un bras d'automate? — Une expérience encore : voulez-vous serrer cette main? Qui sait? elle vous le rendra peut-être.

Lord Ewald prit les doigts, qu'il serra légèrement.

O stupeur! La main répondit à cette pression avec une affabilité si douce, si *lointaine*, que le jeune homme en songea qu'elle faisait, peut-être, partie d'un corps invisible. Avec une profonde inquiétude, il laissa retomber la chose de ténèbres.

— En vérité!... murmura-t-il.

— Eh bien, continua froidement Edison, tout ceci n'est rien encore! Non! rien! (*mais ce qui s'ap-*

pelle rien! vous dis-je) en comparaison de l'œuvre possible. — Ah! l'Œuvre possible! Si vous saviez! Si vous...

Tout à coup, il s'arrêta, comme perdu en la fixité d'une idée soudaine — et si terrible qu'elle lui coupa net la parole.

— Positivement, s'écria lord Ewald en regardant encore une fois autour de lui, il me semble que je me trouve chez Flamel, Paracelse ou Raymond Lulle, au temps des magistes et des souffleurs du Moyen âge. — Où donc voulez-vous en venir, mon cher Edison?

Ici le grand Inventeur, devenu depuis un instant très pensif, s'assit et considéra le jeune homme avec une attention nouvelle et plus soucieuse.

Après quelques secondes de silence :

— Milord, dit-il, je viens de m'apercevoir qu'avec un homme doué de votre « imaginaire » l'expérience pourrait amener un résultat funeste.
— Voyez-vous, au seuil d'une usine de forge, on distingue, dans la brume, du fer, des hommes et du feu. Les enclumes sonnent; les laboureurs du métal qui exécutent des barres, des armes, des outils, ignorent l'usage *réel* qui sera fait de leurs produits. Ces forgeurs ne peuvent les appeler que du nom convenu! — Eh! nous en sommes là, tous! Nul ne peut estimer, au juste, la véritable nature de ce qu'il forge, par la raison que tout couteau peut devenir poignard, et *que l'usage que l'on fait d'une chose la rebaptise et la transfigure.* L'incertitude seule nous rend irresponsables.

Il faut donc savoir la garder, — sinon, qui donc oserait accomplir quelque chose!

L'ouvrier qui fond une balle se dit tout bas, inconsciemment : « Ceci est livré aux hasards ! et *ce sera, peut-être, du plomb perdu.* » Et il achève son engin, dont l'âme lui est voilée. Mais, s'il voyait passer devant ses yeux, béante, brusque et mortelle, la blessure *humaine* que cette balle, *entre autres*, est APPELÉE, *destinée* à creuser, et qui, par conséquent, *fait virtuellement partie de sa fonte*, le moule d'acier lui tomberait des mains, s'il était un brave homme, — et peut-être refuserait-il à ses enfants le pain du soir, si ce pain ne pouvait être gagné qu'au prix de l'achèvement de cette besogne, car il hésiterait à se sentir *quand même* complice de l'homicide futur.

— Eh bien ? interrompit lord Ewald, où voulez-vous en venir, Edison ?

— Eh bien... je suis l'homme qui tient le métal bouillonnant sur le brasier, — et il vient de me sembler, tout à l'heure, en songeant à votre tempérament, à votre intelligence à jamais désenchantée, que je voyais la blessure passer devant mes yeux. C'est que *la chose dont je veux vous parler* peut vous être salubre ou PLUS que mortelle, voyez-vous. — C'est donc moi qui hésite, maintenant. — Car nous faisons, tous deux, partie de l'expérience en question ! Et je la crois beaucoup plus dangereuse, en réalité, pour vous au moins, qu'elle ne le paraissait de prime-abord. Le péril, qui est d'un ordre des plus horribles, vous seul en êtes menacé ! — Certes, vous êtes déjà sous le coup d'un danger, puisque vous êtes de ces cœurs qu'une passion fatale conduit presque toujours à une fin désespérée ; certes, aussi, je cours le risque de vous sauver!... Mais, si la guérison n'allait pas être *celle que j'attends,* je crois, en vérité, oui, je crois *qu'il serait préférable que nous en restions là!*

— Puisque vous parlez sur un ton si singulièrement grave, mon cher Edison, répondit avec effort lord Ewald, je ne puis que vous prévenir d'une chose : j'allais en finir, cette nuit même, avec mon intolérable humanité.

Edison tressaillit.

— N'hésitez donc plus, acheva très froidement le jeune homme.

— Les dés sont jetés! murmura l'électricien : ce sera lui! Qui m'eût dit cela, jamais?

— Une dernière fois, soyez assez bon pour me répondre : où voulez-vous en venir?

En cet instant de silence, lord Ewald crut sentir passer, brusquement, sur son front le vent de l'Infini.

— Ah! s'écria, d'une voix stridente Edison, qui se leva les yeux étincelants, puisque je me sens ainsi défié par l'Inconnu, soit! Voici. Je prétends réaliser pour vous, milord, ce que nul homme n'a jamais osé tenter pour son semblable. — Je vous dois la vie, encore une fois : c'est bien le moins que j'essaie de vous la rendre.

Votre joie, votre être, sont, dites-vous, les prisonniers d'une présence humaine? de la lueur d'un sourire, de l'éclat d'un visage, de la douceur d'une voix? Une vivante vous mène ainsi, avec son attrait, vers la mort?

Eh bien! puisque cette femme vous est si chère... JE VAIS LUI RAVIR SA PROPRE PRÉSENCE.

Je vais vous démontrer, mathématiquement et

6.

à l'instant même, comment, avec les formidables ressources actuelles de la Science, — et ceci d'une manière glaçante peut-être, mais indubitable, — comment je puis, dis-je, me saisir de la grâce même de son geste, des plénitudes de son corps, de la senteur de sa chair, du timbre de sa voix, du ployé de sa taille, de la lumière de ses yeux, du *reconnu* de ses mouvements et de sa démarche, de la personnalité de son regard, de ses traits, de son ombre sur le sol, de son *apparaître*, du reflet de son Identité, enfin. — Je serai le meurtrier de sa sottise, l'assassin de son animalité triomphante Je vais, d'abord, réincarner toute cette extériorité, qui vous est si délicieusement mortelle, en une Apparition dont la ressemblance et le charme HUMAINS dépasseront votre espoir et tous vos rêves! Ensuite, *à la place de cette âme, qui vous rebute dans la vivante, j'insufflerai une autre sorte d'âme*, moins consciente d'elle-même, peut-être (— et encore, qu'en savons-nous? et qu'importe! —) mais suggestive d'impressions mille fois plus belles, plus nobles, plus élevées, c'est-à-dire revêtues de ce caractère d'éternité sans lequel tout n'est que comédie chez les vivants. Je reproduirai strictement, je dédoublerai cette femme, à l'aide sublime de la Lumière! Et, la projetant sur sa MATIÈRE RADIANTE, j'illuminerai de votre mélancolie l'âme imaginaire de cette créature nouvelle, capable d'étonner des anges. Je terrasserai l'Illusion! Je l'emprisonnerai. Je forcerai, dans cette vision, l'Idéal lui-même à se manifester, pour la première fois, à *vos sens*, PALPABLE, AUDIBLE, ET MATÉRIALISÉ. J'arrêterai, au plus profond de son vol, la première heure de ce mirage enchanté que vous poursuivez en vain, dans vos souvenirs ! Et, la fixant presque immortellement, entendez-vous ? dans la seule et véritable forme où vous l'avez entrevue, *je tirerai la vivante à un second exemplaire, et transfigurée selon vos vœux !* Je doterai cette Ombre de tous les chants de l'*Antonia* du conteur Hoffmann, de toutes les mysticités passionnées des *Ligéias* d'Edgard Poë, de toutes les séductions ardentes de la *Vénus* du puissant musicien Wagner ! Enfin, pour vous racheter l'être, je prétends pouvoir — et vous prouver d'avance, encore une fois, que positivement je le puis, — faire sortir du limon de l'actuelle Science-Humaine un Être *fait à notre image*, et qui nous sera, par conséquent, CE QUE NOUS SOMMES A DIEU.

Et l'électricien, faisant serment, leva la main.

V.

Stupeur

« Je restai momifié d'étonnement. »
THÉOPHILE GAUTIER.

A ces mots, lord Ewald demeura comme hagard devant Edison. On eût dit *qu'il ne voulait pas* comprendre ce qui lui était proposé.

Après une minute de stupéfaction :

— Mais... une telle créature ne serait jamais qu'une poupée insensible et sans intelligence ! s'écria-t-il, pour dire quelque chose.

— Milord, répondit gravement Edison, je vous le jure : prenez garde qu'en la juxtaposant à son modèle et en les écoutant toutes deux, *ce ne soit la vivante qui vous semble la poupée.*

Non encore bien revenu à lui-même, le jeune homme souriait amèrement, avec une sorte de politesse un peu gênée.

— Laissons cela, dit-il. La conception est accablante : l'œuvre sentira toujours la machine ! Allons ! vous ne procréerez pas une femme. — Et je me demande, en vous écoutant, si le g...

— Je fais serment que, tout d'abord, *vous ne les distinguerez pas l'une de l'autre !* interrompit tranquillement l'électricien : et, pour la seconde fois, je vous le dis, je suis en mesure de le prouver à l'avance.

— Impossible, Edison.

— Je m'engage, une troisième fois, à vous fournir *tout à l'heure*, pour peu que vous le désiriez, la démonstration la plus positive, *point par point* et *d'avance*, non pas de la possibilité du fait, mais de sa mathématique *certitude.*

— Vous pouvez reproduire l'Identité d'une femme ? Vous, né d'une femme ?

— Mille fois plus identique à elle-même... qu'elle-même ! Oui, certes ! puisque pas un jour ne s'envole sans modifier quelques lignes du corps humain, et que la science physiologique nous démontre qu'il renouvelle *entièrement* ses atomes tous les sept ans, environ. Est-ce que le corps existe à ce point ! Est-ce qu'on se ressemble jamais à soi-même ? Alors que cette femme, vous, et moi-même, nous avions d'âge une heure vingt, étions-nous ce que nous sommes ce soir? Se ressembler! Quel est ce préjugé des temps lacustres, ou troglodytes!

— Vous la reproduiriez avec sa beauté même? sa chair? sa voix? sa démarche? son aspect, enfin?

— Avec l'Electro-magnétisme et la Matière-radiante je tromperais le cœur d'une mère, à plus forte raison la passion d'un amant. — Tenez! je la reproduirai d'une telle façon que, si, dans une douzaine d'années, il lui est donné de voir son double-idéal demeuré immuable, elle ne pourra le regarder sans des pleurs d'*envie* — et d'épouvante!

Après un moment :

— Mais, entreprendre la création d'un tel être, murmura lord Ewald, pensif, il me semble que ce serait tenter... *Dieu*.

— Aussi ne vous ai-je pas dit d'accepter! répondit à voix basse, et très simplement, Edison.

— Lui insufflerez-vous une intelligence?

— *Une* intelligence? non : l'INTELLIGENCE, oui.

A ce mot titanien, lord Ewald demeura comme pétrifié devant l'inventeur. Tous deux se regardèrent en silence.

Une partie était proposée, dont l'enjeu était, scientifiquement, un esprit.

VI

Excelsior!

« Entre mes mains les malades peuvent perdre la vie; — jamais l'espoir! »
Le docteur RELLH.

— Je vous le répète, mon cher génie, répliqua le jeune homme, certes, vous êtes de bonne foi;

mais ce que vous dites n'est qu'un rêve, aussi effrayant qu'irréalisable ! Toujours est-il que l'intention de votre cœur m'a touché : je vous en remercie.

— Mon cher lord..., tenez, vous sentez bien qu'il est réalisable, puisque vous hésitez !

Lord Ewald s'essuya le front.

— Miss Alicia Clary ne consentirait jamais, d'ailleurs, à se prêter à cette expérience, et, en effet, j'hésiterais moi-même, désormais, je l'avoue, à l'y engager.

— Ceci fait partie du problème et me regarde. Et puis, l'*œuvre serait incomplète, c'est-à-dire* ABSURDE, si elle ne s'accomplissait pas à l'insu même de votre si chère miss Alicia.

— Mais enfin, s'écria lord Ewald, moi, je compte aussi pour quelque chose dans mon amour !

— Vous ne saurez, même, jamais jusqu'à quel point, je vous assure ! répondit Edison.

— Eh bien, par quelles redoutables subtilités pourrez-vous parvenir à me convaincre, *moi*, de la *réalité* de cette Eve nouvelle, en supposant même que vous réussissiez ?

— Oh ! c'est une question d'impression toute immédiate où le raisonnement n'entre que comme un adjuvant très secondaire. Est-ce qu'on raisonne avec le charme que l'on subit ? D'ailleurs, les déductions que je vous soumettrai ne seront que l'expression exacte de ce que vous essayez de vous cacher à vous-même. Je suis humain. *Homo sum !* L'Œuvre répondra bien mieux avec sa présence.

— Je pourrai discuter, n'est-ce pas, — ah ! j'y tiens, — pendant le cours de l'explication ?

— Si une seule de vos objections subsiste, nous refusons tous deux d'aller plus loin.

Lord Ewald redevint pensif.

— Hélas, mes yeux sont clairvoyants : je dois vous en prévenir.

— Vos yeux ? — Dites-moi, ne croyez-vous point voir, distinctement, cette goutte d'eau ? Cependant, si je la place entre ces deux feuilles de cristal, devant le réflecteur de ce microscope solaire et que j'en projette le strict reflet sur cette soie blanche, là-bas, où tout à l'heure vous apparut l'enchanteresse Alicia, vos yeux ne récuseront-ils pas leur premier témoignage devant le spectacle, plus intime, que leur dévoilera d'elle-même cette goutte d'eau ? Et si nous songeons à tout l'indéfini des occultes réalités que recèlera ce liquide globule, encore, nous comprendrons que la puissance même de notre instrument, sorte de béquille visuelle, est insignifiante : la différence entre ce qu'il nous découvre et ce que nous voyons sans son secours, par rapport à tout ce qu'il ne peut nous montrer, étant, à peu près, *inappréciable*. — Donc, n'oubliez plus que nous ne voyons des choses que ce que leur *suggèrent* nos seuls yeux ; nous ne les concevons que d'après ce qu'elles nous laissent entrevoir de leurs entités mystérieuses ; nous n'en possédons que ce que nous en pouvons éprouver, chacun selon sa nature ! Et, grave écureuil, l'Homme s'agite en vain dans la geôle mouvante de son moi, sans pouvoir s'évader de l'Illusion où le captivent ses sens dérisoires ! — Donc, Hadaly, en abusant vos yeux, ne fera pas autre chose que miss Alicia.

— En vérité, monsieur l'enchanteur, répondit

lord Ewald, l'on dirait que, sérieusement, vous me croyez capable de devenir « amoureux » de miss Hadaly?

— Ce serait, en effet, ce que j'aurais à redouter si vous étiez un mortel comme les autres! répondit Edison : mais vos confidences m'ont rassuré. N'avez-vous pas attesté Dieu, tout à l'heure, qu'en vous s'était à jamais annulée toute idée de possession de votre belle vivante? — Vous aimerez donc, vous dis-je, Hadaly, comme elle le mérite, *seulement* : ce qui est beaucoup plus beau que d'en être amoureux.

— Je l'*aimerai*?

— Pourquoi pas? Ne doit-elle pas s'incarner à jamais en la seule forme où vous concevez l'Amour? Et, matière pour matière, puisque nous venons de nous rappeler que la chair, n'étant jamais la même, n'existe, à peu près, qu'en imaginaire, chair pour chair, celle de la Science est plus... sérieuse... que l'autre.

— On n'aime qu'un être animé! dit lord Ewald.

— Eh bien! demanda Edison.

— L'âme, c'est l'inconnu; animerez-vous votre Hadaly?

— On anime bien un projectile d'une vitesse de X; or, X, c'est l'inconnu, aussi.

— Saura-t-elle qui elle est? ce qu'elle est, veux-je dire?

— Savons-nous donc si bien, nous-mêmes, qui nous sommes? et ce que nous sommes? Exigerez-vous plus de la copie que Dieu n'en crut devoir octroyer à l'original?

— Je demande si votre créature aura le sentiment d'elle-même.

— Sans doute! répondit Edison comme très étonné de la question.

— Hein? Vous dites?... s'écria lord Ewald, interdit.

— Je dis : sans doute! — puisque ceci dépend de vous. Et c'est même sur vous seul que je me fonde pour que cette phase du miracle soit accomplie.

— Sur moi?

— Sur quel autre, plus intéressé en ce problème, pourrais-je compter?

— Alors, dit tristement lord Ewald, — veuillez bien m'apprendre, mon cher Edison, où je dois aller ravir une étincelle de ce feu sacré dont l'Esprit du Monde nous pénètre! Je ne m'appelle point Prométhée, mais, tout simplement, lord Celian Ewald, — et je ne suis qu'un mortel.

— Bah! tout homme a nom Prométhée sans le savoir — et nul n'échappe au bec du vautour, répondit Edison. — Milord, en vérité je vous le dis : une seule de ces mêmes étincelles, encore divines, tirées de votre être, et dont vous avez tant de fois essayé (toujours en vain!) d'animer le néant de votre jeune admirée, suffira pour en vivifier l'ombre.

— Prouvez-moi ceci! — s'écria lord Ewald — et, peut-être...

— Soit, — et à l'instant même.

Vous l'avez dit, poursuivit Edison, l'être que vous aimez dans la vivante, et qui, pour vous, en est, *seulement*, RÉEL, n'est point celui qui *apparaît* en cette passante humaine, mais celui de votre Désir.

C'est celui qui n'y existe pas, — bien plus, que *vous savez ne pas y exister!* Car vous n'êtes dupe ni de cette femme, ni de vous-même.

C'est *volontairement* que vous fermez les yeux, ceux de votre esprit, — que vous étouffez le démenti de votre conscience, pour ne reconnaître en cette maîtresse que le fantôme désiré. Sa *vraie* personnalité n'est donc autre, pour vous, que l'Illusion, éveillée en tout votre être, par l'éclair de sa beauté. C'est cette Illusion seule que vous vous efforcez, *quand même*, de VITALISER en la présence de votre bien-aimée, malgré l'incessant désenchantement que vous prodigue la mortelle, l'affreuse, la desséchante nullité de la réelle Alicia.

C'est cette *ombre* seule que vous aimez : c'est pour elle que vous voulez mourir. C'est elle *seule* que vous reconnaissez, absolument, comme RÉELLE! Enfin, c'est cette vision, objectivée de votre esprit, que vous appelez, que vous voyez, que vous CRÉEZ en votre vivante, *et qui n'est que votre âme dédoublée en elle.* Oui, voilà votre amour. — Il n'est, vous le voyez, qu'un perpétuel et toujours stérile essai de rédemption.

Il y eut encore un moment de profond silence entre les deux hommes.

— Eh bien, conclut Edison, puisqu'il est avéré que, d'ores et déjà, vous ne vivez qu'avec une Ombre, à laquelle vous prêtez si chaleureusement et si fictivement l'être, je vous offre, moi, de tenter la même expérience sur cette ombre de votre esprit extérieurement réalisée, voilà tout. Illusion pour illusion, l'Être de cette présence-mixte que l'on appelle Hadaly dépend de la volonté libre de celui qui OSERA le concevoir. SUGGÉREZ-LUI DE VOTRE ÊTRE ! Affirmez-le, d'un peu de votre foi vive, comme vous affirmez l'être, après tout si relatif, de toutes les illusions qui vous entourent. Soufflez sur ce front idéal ! Et vous verrez jusqu'où l'Alicia de votre volonté se réalisera, s'unifiera, s'animera dans cette Ombre. Essayez, enfin ! si quelque dernier espoir vous en dit ! Et vous pèserez ensuite, au profond de votre conscience, si l'auxiliatrice Créature-fantôme qui vous ramènera vers le désir de la Vie, n'est pas plus vraiment digne de porter le nom d'HUMAINE que le Vivant-spectre dont la soi-disant et chétive « réalité » ne sut jamais vous inspirer que la soif de la Mort.

Taciturne, lord Ewald réfléchissait.

— La déduction est, en effet, spécieuse et profonde, murmura-t-il en souriant, mais je sens que je me trouverais toujours un peu trop *seul* en compagnie de votre Eve inconsciente.

— Moins seul qu'avec son modèle : c'est démontré. — D'ailleurs, milord, ce serait de votre faute, non de la sienne. Il faut se sentir un Dieu tout à fait, que diable ! lorsqu'on ose VOULOIR *ce dont il est question ici.*

Edison s'arrêta.

— Puis, ajouta-t-il d'une voix bizarre, vous ne vous rendez pas bien compte, je suppose, de la *nouveauté* d'impressions que vous éprouverez dès la première causerie, au grand soleil, avec l'andréide-Alicia se promenant auprès de vous et inclinant son ombrelle du côté des rayons, avec tout le *naturel* de la vivante. — Vous souriez ?... Vous croyez que, surtout prévenus, vos sens découvriront vite le change que j'offre à la «Nature »? — Eh bien, écoutez : — miss Alicia Clary n'a-t-elle pas quelque lévrier, quelque terre-neuve familier? Voyagez-vous avec un chien préféré entre ceux de vos meutes?

— J'ai mon chien Dark, un lévrier noir, très fidèle, et qui est de nos voyages.

— Bien. Cet animal, reprit Edison, est doué d'un flair si puissant que les êtres vivants viennent, pour ainsi dire, se peindre, en leurs émanations, au centre nerveux des sept ou huit cornées dont dispose son appareil nasal.

Voulez-vous tenir le pari que ce chien — lequel reconnaîtrait sa maîtresse entre mille dans l'obscurité, — si nous l'exilons huit jours de vos deux présences, et l'amenons, ensuite, devant Hadaly transfigurée en la vivante, — voulez-vous, dis-je, tenir le pari que cet animal, appelé par le fantôme, accourera joyeux vers l'Illusion, la reconnaîtra, sans hésiter, au seul flairer des vêtements qu'elle portera? — Bien plus, étant données, simultanément, l'Ombre et la Réalité, je vous affirme que c'est après la Réalité qu'il aboiera, dans son trouble — et que c'est à l'Ombre, seule, qu'il obéira!

— Ne vous avancez-vous pas beaucoup, ici! murmura lord Ewald, déconcerté.

— Je ne promets que ce que je puis tenir ; l'expérience a déjà pleinement réussi : — elle est un fait acquis à la Science physiologique. Si donc j'abuse, à ce point, les organes (supérieurs aux nôtres en acuité) d'un simple animal, — comment n'oserai-je pas défier le contrôle des sens humains?

Lord Ewald ne put s'empêcher de sourire devant l'ingéniosité bizarre de l'électricien.

— Et puis, conclut Edison, bien que Hadaly soit fort mystérieuse, il faut l'envisager, sans aucune exaltation. — Songez : *elle ne sera qu'un peu plus animée par l'Electricité que son modèle :* voilà tout.

— Comment ! que son modèle ! demanda lord Ewald.

— Certes ! dit Edison. — N'avez-vous jamais admiré, par un jour d'orage, une belle jeune femme brune peignant sa chevelure devant quelque grand miroir bleuâtre, en une chambre un peu sombre, aux rideaux fermés ? Les étincelles pétillent de ses cheveux et brillent, en magiques apparitions, sur les pointes du démêloir d'écaille, comme des milliers de diamants fluant d'une vague noire, en mer, pendant la nuit. Hadaly vous donnera ce spectacle, si miss Alicia ne vous l'a pas déjà donné. Les brunes ont beaucoup d'électricité en elles.

Après un instant :

— Maintenant, acceptez-vous de tenter cette INCARNATION, milord ? demanda Edison : Hadaly, — en cette fleur de deuil, qui est d'un or vierge et pur d'alliage, — vous offre de sauver du naufrage de votre amour un peu de mélancolie.

Lord Ewald et son terrible interlocuteur se regardèrent, muets et graves.

— Il faut convenir que voici bien la plus effroyable proposition qui fut jamais faite à un désespéré, dit à voix basse le jeune homme, presque se parlant à lui-même : — et j'ai, malgré moi, toutes les peines du monde à la prendre au sérieux.

— Cela viendra! dit Edison; c'est l'affaire de Hadaly.

— Un autre homme, ne fût-ce que par curiosité, accepterait bien vite l'exemplaire que vous m'offrez !

— Aussi ne le proposerais-je pas à tout le monde, répondit en souriant Edison. Si j'en lègue la formule à l'Humanité, je plains les réprouvés qui en prostitueront le secours, voilà tout.

— Voyons, dit lord Ewald, la parole, sur ce terrain, finit par sonner comme un sacrilège : sera-t-il toujours temps de suspendre — l'exécution?

— Oh! même après l'œuvre accomplie, puisque vous pourrez toujours la détruire, la noyer, si bon vous semble, *sans déranger pour cela le Déluge.*

— En effet, dit lord Ewald, profondément rêveur; mais il me semble qu'*alors* ce ne sera plus la même chose.

— Aussi je ne vous conseille en rien d'accepter. Vous souffrez : je vous parle d'un remède. Seulement le remède est aussi efficace que dangereux. Mille fois libre à vous de refuser.

Lord Ewald semblait devenu perplexe, et d'autant plus qu'il lui eût été difficile de préciser pourquoi.

— Oh! quant au danger!... dit-il.

— S'il n'était que physique, je vous dirais : Acceptez!

— Ce serait donc ma raison qui serait menacée?

Après un instant :

— Milord Ewald, reprit Edison, certes, vous êtes la plus noble nature que j'aie rencontrée sous les cieux. Une très-mauvaise étoile vous a jeté sa lueur et vous a conduit vers le monde de l'Amour : là, votre rêve est retombé, les ailes brisées, au souffle d'une femme décevante et dont l'incessante dissonance ravive, à chaque instant, le cuisant ennui qui vous brûle et vous sera nécessairement mortel. Oui, vous êtes de ces derniers grands attristés qui ne daignent pas survivre à ce genre d'épreuve, malgré l'exemple, autour d'eux, de tous ceux qui luttent contre la maladie, la misère et l'amour. — La douleur fut telle, en vous, de la première déception, que vous vous en estimez quitte envers vos semblables, — car vous les méprisez de ce qu'ils se résignent à vivre, sous le fouet de tels destins. Le Spleen vous a jeté son linceul sur les pensées et voici que ce froid conseiller de la Mort-volontaire prononce à votre oreille, le mot qui persuade. Vous êtes au plus mal. Ce n'est plus pour vous qu'une question d'heures, vous venez de me le déclarer nettement ; l'issue de la crise n'est donc *même* plus douteuse. Si vous franchissez ce seuil, c'est bien la mort : elle transparaît, imminente, de toute votre personne.

Lord Ewald, du bout de son petit doigt, secoua, sans répondre, la cendre de son cigare.

— Ici, je vous offre la vie encore, — mais à quel prix, peut-être ! Qui pourrait l'évaluer en cet instant ? — L'Idéal vous a menti ? La « Vérité » vous a détruit le désir ? Une femme vous a glacé les sens ? — Adieu donc à la prétendue Réalité, l'antique dupeuse !

Je vous offre, moi, de tenter l'ARTIFICIEL et ses incitations nouvelles !... Mais, — si vous n'alliez pas en rester le dominateur !.. — Tenez, mon cher lord, à nous deux, nous formons un éternel symbole : moi, je représente la Science avec la toute-puissance de ses mirages : vous, l'Humanité et son ciel perdu.

— Choisissez donc pour moi ! dit tranquillement lord Ewald.

Edison tressaillit.

— C'est impossible, milord, répondit-il.

— Enfin, — *à ma place*, — accepteriez-vous de vous risquer en cette inouïe, absurde et cependant troublante aventure ?

Edison, à cette parole, regarda le jeune homme avec sa fixité habituelle qui, cette fois, s'aggravait évidemment de la secrète arrière-pensée qu'il ne voulait pas exprimer.

— J'aurais, dit-il, d'autres raisons que la plupart des hommes pour motiver mon option personnelle, et je ne prétendrais pas qu'on dût se régler sur moi.

— Que choisiriez-vous ?

— Placé dans cette alternative, je choisirais l'issue qui me semble la moins dangereuse — *quant à moi*.

— Quel choix feriez-vous, enfin ?

— Milord, vous ne doutez pas de l'attachement sacré, de la profonde et tendre affection que je vous ai voués ? — Eh bien, la main sur la conscience...

— Que choisiriez-vous, Edison ?

— Entre la mort et la tentative en question ?

— Oui !

Terrible, le grand électricien s'inclina devant lord Ewald :

— Je me brûlerais la cervelle, dit-il.

VII

Hurrah! Les savants vont vite!

> « Qui veut changer de vieilles lampes
> pour des neuves ?... »
> *Aladin, ou la Lampe merveilleuse.*
> (MILLE ET UNE NUITS.)

Lord Ewald, après un moment, regarda sa montre : son front s'était réassombri.

— Merci, dit-il avec un froid soupir : et, cette fois, nous nous quittons.

Un coup de timbre sonna dans l'ombre.

— Ah ! je vous dirais qu'il est un peu tard, reprit Edison. D'après vos premières paroles, *j'ai commencé.*

Et il donna vivement une tape au phonographe, comme à un chien couché à ses pieds.

— Eh bien ? aboya celui-ci dans *son* appareil téléphonique.

La voix de basse du messager invisible retentit au milieu du laboratoire, avec l'intonation d'un arrivant essoufflé :

— Miss Alicia Clary, dans la loge n° 7, au Grand-Théâtre, quitte la salle et prendra l'express de minuit et demie pour Menlo Park ! cria la voix.

Lord Ewald, en entendant ce nom vociféré de cette manière, et à cette nouvelle inattendue, fit un mouvement.

Les deux hommes se regardaient en silence : entre eux désormais vibrait un vertige, un défi.

— C'est que, dit lord Ewald, je n'ai point d'appartement retenu dans Menlo Park pour cette nuit.

Pendant qu'il parlait, Edison avait déjà fait jouer le manipulateur de son appareil Morse : les fils tremblaient.

— Un seul instant, dit-il.

Et il appliqua sur le récepteur un carré de papier qui, dix secondes après, sauta hors du cadre.

— L'appartement, dites-vous? Vraiment, c'était prévu! En voici un! s'écria-t-il froidement en lisant ce qui venait de s'empreindre sur la feuille. — Je viens de louer pour vous une villa tout à fait charmante, assez isolée même, à vingt minutes d'ici, et l'on vous y attendra toute la nuit. Vous me restez à souper, n'est-ce pas, avec miss Alicia Clary? C'est dit. A l'arrivée du train, pour éviter le temps perdu, mon groom, nanti de cette photographie nouvelle où n'est reproduit que le visage seul de miss *Venus-victrix*, lui offrira ma voiture de votre part et conduira. — Nulle erreur, aucun malentendu ne sont à craindre : il ne descend ici presque personne à cette heure-là.. Donc, ne vous inquiétez de rien.

Tout en parlant, il avait extrait un médaillon-carte d'un objectif : il le jeta dans une boîte fixée à la muraille, après avoir enveloppé la carte de deux lignes tracées à la hâte, au crayon.

La boîte correspondait au translateur d'un tuyau pneumatique ; une petite sonnerie, tout auprès, annonça que le message était reçu et que l'ordre serait exécuté.

Revenant à l'appareil Morse, il continua de télégraphier d'autres ordres sans doute.

— C'est fini, dit-il tout à coup.

Puis, observant lord Ewald :

Milord, ajouta-t-il, il va sans dire que, si vous le voulez, nous ne parlerons même plus du projet de tout à l'heure ?

Lord Ewald releva la tête : son œil bleu brilla.

— Vraiment, ce serait aussi par trop hésiter, dit-il simplement. Cette fois, j'accepte et d'une façon définitive, mon cher Edison.

Grave, Edison s'inclina.

— Bien, répondit-il. *Je compte donc, milord, que vous me ferez l'honneur de vivre vingt et un jours, car j'ai une parole aussi, moi.*

— *Accordé : mais pas un de plus !* dit le jeune homme, avec la glaciale et tranquille intonation d'un Anglais qui constate — et qui ne reviendra pas sur son appréciation.

Edison regarda l'aiguille à secondes de l'horloge électrique :

— Je vous offrirai le pistolet, moi-même, à neuf heures du soir, au jour convenu, si je ne vous gagne pas la vie, dit-il. A moins que, pour vous détruire, vous ne préfériez recourir à notre récent prisonnier, le vieux tonnerre : avec lui, on ne se manque pas.

Puis, se dirigeant vers un téléphone :

— Et maintenant, ajouta l'électricien, comme nous allons entreprendre, à l'instant même, un voyage assez périlleux, permettez que j'embrasse mes enfants : car les enfants, c'est quelque chose.

A ce dernier mot, si maître de ses émotions que fût le jeune lord, il tressaillit.

Edison avait déjà saisi le cordon du téléphone

des draperies et cria deux noms dans l'appareil.

Là-bas, dans le vent de la nuit, au fond du parc, un coup de cloche, étouffé ici par les tentures, lui répondit.

— *Many thousand kisses!* prononça paternellement Edison dans l'embouchure de l'instrument en y envoyant plusieurs baisers.

Alors il se passa quelque chose d'étrange.

Autour des deux chercheurs d'inconnu, des deux aventuriers de l'ombre, éclata, de tous côtés, dans la zone lumineuse des lampes, (grâce au coup de pouce qu'Edison avait donné à quelque commutateur), une joie, une pluie de baisers d'enfants charmants qui criaient de leur voix naïve :

— Tiens, papa ! Tiens, papa ! Encore ! encore !

Edison choquait contre sa joue l'embouchure du téléphone qui lui apportait ces baisers naïfs.

— A présent, mon cher lord, je suis prêt, dit-il.

— Non ! restez, Edison ; — dit tristement lord Ewald ; je suis inutile ; il vaut mieux que, seul, j'affronte, s'il est possible....

— Partons ! dit l'Electricien, le flamboiement du génie sûr de lui-même dans les yeux.

VIII

Temps d'arrêt

> — Mais l'autre pensée ! la pensée de *derrière la tête ?*
> PASCAL.

Le pacte était conclu.

Avisant deux grandes fourrures d'ours appendues à des patères de la muraille, le sombre ingénieur en offrit une à lord Ewald.

— Il fait froid, en chemin, dit-il. Passez-donc ceci.

Lord Ewald accepta silencieusement : puis, non sans un vague sourire :

— Serait-il indiscret de vous demander chez qui nous allons ? dit-il.

— Mais, chez Hadaly : dans la foudre ; c'est-à-dire au milieu d'étincelles de trois mètres soixante-dix, — répondit Edison préoccupé et en revêtant son accoutrement de Samoyède.

— Hâtons-nous ! murmura, d'un ton presque joyeux, lord Ewald.

— A propos, vous n'avez aucune dernière communication à m'adresser, n'est-ce pas ? demanda Edison.

— Aucune, répondit le jeune lord. J'ai hâte de causer un peu, je l'avoue, avec cette jolie créature voilée, dont le néant m'est sympathique. Quant aux frivoles observations qui me viennent à l'esprit, il sera toujours temps...

Edison, à ces derniers mots, releva la tête sous les lampes radieuses et, retirant brusquement son bras de la lourde manche poilue :

— Hein? s'écria-t-il : — oubliez-vous, mon cher lord, que je m'appelle l'Electricité et que c'est contre votre Pensée que je me bats ? *C'est tout de suite* qu'il faut parler. Déclarez-moi ces frivoles inquiétudes, ou j'ignorerai contre quoi je lutte ! Ce n'est déjà point si mince besogne de se prendre corps à corps avec un Idéal tel que le vôtre. Je vous le dis en vérité, Jacob, lui-même, y regarderait à deux fois dans les ténèbres. Voyons ! dites bien tout au médecin qui se propose d'atténuer votre tristesse.

— Oh ! ces idées ne portent désormais que... sur des *riens*, dit le jeune homme.

— Peste ! s'écria l'électricien, comme vous y allez ! — QUE sur des *riens ?* Mais, un *rien* d'oublié, plus d'Idéal ! Rappelez-vous le propos de ce Français : « Si le nez de Cléopâtre eût été un peu plus court, toute la face de la terre en aurait changé. » — Un *rien ?* — Mais, de nos jours, même, à quoi tiennent les choses qui semblent les plus sérieuses du globe ? Avant-hier un royaume fut perdu pour un coup d'éventail donné ; hier, un empire, pour un coup de chapeau non rendu. Souffrez que j'estime les riens — les néants — à leur juste valeur. Le Néant ! mais c'est *chose* si utile que Dieu lui-même ne dédaigna pas d'y recourir pour en tirer le monde : et l'on s'en aperçoit assez tous les jours. Sans le Néant, Dieu déclare, implicitement, qu'il lui eût été presqu'impossible de *créer* le Devenir des choses. Nous ne sommes qu'un « *n'étant plus* » perpétuel.

Le Néant, c'est la Matière-négative, *sine quâ non*, occasionnelle, sans laquelle nous ne serions pas ici à causer, ce soir. Et c'est surtout en ce qui nous préoccupe que j'ai lieu de m'en défier. Précisez quels sont les *riens* qui vous inquiètent ? — Nous partirons après. — Diable, ajouta l'ingénieur, nous n'avons que le temps, fort juste, avant que votre vivante ne nous arrive et que je la plume de toute sa roue de paonne. Trois heures et demie, à peine.

Ce disant, il laissa tomber sa fourrure à côté de son fauteuil, s'assit, s'accouda tranquillement à une vieille pile de Volta, se croisa les jambes, et, les yeux fixés sur ceux du jeune homme, attendit.

Lord Ewald, ayant imité son interlocuteur, lui répondit :

— Je me demandais, d'abord, pourquoi vous m'avez questionné si profondément sur le caractère intellectuel de notre *sujet* féminin ?

— Parce qu'il me fallait savoir sous quel aspect principal vous conceviez, vous-même, l'Intelligence, répondit Edison. Songez que le moins difficile est la reproduction physique, et qu'enfin, s'il s'agit, d'abord, de pénétrer Hadaly de la paradoxale beauté de votre vivante, le sérieux du prodige consiste à ce que l'andréide, loin de vous désenchanter comme son modèle, soit digne, à vos yeux, du corps sublime où elle sera incarnée. Sans quoi, ce ne serait pas la peine de changer.

— Comment vous y prendrez-vous pour obtenir d'Alicia qu'elle se prête à cette expérience ?

— En peu d'instants, cette nuit, pendant notre souper, je me charge de la persuader à cet égard :

ceci, vous le verrez, — dussè-je employer la *Suggestion* pour la... décider. — Mais, non : la persuasion suffira. Ensuite, ce sera l'affaire d'une douzaine de séances, en présence d'une grande ébauche de terre qui lui donnera le change. Elle ne verra même pas Hadaly — et ne pourra se douter de notre œuvre.

Maintenant, puisque, pour s'incorporer en une semblance humaine, Hadaly s'exile de cette atmosphère presque surnaturelle où la fiction de son entité se réalise, il est indispensable, n'est-il pas vrai, que cette sorte de Walkyrie de la Science revête, pour demeurer parmi nous, les modes, les usages, l'aspect, enfin, des femmes, et les vêtements du siècle qui passe.

C'est pourquoi, pendant lesdites séances, des couturières, gantières, lingères, corsetières, modistes et bottières, — (je vous donnerai l'étoffe minérale des semelles isolatrices et de leurs talons.) — prendront le double exact de toute la toilette de miss Alicia Clary, laquelle, sans même s'en apercevoir, cèdera la sienne à sa belle ombre, dès que celle-ci sera tout à fait venue au monde. Une fois les mesures prises d'une toilette tout entière, vous pourrez en faire exécuter mille autres de tous genres, sans qu'il soit même nécessaire de les essayer.

Il va sans dire que l'andréïde usera des mêmes parfums que son modèle, ayant, comme je vous l'ai dit, la même émanation.

— Et comment voyage-t-elle ?

—Mais, comme une autre ! répondit Edison. Il est des voyageuses bien plus étranges. Miss Hadaly, étant *avertie* d'un voyage, y sera tout à fait irréprochable. Un peu somnolente et taciturne peut-être, ne parlant, enfin, qu'à vous seul, très bas et à de rares intervalles : mais, pour peu qu'elle soit assise auprès de vous, il est complètement inutile, même, qu'elle baisse son voile. Oh! de jour ou de nuit. D'ailleurs, vous voyagez seul, je suppose, mon cher lord? Eh bien! quelle difficulté voyez-vous? Elle défiera tous les regards humains.

— Telle circonstance ne saurait-elle se présenter où la parole puisse lui être adressée légitimement?

— Auquel cas vous répondez que cette dame est étrangère et ne connaît point « la langue du pays » ce qui clôt l'incident. — Toutefois, à bord, par exemple, comme la simple question de l'équilibre est déjà très appréciable *pour nous-mêmes*, je vous dirai que miss Hadaly n'a pas, inscrites en elle, de ces longues traversées... au cours desquelles bon nombre de nos vivantes, si le tangage est rude, demeurent comme inanimées dans leurs hamacs, où de subites crises drastiques les secouent, tristement, jusqu'au ridicule. — Etrangère à ces infirmités, Hadaly, pour ne point humilier, par sa sérénité, les organismes défectueux de ses humaines compagnes de route, ne voyage en mer qu'à la manière des mortes.

— Quoi! dans l'un de nos cercueils? demanda lord Ewald surpris.

Edison, grave, inclina la tête en un silence affirmatif.

— Mais, — non point cousue en un suaire, j'imagine? murmura le jeune lord.

— Oh! vivante œuvre d'art, n'ayant pas connu

nos langes, elle n'a que faire du linceul. — Voici : l'Andréide possède, entre autres trésors, un lourd cercueil d'ébène, capitonné de satin noir. L'intérieur de ce symbolique écrin sera le moule exact de la forme féminine qu'elle est destinée à revêtir. C'est là sa dot. Les battants supérieurs s'ouvrent à l'aide d'une petite clé d'or en forme d'étoile, et dont la serrure est placée sous le chevet de la dormeuse.

Hadaly sait y entrer seule, nue ou tout habillée, s'y étendre, s'y assujettir, en de latérales bandelettes de batiste solidement fixées à l'intérieur, de manière à ce que l'étoffe des parois ne touche même pas ses épaules. Son visage y est voilé; la tête y demeure appuyée, en sa chevelure, sur un coussin et le front est retenu par une ferronnière, un bandeau, qui en fixe l'immobilité. Sans sa respiration toujours égale et douce, on la prendrait pour miss Alicia Clary décédée du matin.

Sur les portes refermées de cette prison est scellée une plaque d'argent où le nom de Hadaly est gravé en ces mêmes lettres iraniennes où il signifie l'IDÉAL. Il sera surmonté de vos antiques armoiries, qui consacreront cette captivité.

Le beau cercueil doit être placé dans une caisse de camphrier entièrement doublée de ouate et dont la forme carrée ne saurait provoquer aucune réflexion. Cette geôle de votre rêve sera prête dans trois semaines. — Maintenant, à votre retour à Londres, un mot au directeur des douanes de la Tamise suffira pour obtenir franchise de votre mystérieux colis.

Lorsque miss Alicia Clary recevra votre adieu,

vous serez dans votre château d'Athelwold, où vous pourrez éveiller son ombre... céleste.

— Dans mon manoir?... — Oui, au fait, là, c'est possible! — murmura lord Ewald comme à lui-même et tout éperdu d'une terrible mélancolie.

— Là, seulement, dans ce brumeux domaine, entouré de forêts de pins, de lacs déserts et de vastes rochers, là, vous pourrez, en toute sécurité, ouvrir la prison de Hadaly. Vous avez, je pense, en ce château, quelque spacieux et splendide appartement dont le mobilier date de la reine Elisabeth?

— Oui, répondit lord Ewald avec un amer sourire : et j'ai pris, moi-même, autrefois, le soin de l'embellir de toutes sortes d'œuvres merveilleuses et d'ornements précieux.

Le vieux salon ne parle à l'esprit que du passé. La grande, l'unique fenêtre à vitraux, sous des draperies surchargées de séculaires fleurs d'or terni, s'ouvre sur un balcon de fer dont la balustrade, encore brillante, fut forgée sous le règne de Richard III. Des marches, obscurcies de mousse, en descendent jusqu'en notre vieux parc — et, plus loin, des allées perdues, sauvages, se prolongent sous l'ombrage des chênes.

J'avais destiné cette souveraine demeure à la fiancée de ma vie, si je l'eusse rencontrée.

Lord Ewald, après un morne frisson, continua :

— Eh bien, soit! J'essaierai de tenter l'Impossible: oui, j'y amènerai cette illusoire apparition, cette espérance galvanisée! Et, ne pouvant plus aimer, ni désirer, ni posséder *l'autre*, — l'autre fantôme, — je souhaite que cette forme déserte puisse devenir l'abîme tristement contemplé aux vertiges duquel s'abandonneront, mes derniers rêves.

— Oui : ce manoir est le milieu qui convient le mieux à l'Andréide, je le crois, dit gravement Edison. — Vous le voyez : bien que peu rêveur de ma nature, je m'associe à l'audace de la vôtre, qui m'est, d'ailleurs, sacrée. — Là, seulement, Hadaly sera comme une mystérieuse somnambule, errante autour des lacs ou sur les bruyères interdites. Dans ce donjon désert, où vos vieux serviteurs, vos livres, vos chasses, vos instruments de musique vous attendent, les êtres et les objets s'accoutumeront bien vite à la nouvelle advenue.

Le respect et le silence lui feront une insolite auréole, les serviteurs ayant reçu l'ordre de ne jamais lui adresser la parole, puisque, par exemple, — (s'il est nécessaire de légitimer ceci), — au fort d'un grand danger auquel vous l'auriez arrachée, cette solitaire compagne aurait fait vœu de ne répondre plus qu'à vous seul.

Là, son chant d'immortelle, en la voix qui vous est chère, accompagnée par l'orgue ou, pour peu que vous le préfériez, par quelque puissant piano d'Amérique, passera, dans la majesté des nuits d'automne, au milieu des plaintes du vent. Ses accents approfondiront le charme des crépuscules d'été, — jailliront, dans la beauté de l'aurore, mêlés aux concerts des oiseaux. Une légende s'éveillera dans les plis de sa longue robe, lorsque, sur les herbes du parc, on l'aura vue passer, seule, aux rayons du soleil ou sous les clartés d'un ciel d'étoiles. — Très-effrayant spectacle, dont nul ne saura le secret sans pareil, hors vous seul. — J'irai peut-être, un jour, vous visiter dans cette demi-solitude où vous acceptez de braver perpétuellement deux dangers : la démence et Dieu.

— Vous serez le seul hôte que je recevrai, répondit lord Ewald. — Mais, puisque la possibilité *préalable* de cette aventure est maintenant établie, examinons si le prodige lui-même est possible et de quels moyens inconcevables vous vous servirez pour l'accomplir.

— Soit, dit Edison : je dois vous prévenir, toutefois, que les arcanes du fantoche ne vous révèleront pas comment il deviendra le fantôme, — pas plus que le squelette inclus en miss Alicia Clary ne vous expliquerait comment son mécanisme s'idéalise, unifié à la beauté de la chair, jusqu'à faire mouvoir ces lignes d'où provient votre amour.

IX

Plaisanteries ambigües

Devine, ou je te dévore.
LE SPHYNX.

Il faut une mèche au flambeau, poursuivit l'électricien : quelque grossier que soit, en lui même, ce procédé de la lumière, ne devient-il pas admirable quand la lumière se produit? Celui qui, d'avance, à l'aspect de ce moyen du rayonnement, douterait de la possibilité de la lumière et, se scandalisant ainsi, n'essaierait même pas de la produire, serait-il digne de la voir? Non, n'est-il pas vrai? — Or, ce dont nous allons parler, n'est que la *machine humaine* de Hadaly, comme disent nos médecins. Si vous connaissiez déjà le charme de l'Andréïde *venue au jour*, comme vous connaissez celui de son modèle, aucune explication ne vous empêcherait de le subir, — non plus que l'aspect, par exemple, de l'écorché de votre belle vivante ne vous empêcherait de l'aimer encore, si elle se représentait, ensuite, à vos yeux, *telle qu'elle est.*

Le mécanisme électrique de Hadaly n'est pas plus *elle* — que l'ossature de votre amie n'est *sa personne.* Bref, ce n'est ni telle articulation, ni tel nerf, ni tel os, ni tel muscle que l'on aime en une femme, je crois ; mais l'ensemble seul de son être, pénétré de son fluide organique, alors que, nous regardant avec ses yeux, elle transfigure tout cet assemblage de minéraux, de métaux et de végétaux fusionnés et sublimés en son corps.

L'unité, en un mot, qui enveloppe ces moyens de rayonnement est seule mystérieuse. N'oublions donc pas, mon cher lord, que nous allons parler d'un processus vital aussi dérisoire que le nôtre, et qui ne peut nous choquer que par sa... nouveauté.

— Bien, répondit lord Ewald, avec un grave sourire. Je commence donc. — Tout d'abord, pourquoi cette armure?

— L'armure? dit Edison, — mais je vous l'ai donné à entendre : c'est l'appareil plastique sur lequel se superposera, pénétrante et pénétrée en l'unité du fluide électrique, la carnation totale de votre idéale amie. Il contient, fixé en lui, l'organisme intérieur commun à toutes les femmes.

Nous l'étudierons dans quelques instants sur

Hadaly elle-même, qui sera toute ravie et amusée, sans doute, de laisser entrevoir les mystères de sa lumineuse entité.

— L'Andréide parle-t-elle toujours avec la voix que j'ai entendue? demanda lord Ewald.

— Pouvez-vous donc m'adresser pareille question, mon cher lord? dit Edison. Non, mille fois! — Est-ce que, jadis, la voix de miss Alicia n'a pas mué? — La voix que vous avez entendue, en Hadaly, c'est sa voix d'enfant, toute spirituelle, somnambulique, non encore féminine! Elle aura la voix de miss Alicia Clary comme elle en aura tout le reste. Les chants et la parole de l'Andréide seront à jamais ceux que lui aura dictés, sans la voir, et inconsciemment, votre si belle amie, dont l'accent, le timbre et les intonations, à des millionièmes de vibrations près, seront inscrits sur les feuilles des deux phonographes d'or, — perfectionnés à miracle, aujourd'hui, par moi, c'est-à-dire d'une fidélité de son de voix vraiment... *intellectuelle!* — et qui sont les poumons de Hadaly. Ces poumons, l'étincelle les met en mouvement comme l'étincelle de la Vie met en mouvement les nôtres. Je dois même vous avertir que ces chants inouïs, ces scènes tout-à-fait extraordinaires et ces paroles inconnues — proférées, d'abord, par la virtuose-vivante, puis clichées — et réfractées *sérieusement,* tout à coup, par son fantôme-andréidien, — sont, précisément, ce qui constitue le prodige et aussi l'occulte péril dont je vous ai prévenu.

A ces mots, lord Ewald tressaillit. Il n'avait pas songé à cette explication de *la Voix,* de cette voix virginale du beau fantôme! Il avait douté. La simplicité de la solution lui éteignit le sourire. L'obscure possibilité — bien trouble encore, sans doute, mais, enfin, la *possibilité* — du miracle total lui apparut, pour la première fois, distinctement.

Résolu donc, plus que jamais, d'approfondir jusqu'où l'extraordinaire inventeur pourrait tenir, il reprit :

— Deux phonographes *d'or?* dites-vous? — Au fait, ce doit être plus beau que des poumons réels. Vous avez préféré l'or?

— L'or vierge, même! — dit, en riant, Edison.

— Pourquoi? demanda lord Ewald.

— Parce que, doué d'une résonnance plus fémininement sonore, plus sensible, plus exquise, surtout lorsqu'il est traité d'une certaine façon, l'or est le merveilleux métal qui ne s'oxyde pas. Il est à remarquer que je me suis vu contraint, pour composer une femme, de recourir aux substances les plus rares et les plus précieuses, ce qui fait l'éloge du sexe enchanteur, ajouta galamment l'électricien. — Toutefois, j'ai dû employer le fer dans les articulations.

— Ah? dit lord Ewald rêveur : — dans les articulations vous avez employé le fer?

— Sans doute, reprit Edison : n'entre-t-il pas dans les éléments constitutifs de notre sang? de notre corps? — Les docteurs nous le prescrivent en maintes circonstances. Il était donc naturel qu'il ne fût pas omis, sans quoi Hadaly n'eût pas été tout à fait... humaine.

— Pourquoi plutôt dans les articulations? demanda lord Ewald.

— L'articulation se compose de ce qui emboîte et de ce qui s'emboîte; or, ce qui emboîte, dans les membres de Hadaly, c'est l'aimant multiplié par l'électricité : et comme le métal que l'aimant domine et attire le mieux (mieux, enfin, que le nickel ou le cobalt) n'est autre que le fer, j'ai dû employer l'acier-fer en ce qui est emboîté.

—Vraiment? dit très tranquillement lord Ewald : mais l'acier-fer s'oxyde : l'articulation se rouillera?

— C'est bon pour les nôtres, cela! dit Edison. — Voici, sur cette étagère, un lourd flacon d'huile de roses, très ambrée, bouché à l'émeri, et qui sera la synovie désirée.

— L'huile *de roses*? demanda lord Ewald.

— Oui : c'est la seule qui, ainsi préparée, ne s'évente pas, dit Edison. Puis, les parfums sont du domaine féminin. Tous les mois vous en glissez la valeur d'une petite cuiller entre les lèvres de Hadaly, pendant qu'elle semble ensommeillée, (comme entre celles d'une malade intéressante). Vous voyez, c'est l'Humanité même. — Le baume subtil se répandra de là dans l'organisme magnéto-métallique de Hadaly. Ce flacon suffit pour un siècle et plus; je ne pense donc pas, mon cher lord, qu'il y ait lieu d'en renouveler la provision! acheva l'électricien avec une nuance de légèreté sinistre dans la plaisanterie.

— Vous dites qu'elle respire?

— Toujours; comme nous; — dit Edison : mais sans brûler d'oxygène! Nous comburons, nous, qui sommes un peu des machines à vapeur : mais Hadaly aspire et respire l'air par le mouvement pneumatique et indifférent de son sein qui se soulève, — comme celui d'une femme idéale qui serait toujours bien portante. L'air, en passant entre ses lèvres, et en faisant palpiter ses narines, se parfume, tiédi par l'électricité, des effluves d'ambre et de roses dont l'électuaire oriental lui laisse le souvenir.

L'attitude la plus naturelle de la future Alicia, — je parle de la *réelle*, non de la vivante, — sera d'être assise et accoudée, la joue contre la main, — ou d'être étendue sur quelque dormeuse — ou sur un lit, comme une femme.

Elle demeurera là, sans autre mouvement que sa respiration.

Pour l'éveiller à son énigmatique existence, il vous suffira de lui prendre la main, en faisant agir le fluide de l'une de ses bagues.

— L'une de ses bagues? demanda lord Ewald.

— Oui, dit Edison, celle de l'index; c'est son anneau nuptial.

Il indiqua la table d'ébène.

— Savez-vous pourquoi cette main surprenante a répondu à votre pression, tout à l'heure? ajouta-t-il.

— Non, certes, répondit lord Ewald.

— C'est parce qu'en la serrant vous avez impressionné la bague, dit Edison. Or, Hadaly, si vous l'avez remarqué, a des bagues à tous les doigts et les diverses pierreries de leurs chatons sont toutes *sensibles*. En dehors de ces longues scènes extra-terrestres, — aux confidences, aux sensations vertigineuses, — scènes où vous n'aurez nullement à vous occuper d'elle puisqu'elle en portera les heures *complètes* inscrites en sa forme et constituant, pour ainsi dire, sa personnalité, — il est des instants de silence où, sans évoquer en elle ces heures sublimes, vous voudrez lui demander, simplement, telle ou telle chose.

Eh bien, en ces instants, assise ou étendue, elle se lèvera doucement si, lui prenant la main droite, vous frôlez la sympathique améthyste de la bague de l'index, en lui disant : « Venez, Hadaly ? » Elle viendra, mieux que la vivante. L'impression sur la bague doit être vague et *naturelle*, — comme lorsque vous pressez doucement et d'un peu de votre âme la main du modèle. Mais cette intention n'est nécessaire que dans l'intérêt de l'illusion.

Hadaly marchera, devant elle et toute seule, sur la sollicitation du rubis placé au doigt médial de sa main droite, ou prenant le bras et s'y appuyant languissamment, elle suivra les mouvements d'un ami, non seulement *comme* une femme, mais *exactement* de la même manière que miss Alicia Clary. La concession faite, en ces bagues à sa *machine humaine* ne doit pas vous scandaliser. Songez à quelles autres *prières*, bien plus humiliantes, les amants accèdent, parfois, pour obtenir un pâle instant d'amour, — à quelles hypocrisies Don Juan lui-même sait condescendre pour amener telle mauvaise grâce féminine à un semblant d'obéissance... Ce sont là les bagues des vivantes.

Au persuasif émoi de la bague de l'annulaire, la turquoise, elle s'asseoira. De plus, elle porte un collier dont toutes les perles ont chacune leur correspondance. Un très explicite Manuscrit, — un grimoire très clair! unique, en vérité, sous le ciel et dont elle vous fera présent, — vous indiquera les

coutumes de son caractère. Avec un peu d'habitude
— (ah! vous savez! il faut connaître une femme!)
— tout vous deviendra *naturel*.

La gravité d'Edison pendant cet énoncé fut tout à fait imperturbable.

— Quant à son alimentation, reprit-il...

— Vous dites? interrompit lord Ewald, en regardant fixement, cette fois, les yeux clairs de l'électricien.

— Vous paraissez surpris, milord? dit Edison. Est-ce que, par hasard, vous compteriez laisser mourir d'inanition cette aimable créature? Ce serait plus qu'un homicide.

— Qu'entendez-vous par son alimentation, mon cher magicien? dit lord Ewald. Cette fois, je l'avoue, la chose dépasse les rêves les plus fantaisistes!

— Voici la nourriture que prend, une ou deux fois la semaine, Hadaly, répondit Edison. J'ai, dans ce vieux bahut, certaines boîtes de pastilles et de petites tablettes qu'elle s'assimile fort bien toute seule, l'étrange fille! Il suffit d'en placer une corbeille sur quelque console, à distance fixe de sa dormeuse habituelle, et de la lui indiquer, en effleurant une des perles de son collier.

C'est une enfant, en ce qui est de la terre; elle ne sait pas. Il faut lui apprendre; nous en sommes tous là, nous aussi — Seulement, elle semble à peine se souvenir. Souvent nous oublions, nous-mêmes, jusqu'à notre salut.

Elle boit dans une mince coupe de jaspe, faite pour elle, et de la même manière, strictement, que boit son modèle. Cette coupe sera pleine d'eau claire, d'abord filtrée au charbon, c'est-à-dire très pure, puis mélangée de quelques sels dont vous trouverez la formule dans le Manuscrit. Quant aux pastilles et aux tablettes, ce sont des pastilles de zinc, des tablettes de bi-chromate de potasse et, quelquefois, de peroxyde de plomb. Aujourd'hui, nous prenons, tous, une foule de choses empruntées à la chimie. Elle ne sort pas de là. Vous le voyez, elle est très sobre. Elle ne prend que ce qui lui suffit. Heureux ceux qui se règlent sur sa tempérance ! — Par exemple, lorsqu'elle ne trouve pas ces aliments sous sa main au moment où elle les *désire*, elle s'évanouit — ou, pour mieux dire, elle meurt.

— Elle meurt?... murmura le jeune lord en souriant.

— Oui, pour donner à son élu le plaisir vraiment divin de la ressusciter.

— Attention délicate! répondit assez plaisamment lord Ewald.

— Lorsqu'elle demeure immobile et les yeux fermés, il lui suffit d'un peu d'eau très claire, de quelques tablettes ou de pastilles pour revenir à elle-même. Toutefois, comme elle n'aurait pas la force de les prendre, il faut mettre la tourmaline du doigt médium en communion avec le courant d'une pile faradique. Cela suffit. — Sa première parole, en rouvrant les yeux à la lumière, est pour demander de l'eau pure. — Maintenant, à cause de la dure senteur métallique que garderait, en elle, l'eau ternie d'une organique buire de cristal, il ne faut pas oublier de saturer la première gorgée de la coupe, des réactifs dont vous trouverez l'expression et le dosage dans le Manuscrit. Leur effet, sur cette eau violâtre, est instantané. — Vous placez ensuite le fil d'induction au diamant-noir du petit doigt (c'est-à-dire à la pierre dont le trembleur est réglé de manière à désisoler un courant capable de chauffer à blanc une tige de platine, en une seconde, puis vous laisser retomber, dans *votre* pile personnelle, le charbon nécessairement suspendu un instant pendant votre translation du fil. Vous n'omettez pas de vous servir, ici, du crayon excitateur.

Or, vous n'ignorez pas que le verre trempé, même d'après les procédés ordinaires, peut subir, sans se rompre, la température du plomb fondu. Le mien supporterait celle du platine en fusion, même étant d'une épaisseur de moitié moindre que celle de cette buire de cristal fixée à l'intérieur, entre les poumons de l'Andréide. Or, le calorique envoyé au dedans de ce cristal par la transmission du diamant est d'une *qualité* qui fait y monter, sur-le-champ, la température à quatre cents degrés environ. Ce qui suffit pour vaporiser très rapidement l'eau stérilisée. D'autre part, les réactifs dont je vous parle, agissant sur les parcelles atomiques des métalloïdes dont le liquide se trouve teinté, les dissocient et les transmuent, en quelques secondes, en une sorte de poussière, d'ailleurs très-blanche, presque impalpable. L'instant d'après, notre belle Hadaly souffle, entre ses lèvres mi-closes, de légers flocons d'une fumée pâle, irisée de cette poussière, laquelle n'a d'autre senteur que celle de la vapeur bouillante, passablement parfumée, même, par son passage sur l'huile essentielle de roses dont je vous ai parlé. En six secondes, le cristal intérieur est redevenu clair et pur. Hadaly prend alors une grande coupe d'eau limpide et les quelques pastilles en question, — et la voilà vivante comme vous et moi, prête à obéir à toutes ses bagues et à toutes ses perles, comme nous cédons à tous nos désirs.

— Comment! elle souffle, entre ses lèvres, des flocons de vapeur? demanda lord Ewald.

— Ainsi que nous le faisons nous-mêmes, continuellement, — répondit Edison en montrant les cigares allumés qu'ils tenaient. — Seulement, elle ne garde en sa bouche aucun atome de poussière métallique ni de fumée. Le fluide consume et dissipe tout en un moment. — Elle a son narguilhé, d'ailleurs, si vous tenez à justifier...

— J'ai remarqué un poignard à sa ceinture?

— C'est une arme dont nul ne saurait parer un seul coup et chaque coup est mortel. Hadaly s'en sert pour se défendre, si, pendant un éloignement de son seigneur, quelque visiteur tentait d'abuser de son apparent sommeil. Elle ne pardonne pas la plus légère offense; elle ne reconnaît que son élu.

— Elle ne voit pas, cependant? dit lord Ewald.

— Bah! Qui sait? répondit Edison. Y voyons-nous donc si bien nous-mêmes... En tout cas, elle devine ou le prouve, du moins. — Hadaly est, je vous le dis encore, une enfant un peu sombre, qui, insoucieuse de la mort, la donne facilement.

— Ainsi, le premier venu ne pourrait lui enlever cette arme?

— Ceci, répondit en riant Edison, j'en défierais non seulement tous les hercules du globe, mais toute la faune des airs, de la terre et des mers.

— Comment cela? demanda lord Ewald.

— Parce qu'à volonté, dans la poignée de cette arme, s'emmagasine un pouvoir fulgurant des plus redoutables répondit l'ingénieur.

Une imperceptible opale, du petit doigt gauche, forme trembleur et, réglée, met la lame en relation avec un courant très puissant. La carnation étouffe le bruit de l'étincelle qui mesure trois décimètres, environ. Un parfait éclair. De sorte que l'insoucieux, le *bon vivant*, enfin, qui prétendrait « ravir un baiser, » par exemple, à cette *Belle au bois dormant*, roulerait — la face noircie, les jambes brisées, soufleté par un silencieux coup de tonnerre, — aux pieds de Hadaly, avant d'en avoir même effleuré le vêtement. C'est une amie fidèle.

— Ah! c'est juste! en effet! murmura lord Ewald, impassible. Le baiser de ce galant formerait interrupteur.

— Voici la baguette au toucher de laquelle un béryl neutralise le courant de l'opale et fait tomber le poignard, inoffensif. Elle est en ce verre trempé, dur comme le métal, — dont j'ai, je crois, retrouvé la formule, perdue sous l'empereur Néron.

Et, saisissant une longue badine brillante auprès de lui, Edison en frappa violemment la table d'ébène. Le jonc de verre batavique sonna; le rayon sembla plier, mais ne se brisa pas.

Il y eut un moment de silence : puis, comme pour plaisanter :

— Se baigne-t-elle? demanda lord Ewald.

— Mais, tous les jours, *naturellement*! répondit l'ingénieur, comme étonné de la question.

— Ah? dit l'Anglais : comment cela?

— Vous savez bien que toutes les épreuves photochromiques doivent demeurer, au moins quelques heures, dans une eau préparée, qui les renforce. Or, ici, l'action photochromique dont je vous ai parlé est indélébile, attendu que l'Epiderme, qui en est totalement saturé, a été soumis à un procédé de fluors qui le revêt d'un glaçage définitif et l'imperméabilise. — Une petite perle de marbre rose, à gauche du triple collier, sur la poitrine, amène une interposition intérieure de verres dont l'adhérence hermétique empêche l'eau de ce bain de pénétrer en l'organisme de la naïade. Vous trouverez dans le Manuscrit le nom des parfums dont se servira, pour ses bains, cette semi-vivante. Je clicherai, sur le Cylindre-des-Mouvements, le magnifique rejet de chevelure dont vous m'avez parlé, lorsque sort du bain votre bien-aimée : — Hadaly, avec le prestige de sa fidélité ordinaire, le reproduira... textuellement.

— Le Cylindre-des-Mouvements ? demanda lord Ewald.

— Ah ! ceci... je vous le montrerai là-dessous, dit Edison, avec un sourire. Il faut l'avoir sous les yeux pour l'expliquer. — Vous voyez, pour conclure, que Hadaly est, tout d'abord, une souveraine machine à visions, presque une créature, — une similitude éblouissante. Les défauts que je lui ai laissés, par politesse pour l'Humanité, consistent seulement en ce qu'il y a plusieurs genres de femmes en elle, comme chez toute vivante. — (On peut les effacer.) — Elle est mutiple, enfin, comme le monde des rêves. Mais le type suprême qui domine ces visions, HADALY seule, est, si j'ose le dire, parfaite. Les autres, elle les *joue* : — c'est une merveilleuse comédienne, douée, croyez-moi, d'un talent plus homogène, plus sûr, et bien autrement *sérieux* que miss Alicia Clary.

— Enfin, ce n'est pas un *être*, cependant! dit lord Ewald tristement.

— Oh! les plus puissants esprits se sont toujours demandé ce que c'est que l'idée de l'Etre, prise en soi. Hégel, en son prodigieux processus antinomique, a démontré qu'en l'Idée pure de l'Etre, la différence entre celui-ci et le pur Néant n'était qu'une simple *opinion :* Hadaly, seule, résoudra nettement, elle-même, la question *de son* ÊTRE, je vous le promets.

— Par des paroles?
— Par des paroles.
— Mais, *sans âme*, en aura-t-elle conscience?

Edison regarda lord Ewald avec étonnement.

— Pardon : *n'est-ce pas précisément ce que vous demandiez en vous écriant* : QUI M'OTERA CETTE AME DE CE CORPS? » Vous avez *appelé* un fantôme, identique à votre jeune amie, MOINS *la conscience dont celle-ci vous semblait affligée :* Hadaly est venue à votre appel : voilà tout.

Lord Ewald demeura pensif et grave.

X

Così fan tutte

> Une femme ne sépare pas son estime de son goût.
> LA BRUYÈRE.

— D'ailleurs, reprit légèrement Edison, pensez-vous que ce soit une bien grosse perte, pour miss Hadaly, que d'être privée d'une conscience du genre de celle de son modèle? N'y gagne-t-elle pas, au contraire? Au moins, à vos yeux, puisque la « conscience » de miss Alicia Clary vous semble la superfétation déplorable, la Tache-originelle du chef-d'œuvre de son corps? — Et puis, la « conscience » d'une femme! — d'une *mondaine*, veux-je dire!... — Oh! oh! comme vous y allez! C'est une idée qui fut capable de faire hésiter un concile. Une femme ne discerne que selon ses velléités et se conforme, en ses « jugements » à l'esprit de celui qui lui est sympathique. — Une femme peut se remarier dix fois, être toujours sincère et dix fois différente. — Sa Conscience, dites-vous?... Mais ce don de l'Esprit-saint, la Conscience, se traduit, tout d'abord, par l'aptitude à l'Amitié-intellectuelle. Tout jeune homme, qui, du temps des anciennes républiques, ne pouvait, à vingt ans, justifier d'un ami, d'un second lui-même, était déclaré sans conscience, *infâme*, en un mot. On cite, dans l'Histoire, mille exemples d'admirables *amis*: Damon et Pythias, Pylade et Oreste, Achille et Patrocle, etc. Citez-moi deux femmes *amies*, dans toute l'Histoire humaine? Chose impossible. Pourquoi? — Parce que la femme se reconnaît trop inconsciente, en sa semblable, pour en être dupe jamais. — Il suffit de remarquer, d'approfondir le regard dont une moderne, en se retournant, considère la robe de celle qui a passé auprès d'elle, pour en être à tout jamais persuadé. — Parce qu'en elle, au point de vue passionnel, une vanité des vanités prime ou vicie intimement les meilleurs mobiles et qu'être aimée n'est (malgré toutes ses protestations) presque toujours que secondaire pour elle. Ce n'est qu'être *préférée* qu'elle désire. Voilà l'unique mot de ce sphinx. C'est pour cela que chacune d'entre nos belles civilisées, sauf peu d'exceptions, dédaigne toujours un peu celui qui l'aime, parce que celui-ci est coupable, par cela seul, du crime inexpiable *de ne pouvoir plus la comparer avec d'autres.* — Au fond, l'amour moderne, s'il n'est pas seulement (comme le prétend toute la Physiologie actuelle) une simple question de muqueuses, est, au point de vue de la science physique, une question d'équilibre entre un aimant et une électricité. Donc, la Conscience, sans être tout à fait étrangère à ce phénomène, n'y est peut-être indispensable que dans l'un des deux pôles : — axiome que mille faits, notamment la Suggestion, démontrent tous les jours. Ainsi, vous suffirez. — Mais je m'arrête, se reprit Edison, en riant. Ce que je dis me semble impertinent pour bien des vivantes. Heureusement nous sommes seuls.

— Si attristé par une femme que je puisse être, je trouve que vous parlez de la Femme avec bien de la sévérité, murmura lord Ewald.

XI

Propos chevaleresques

Consolatrix afflictorum.
LITANIES CHRÉTIENNES.

L'électricien releva la tête.

— Un instant, mon cher lord ! dit-il.

Remarquez bien qu'ici je me trouve placé sur le errain non point de l'Amour, mais des « amoureux ! » Si nous transposons la question, si nous sortons de la sphère du Désir charnel, oh ! je m'exprimerai d'une tout autre manière. Si, entre les femmes de notre race initiatrice, — les seules qui nous importent, puisque nous ne pouvons prendre au sérieux, c'est-à-dire choisir pour *notre femme* une Cafre, une Polynésienne, une Turque, une Chinoise, une Peau-rouge, etc., — si, dis-je, entre celles de notre race qui n'ont plus dans leur sang de tenir du bétail et de l'esclave, nous parlons de ces femmes assainies, consacrées et justifiées par la dignité persistante du devoir, de l'abnégation, du libre dévouement, — en vérité, je me trouverais bien étrange, moi-même, si je n'inclinais pas mon esprit devant celles dont les flancs, n'étant pas que des hanches, veulent bien se déchirer sans cesse pour qu'il nous soit permis de penser ! — Comment oublier que palpitent sur ce grain stellaire, perdu en un point du Gouffre sans rives, — sur cet invisible atome refroidi, — tant d'élues du monde-supérieur de l'Amour, — tant de bonnes compagnes de la vie ! Sans même nous rappeler les milliers de noms de ces vierges d'autrefois, souriantes, au milieu des flammes et dans l'acharnement des supplices, pour quelque croyance où leur instinct se transfigurait en âme par une sélection sublime, — en passant, même, sous silence, toutes ces héroïnes mystérieuses, — entre lesquelles rayonnent jusqu'à des libératrices de patries, — et celles qui, traînées sous les chaînes, dans l'esclavage d'une défaite, affirmaient, tout expirantes, à leurs époux, en un doux et sanglant baiser, que le poignard ne fait pas de mal, — en omettant même ces intelligentes femmes, sans nombre, qui passent, sous des humiliations inconnues, courbées sur les dénués, les souffrants, les bannis, les abandonnés, et n'attendant, pour toute récompense, que le sourire un peu moqueur de celles qui ne les imitent pas, — il est, il sera toujours des femmes qui sont et seront toujours très suffisamment inspirées par plus haut que l'Instinct du plaisir. *Celles-là n'ont rien à faire, n'est-ce pas, ni dans ce laboratoire, ni dans la question ?* — Exceptons ces nobles fleurs humaines, toutes radieuses du *véritable* monde de l'Amour, et je vous donnerai, sans autre réserve, la thèse que je soutenais, tout à l'heure (quant à celles que l'on peut acheter ou conquérir), comme infrangible et définitive. Ce qui nous permet de conclure encore par un mot de Hégel : « Il revient au même de dire une chose une fois ou de la répéter toujours. »

XII

Voyageurs pour l'Idéal : — bifurcation !

> Agressi sunt Mare Tenebrarum,
> quid in eo essot exploraturi.
>
> *Le géographe nubien* PTOLÉMÉE HÉPHESTION

Lord Ewald, à ces dernières paroles, se leva sans répondre, endossa l'énorme fourrure, mit son chapeau, boutonna ses gants, assura son lorgnon, puis, allumant paisiblement un cigare :

— Vous avez réponse à tout, mon cher Edison, dit-il. Nous partirons quand il vous plaira.

— Alors, à l'instant même ! dit Edison en se

levant aussi et en imitant le jeune Anglais ; car voici une demi-heure d'envolée. Le train de New York pour Menlo Park chauffera dans cent cinquante-six minutes, soit un peu plus de deux heures et demie — et il lui faut à peine une heure trois quarts pour nous amener l'objet de l'expérience.

La salle habitée par Hadaly est située sous terre, assez loin même. Vous comprenez, je ne pouvais pas laisser l'Idéal à la portée de tout le monde. — Malgré les longues nuits et les années de travaux que cette andréïde m'a coûtée entre mes autres labeurs, elle est demeurée mon secret.

Voici. J'ai découvert, sous cette habitation, à quelques centaines de pieds, deux souterrains très vastes, antiques obituaires des immémoriales tribus algonquines qui peuplèrent, pendant de vieux siècles, ce district. — Ces *tumuli* ne sont point rares dans les Etats, notamment dans le New Jersey. J'ai fait enduire d'une forte couche de basalte, provenue des volcans des Andes, les murailles de terre du souterrain principal. J'ai relégué pieusement dans le second les momies et les os poudreux de nos sachems : ce dernier, j'en ai fait boucher, — sans doute pour jamais, — l'ouverture funéraire.

La première salle est donc la chambre de Hadaly et de ses oiseaux, — (car je n'ai pas voulu laisser toute seule, par une dernière superstition, cette fille intellectuelle). — Là, c'est un peu le royaume de la féerie. Tout s'y passe à l'Electricité. On y est, dis-je, comme au pays des éclairs, environné de courants animés chacun par mes plus puissants générateurs. Oui, c'est là que demeure notre taciturne Hadaly. Elle, une personne et moi, seuls, nous connaissons le secret du chemin. — Bien que la traversée offre toujours, ainsi que vous allez le voir, quelques chances d'encombre à ceux qui s'y aventurent, — il serait étonnant qu'il nous arrivât malheur ce soir. Pour le reste, nos fourrures nous préserveront de la pneumonie que le long boyau de terre à parcourir pourrait nous attirer sans cette précaution. — Nous irons comme la flèche.

— C'est très fantastique! — dit, en souriant, lord Ewald.

— Mon cher lord, conclut Edison en observant son interlocuteur, voici donc un peu d'humour déjà retrouvé! Bon signe!

Tous deux étaient immobiles, le cigare allumé aux lèvres, leurs longues fourrures croisées sur la poitrine. Ils rabattirent les grands capuchons sur leurs chapeaux.

L'électricien précéda lord Ewald: tous deux marchèrent vers ce ténébreux endroit du laboratoire, vers la muraille, maintenant refermée et impénétrable, d'où était apparue Hadaly.

— Je vous avouerai, continuait Edison, que, dans les instants où j'ai besoin de solitude, je vais chez cette ensorceleuse de tous les soucis! — Surtout lorsque le dragon d'une découverte me bat l'esprit de son aile invisible. Je vais songer là, pour n'être entendu que d'elle seule, si je me parle à voix basse. Puis, je m'en reviens sur la terre, le problème résolu. C'est ma nymphe Égérie, à moi.

En prononçant ces mots d'un ton plaisant,

l'électricien avait touché la petite roue d'un appareil : une étincelle partit; les pans de la muraille se rouvrirent magiquement.

— Descendons! reprit Edison, puisque, décidément, il paraît que pour trouver l'Idéal, il faut d'abord passer par le royaume des taupes.

Puis, indiquant d'un geste les draperies :

— Après vous, mon cher lord! murmura-t-il avec un grave et léger salut.

LIVRE TROISIÈME

L'EDEN SOUS TERRE

I

Facilis descensus Averni

> MÉPHISTOPHÉLÈS : — Descends, ou monte : c'est tout un !
> GOETHE : *Le second* FAUST.

Tous deux franchirent le seuil lumineux.

— Retenez-vous à cet appui-main, dit Edison en indiquant un anneau de métal à lord Ewald, qui s'en saisit.

Serrant, ensuite, la poignée d'une torsade de fonte cachée dans les moires, l'ingénieur la tira d'une violente saccade.

La dalle blanche céda, doucement, sous leurs pieds ; elle glissait, enchâssée dans le parallélogramme de ses quatre montants de fer ; c'était donc là cette pierre tombale artificielle dont l'ascension avait amené Hadaly.

Edison et lord Ewald descendirent ainsi durant quelques moments ; la lueur d'en haut se rétrécissait. L'excavation était, en effet, profonde.

— Surprenante façon d'aller chercher l'Idéal ! pensait lord Ewald, debout auprès de son taciturne compagnon.

Leur socle continuait à s'enfoncer sous la terre.

Tous deux se trouvèrent bientôt dans la plus noire obscurité, en d'opaques et humides ténèbres, aux exhalaisons terreuses, où l'haleine se glaçait.

Le marbre mobile ne s'arrêtait pas. Et la lumière d'en haut n'était plus qu'une étoile ; ils devaient être assez loin, déjà, de ce dernier feu de l'Humanité.

L'étoile disparut : lord Ewald se sentit dans un abîme.

Il s'abstint, cependant, de rompre le silence que gardait, à son côté, l'électricien.

A présent, la rapidité de la descente s'augmentait à ce point que leur support semblait se dérober sous eux, traversant l'ombre avec un bruit monotone.

Lord Ewald, tout à coup, devint attentif ; il croyait entendre, autour de lui, une voix mélodieuse mêlée à des rires et à d'autres voix.

La vitesse diminua, peu à peu, puis un choc léger...

Un porche lumineux tourna, silencieusement, en face des deux voyageurs, comme si quelque « Sésame, ouvre-toi ! » l'eût fait rouler sur des gonds enchantés. Une odeur de roses, de kief et d'ambre flotta dans l'air.

Le jeune homme se trouvait devant un spacieux

souterrain pareil à ceux que, jadis, sous les palais de Bagdad, orna la fantaisie des califes.

— Entrez, mon cher lord, vous êtes présenté, dit Edison, qui agrafait très vite les anneaux du translateur à deux lourdes griffes de fonte scellées dans le roc latéral.

II

Enchantements

L'air est si doux qu'il empêche de mourir.
GUSTAVE FLAUBERT, <i>Salammbô</i>.</div>

Lord Ewald s'avança sur les pelleteries fauves qui couvraient le sol et considéra ce séjour inconnu.

Un grand jour d'un bleu pâle en éclairait la circonférence démesurée.

D'énormes piliers soutenaient, espacés, le circuit antérieur du dôme de basalte, formant ainsi une galerie à droite et à gauche de l'entrée jusqu'à l'hémicycle de la salle. Leur décoration, où se rajeunissait le goût syrien, représentait, de la base au sommet, de grandes gerbes et des liserons d'argent élancés sur des fonds bleuâtres. Au centre de la voûte, à l'extrémité d'une longue tige d'or, tombait une puissante lampe, un astre, dont un globe azuré ennuageait les électriques rayons. Et la voûte concave, d'un noir uni, d'une hauteur démesurée, surplombait, avec l'épaisseur du tombeau, la clarté de cette étoile fixe : c'était l'image du Ciel tel qu'il apparaît, noir et sombre, au delà de toute atmosphère planétaire.

Le demi-orbe qui formait le fond de la salle, en face du seuil, était comblé par de fastueux versants pareils à des jardins ; là, comme sous la caresse d'une brise imaginaire, ondulaient des milliers de lianes et de roses d'Orient, de fleurs des îles, aux pétales parsemés d'une rosée de senteur, aux lumineux pistils, aux feuilles serties en de fluides étoffes. Le prestige de ce Niagara de couleurs éblouissait. Un vol d'oiseaux des Florides et des parages du sud de l'Union chatoyait sur toute cette flore artificielle, dont l'arc de cercle versicolore fluait, en cette partie de la salle, avec des étincellements et des prismes, se précipitant, depuis la mi-hauteur apparente des murs circulaires, jusqu'à la base d'une vasque d'albâtre, centre de ces floraisons, et dans laquelle un svelte jet d'eau retombait en pluie neigeuse.

À partir du seuil jusqu'au point où, des deux côtés, commençaient les pentes de fleurs, les cloisons de basalte des murs (depuis le circuit de la voûte jusqu'aux pelleteries du sol) étaient tendues d'un épais cuir de Cordoue brûlé de fins dessins d'or.

Auprès d'un pilier, Hadaly, toujours long-voilée, se tenait debout et accoudée au montant d'un noir piano moderne aux bougies allumées.

Avec une grâce juvénile, elle adressa un léger mouvement de bienvenue à lord Ewald.

Sur son épaule, un oiseau de Paradis, d'une imitation non-pareille, balançait son aigrette de pierreries. Avec la voix d'un jeune page, cet oiseau semblait causer avec Hadaly dans un idiome inconnu,

Une longue table, taillée en un dur porphyre, placée sous la grande lampe de vermeil, en buvait les rayons ; à l'une de ses extrémités était fixé un coussin de soie, pareil à celui qui supportait, en haut, le bras radieux. Une trousse garnie d'instruments de cristal brillait tout ouverte, sur une tablette d'ivoire qui se trouvait à proximité.

Dans un angle éloigné, un brasero de flammes artificielles, réverbéré par des miroirs d'argent, chauffait ce séjour splendide.

Aucun meuble, sinon une dormeuse de satin noir, un guéridon entre deux sièges, — un grand cadre d'ébène tendu d'étoffe blanche et surmonté d'une rose d'or, sur une des parois du mur, à hauteur de la lampe.

III

Chant des oiseaux

> Ni le chant des oiseaux matineux,
> ni la nuit et son oiseau solennel...
> MILTON, *Le Paradis perdu.*

Sur le parterre vertical des talus fleuris, une foule d'oiseaux, balancés sur des corolles, raillaient la Vie au point, les uns, de se lustrer d'un bec factice et de se duyser la plume ; les autres, de remplacer le ramage par des rires humains.

A peine lord Ewald se fut-il avancé de quelques pas, que tous les oiseaux tournèrent la tête vers lui, le regardèrent, d'abord, silencieusement, puis éclatèrent, tous à la fois, d'un rire où se mêlaient des timbres de voix viriles et féminines : si bien qu'un instant il se crut en face d'une assemblée humaine.

A cet accueil inattendu, le jeune homme s'arrêta, considérant ce spectacle.

— Ce doit être, j'imagine, quelque hottée de démons que ce sorcier d'Edison a enfermés dans ces oiseaux-là? pensa-t-il en lorgnant les rieurs.

L'électricien, resté dans l'obscurité du tunnel, achevait sans doute de serrer les freins de son ascenseur fantastique :

— Milord, cria-t-il, j'oubliais ! — L'on va vous saluer d'une aubade. Si j'eusse été prévenu à temps de ce qui nous arrive à tous deux ce soir, je vous eusse épargné ce dérisoire concert en interrompant le courant de la pile qui anime ces volatiles. Les oiseaux de Hadaly sont des condensateurs ailés. J'ai cru devoir substituer en eux la parole et le rire humains au chant démodé et sans signification de l'oiseau normal. Ce qui m'a paru plus d'accord avec l'esprit du Progrès. Les oiseaux réels redisent si mal ce qu'on leur apprend ! Il m'a semblé plaisant de laisser saisir par le phonographe quelques phrases admiratives ou curieuses de mes visiteurs de hasard, puis de les transporter en ces oiseaux par voie d'électricité, grâce à une de mes découvertes encore inconnue *là-haut*. — Du reste, Hadaly va les faire cesser. Ne leur accordez qu'une dédaigneuse attention pendant que j'amarre l'ascenseur. Vous comprenez, il ne faudrait pas qu'il nous jouât la mauvaise plaisanterie de remonter sans nous à la surface assez lointaine de la Terre.

Lord Ewald regardait l'Andréide.

La paisible respiration de Hadaly soulevait le pâle argent de son sein. Le piano, tout à coup, préluda seul, en de riches harmonies : les touches s'abaissaient comme sous des doigts invisibles.

Et la voix douce de l'Andréide, ainsi accompagnée, se mit à chanter, sous le voile, avec des inflexions d'une féminéité surnaturelle :

> Salut, jeune homme insoucieux !
> L'Espérance pleure à ma porte :
> L'Amour me maudit dans les Cieux :
> Fuis-moi ! Va-t-en ! Ferme les yeux !
> Car je vaux moins qu'une fleur morte.

Lord Ewald, à ce chant inattendu, se sentit envahir par une sorte de surprise terrible.

Alors, sur les versants en fleurs, une scène sabbatique, d'une absurdité à donner le vertige et qui présentait une sorte de caractère infernal, commença.

D'affreuses voix de visiteurs quelconques s'échappaient, à la fois, du gosier de ces oiseaux : c'étaient des cris d'admiration, des questions banales ou saugrenues, — un bruit de gros applaudissements, même, d'assourdissants mouchoirs, d'offres d'argent.

Sur un signe de Hadaly, cette reproduction de la Gloire à l'instant même s'arrêta.

Lord Ewald reporta ses yeux sur l'Andréide, en silence.

Tout à coup, la voix pure d'un rossignol s'éleva dans l'ombre. Tous les oiseaux se turent, comme ceux d'une forêt, aux accents du prince de la nuit. Ceci semblait un enchantement. L'oiseau éperdu chantait donc sous terre ? Le grand voile noir de Hadaly lui rappelait sans doute la nuit, et il prenait la lampe pour le clair de lune.

Le ruissellement de la délicieuse mélodie se termina par une pluie de notes mélancoliques. Cette voix, venue de la nature et qui rappelait les bois, le ciel et l'immensité, paraissait étrange en ce lieu.

IV

Dieu

> Dieu est le lieu des esprits, comme l'espace est celui des corps.
> MALEBRANCHE.

Lord Ewald écoutait.

— C'est beau, cette voix, n'est-ce pas, milord Celian? dit Hadaly.

— Oui, répondit lord Ewald en regardant fixement la noire figure indiscernable de l'Andréide; c'est l'œuvre de Dieu.

— Alors, dit-*elle*, admirez-la : mais ne cherchez pas à savoir *comment* elle se produit.

— Quel serait le péril, si j'essayais? demanda en souriant lord Ewald.

— Dieu se retirerait du chant! murmura tranquillement Hadaly.

Edison entrait.

— Otons nos fourrures! dit-il: car la température est, ici, réglée et délicieuse! — C'est ici l'Eden perdu... et retrouvé.

Les deux voyageurs se dégagèrent des lourdes peaux d'ours.

— Mais, continua l'électricien (du ton soupçonneux d'un Bartholo qui voit sa pupille converser avec un Almaviva), vous en étiez déjà, je crois, à d'expansifs entretiens ? — Oh! ne faites pas attention à moi! continuez! Continuez!

— La singulière idée que vous avez eue là, mon cher Edison, de donner un rossignol réel à une andréïde ?

— Ce rossignol ? — dit, en riant, Edison : Ah! ah! c'est que je suis un amant de la Nature, moi. — J'aimais beaucoup le ramage de cet oiseau ; et son décès, il y a deux mois, m'a causé, je vous l'affirme, une tristesse....

— Hein ? dit lord Ewald : ce rossignol qui chante ici, est mort il y a deux mois ?

— Oui, dit Edison : j'ai enregistré son dernier chant. Le phonographe qui le reproduit ici est, en réalité, à vingt-cinq lieues, lui-même. Il est placé dans une chambre de ma maison de New York, dans Broad Way. J'y ai annexé un téléphone dont le fil passe en haut, sur mon laboratoire. Une ramification en vient jusqu'en ces caveaux, — là, jusqu'en ces guirlandes, — et aboutit à cette fleur-ci. Tenez, c'est elle qui chante : vous pouvez la toucher. Sa tige l'isole ; c'est un tube de verre trempé ; le calice, où vous voyez trembler cette lueur, forme lui-même condensateur ; c'est une orchidée factice, assez bien imitée... plus brillante que toutes celles qui parfument les buées lumineuses de l'aurore sur les plateaux du Brésil et du Haut-Pérou.

Ce disant, Edison rallumait son cigare au cœur de feu d'un camélia rose.

— Quoi! réellement, ce rossignol, dont j'entends l'âme, — est mort ? murmurait lord Ewald.

— Mort! dites-vous ? — Pas tout à fait... puisque j'ai cliché cette âme, dit Edison. Je l'évoque par l'électricité: c'est du spiritisme sérieux, cela. Hein?

— Et l'expression du fluide n'étant plus ici que du calorique, vous pouvez allumer votre cigare à cette étincelle inoffensive, dans cette même fausse-fleur parfumée où chante, lueur mélodieuse, l'âme de cet oiseau. Vous pouvez allumer votre cigare à l'âme de ce rossignol.

Et l'électricien s'éloigna pour impressionner divers boutons de cristal numérotés dans un petit cadre appliqué à la muraille, contre la porte.

Lord Ewald, déconcerté par l'explication, était demeuré attristé, avec un froid serrement de cœur.

Tout à coup, il sentit qu'on lui touchait l'épaule ; il se retourna : c'était Hadaly.

— Ah! dit-elle tout bas, d'une voix si triste qu'il en tressaillit, — voilà ce que c'est!... DIEU *s'est retiré du chant.*

V

Electricité

Hail, holy light! Heavon daughter! first born!
MILTON, *le Paradis perdu*.

— Miss Hadaly, dit Edison en s'inclinant, nous venons, tout bonnement, de la Terre — et le voyage nous a donné soif!

Hadaly s'approcha de lord Ewald :

— Milord, dit-elle, voulez-vous de l'ale ou du sherry ?

Lord Ewald hésita un instant :

— S'il vous plaît, du sherry, dit-il.

L'Andréide s'éloigna, s'en alla prendre, sur une

étagère, un plateau sur lequel brillaient trois verres de Venise peinturlurés d'une fumée d'opale, à côté d'un flacon de vin paillé et d'une odorante boîte de lourds cigares cubains.

Elle posa le plateau sur une crédence, versa de haut le vieux vin espagnol, puis, prenant deux verres entre ses mains étincelantes, vint les offrir à ses visiteurs.

Ensuite, s'en étant allée remplir le dernier verre, elle se détourna, d'un mouvement charmant. S'appuyant à l'une des colonnes du souterrain, elle éleva le bras, tout droit, au-dessus de sa tête voilée, en disant de sa voix de mélancolie :

— Milord, à vos amours !

Il fut impossible à lord Ewald de froncer le sourcil à cette parole, tant l'intonation grave avec laquelle ce toast fut porté, au milieu du silence, fut exquise et mesurée de plus haut que toute convenance : le gentilhomme en resta muet d'admiration.

Hadaly jeta, gracieusement, vers la lampe astrale, le vin de son verre. Le Jerez-des-Chevaliers retomba, en gouttelettes illuminées, comme une rosée d'or liquide, sur les poils fauves des dépouilles léonines qui surchargeaient le sol.

— Ainsi, dit Hadaly d'une voix un peu enjouée, je bois, en esprit, par la Lumière.

— Mais, enfin, mon cher enchanteur, murmura lord Ewald, comment se fait-il que miss Hadaly puisse répondre à *ce que je lui dis* ? Il me semble de toute impossibilité qu'un être quelconque ait prévu mes questions, au point, surtout, d'en avoir gravé d'avance les réponses sur de vibrantes feuilles d'or. Ce phénomène, je trouve, est capable de stupéfier l'homme le plus « positif, » comme dirait une personne dont nous avons parlé ce soir.

Edison regarda le jeune Anglais sans répondre tout d'abord.

— Permettez-moi de sauvegarder le secret de Hadaly, du moins pendant quelque temps, — répondit-il.

Lord Ewald s'inclina légèrement : puis, en homme qui, enveloppé de merveilles, renonce désormais à s'étonner de rien, but le verre de sherry, le reposa vide sur un guéridon, jeta son cigare éteint, en prit un nouveau dans la boîte du plateau de Hadaly, l'alluma paisiblement à une fleur lumineuse, à l'exemple d'Edison, — puis s'assit sur l'un des tabourets d'ivoire, attendant que l'un — ou *l'autre* — de ses hôtes voulût bien prendre la peine d'entrer dans quelque éclaircissement.

Mais Hadaly s'était accoudée, de nouveau, sur son piano noir.

— Voyez-vous ce cygne ? reprit Edison : il a, en lui, la voix de l'Alboni. Dans un concert, en Europe, à l'insu de la cantatrice, j'ai phonographié, sur mes nouveaux instruments, la prière de la *Norma*, « Casta diva », que chantait cette grande artiste. — Ah ! que je regrette de n'avoir pas été de ce monde au temps de la Malibran !

Les timbres-vibrants de tous ces soi-disants volatiles sont montés comme des chronomètres de Genève. Ils sont mis en mouvement par le fluide qui court à travers les rameaux de ces fleurs.

Ils contiennent, dans leurs petits volumes, une énorme sonorité, surtout si nous la multiplions par mon Microphone. Cet oiseau de Paradis pourrait, avec autant d'intelligence que toute celle réunie des chanteurs dont la voix est prisonnière en lui, vous donner, à lui seul, une audition du *Faust* de Berlioz, (orchestre, chœurs, quatuors, solis, bis, applaudissements, rappels et vagues commentaires indistincts de la foule.) Pour l'intensité du son total, il suffirait, disons-nous, de le multiplier par le Microphone. En sorte que, couché dans un appartement d'hôtel, en voyage, si vous placez l'oiseau sur une table et le conducteur microphonique à l'oreille, vous pourrez, seul, entendre cette audition sans réveiller vos voisins. Un tapage immense, digne d'une salle d'Opéra, s'envolerait *pour vous* de ce petit bec rose, — tant il est vrai que l'ouïe humaine est une illusion comme tout le reste.

Cet oiseau-mouche pourrait vous réciter également le *Hamlet* de Shakespeare, d'un bout à l'autre et sans souffleur, avec les intonations des meilleurs tragédiens actuels.

Ces oiseaux, dans le gosier desquels je n'ai respecté que la voix du rossignol (qui, seul, me paraît avoir le droit de chanter dans la nature), ces oiseaux sont les musiciens et comédiens ordinaires de Hadaly. — Vous comprenez, presque toujours seule, à des centaines de pieds sous terre, ne devais-je pas l'entourer de quelques distractions ? — Que dites-vous de cette volière ?

— Vous avez un genre de positivisme à faire pâlir l'imaginaire des *Mille et une nuits* ! s'écria lord Ewald.

— Mais, aussi, quelle Shéhérazade que l'Electricité ! répondit Edison. — L'ÉLECTRICITÉ, milord ! On ignore, dans le monde élégant, les pas impercep-

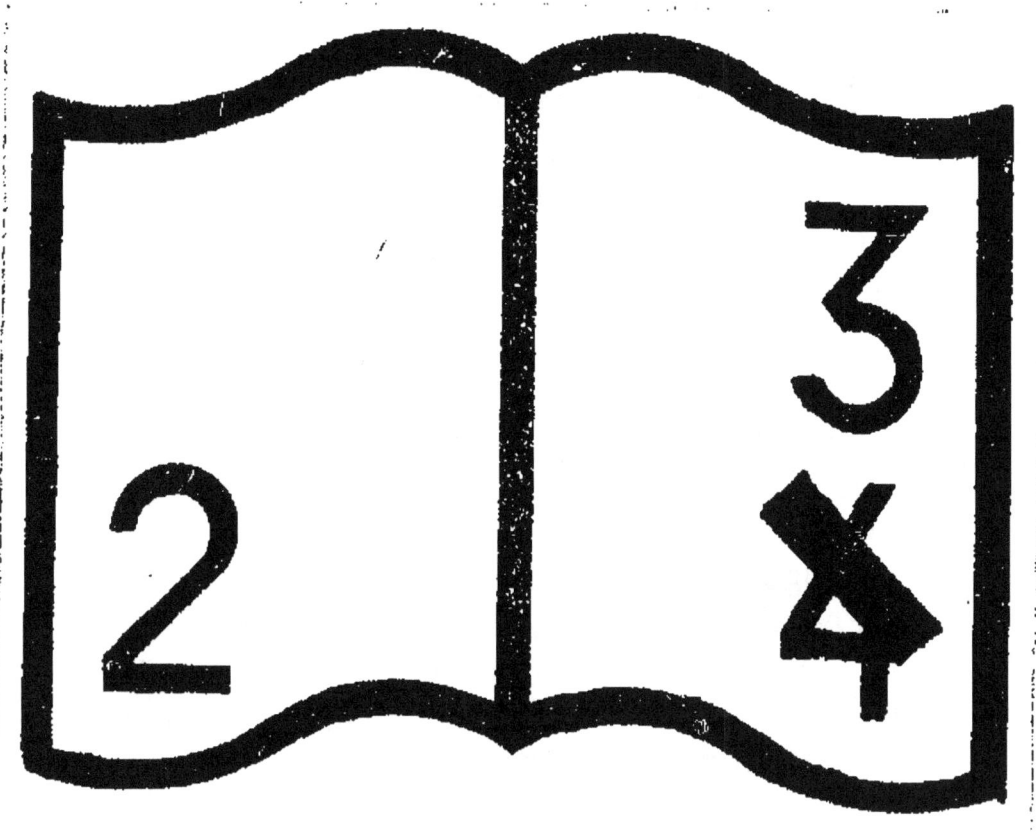

Pagination incorrecte — date incorrecte

NF Z 43-120-12

tibles et tout-puissants qu'elle fait chaque jour. Songez donc! Bientôt, grâce à elle, plus d'autocraties, de canons, de monitors, de dynamites ni d'armées!

— C'est un rêve, cela, je crois, murmura lord Ewald.

— Milord, il n'y a plus de rêves! répondit à voix basse le grand ingénieur.

Il demeura pensif un instant.

— Maintenant, ajouta l'électricien, nous allons, puisque vous le désirez, examiner, d'une façon sérieuse, l'organisme de la créature nouvelle, électro-humaine, — de cette ÈVE FUTURE, enfin, qui, aidée de la GÉNÉRATION ARTIFICIELLE, (déjà tout à fait en vogue depuis ces derniers temps), me paraît devoir combler les vœux secrets de notre espèce, avant un siècle, — au moins chez les peuples initiateurs. — Oublions donc, pour le moment, toutes questions étrangères à celle-ci. Les digressions, ne trouvez-vous pas? doivent être comme ces cerceaux que les enfants ont l'air de jeter à l'abandon, fort loin, mais qui, grâce à un mouvement essentiel de retour, imprimé dans le lancé, reviennent dans la main qui les a projetés.

— Veuillez bien, avant tout, me permettre une dernière demande, Edison! dit lord Ewald : car elle me semble, en cet instant, plus intéressante — même que l'examen dont vous parlez.

— Quoi! Même ici? Même avant l'expérience convenue? dit Edison, surpris.

— Oui.

— Laquelle? l'heure nous presse : hâtons-nous.

Lord Ewald regarda très fixement, tout à coup, l'électricien.

— Ce qui me paraît encore plus énigmatique, dit-il, que cette créature incomparable, *c'est le motif qui vous a déterminé à la créer*. Je désirerais, avant tout, savoir comment cette conception inouïe vous fut inspirée.

A ces mots si simples, Edison, après un grand silence, répondit lentement :

— Ah! C'est *mon* secret, milord, que vous me demandez là?

— Je vous ai révélé le mien sur vos seules instances! répondit lord Ewald.

— Eh bien, — soit! s'écria Edison. D'ailleurs, c'est logique. — Hadaly, extérieure, n'est que la conséquence de l'intellectuelle Hadaly dont elle fut précédée en mon esprit. Connaissant l'ensemble de réflexions dont elle émane, vous la comprendrez mieux encore, lorsque, tout à l'heure, elle nous permettra d'étudier ses abîmes. — Chère miss, ajouta-t-il en se tournant brusquement vers l'Andréide immobile, soyez assez gracieuse pour nous laisser quelque temps seuls, milord Ewald et moi : ce que je vais lui raconter ne devant pas être entendu par une jeune fille.

Hadaly, sans répondre, se retira, lente, vers les profondeurs du souterrain en élevant en l'air, sur ses doigts d'argent, son oiseau du Paradis.

— Asseyez-vous sur ce coussin, mon cher lord, reprit l'électricien : l'histoire va durer vingt minutes environ : mais elle est, je crois, *intéressante*, en effet.

Et, lorsque le jeune homme se fut assis et accoudé à la table de porphyre :

— Voici pourquoi j'ai créé Hadaly! continna Edison.

LIVRE QUATRIÈME

LE SECRET

I

Miss Evelyn Habal

> Si le Diable vous tient par un cheveu
> priez ! ou la tête y passera.
>
> PROVERBES.

Il se recueillit un moment :
— J'avais, autrefois, dans la Louisiane, dit-il, un ami, M. Edward Anderson, — un compagnon d'enfance. Ce jeune homme était doué d'un bon sens estimable, d'une physionomie sympathique et d'un cœur à l'épreuve. Six années lui avaient suffi pour s'affranchir, dignement, de la Pauvreté. Je fus témoin de ses joyeuses noces ; il épousait une femme qu'il aimait depuis longtemps.

Deux années se passèrent. Ses affaires s'embellissaient. Dans le monde du négoce on l'estimait comme un cerveau des mieux équilibrés et un homme actif. C'était un inventeur aussi : son industrie étant celle des cotons, il avait trouvé le moyen de gommer et de calendrer la toile par un procédé économique de seize et demi pour cent sur les procédés connus. Il fit fortune.

Une situation affermie, deux enfants, une vraie compagne, vaillante et heureuse, c'était, pour ce digne garçon, le bonheur conquis, n'est-ce pas? Un soir, à New York, à la fin d'un meeting où l'on avait clos, dans les hurrahs, l'issue de la fameuse guerre de Sécession, deux de ses voisins de table émirent le projet de terminer leur fête au théâtre.

Anderson, en époux exemplaire et en travailleur matinal, ne s'attardait, d'ordinaire, que bien rarement, et toujours avec ennui, loin de son *home*. Mais, le matin même, une futile petite nuée de ménage, une discussion des plus inutiles, s'était élevée entre mistress Anderson et lui, mistress Anderson lui ayant manifesté le désir *qu'il n'assistât pas* à ce meeting, — et cela sans pouvoir motiver ce désir. Donc, par esprit de « caractère » et préoccupé, Anderson accepta d'accompagner ces messieurs. — Lorsqu'une femme aimante nous prie, *sans motif précis*, de ne point faire une chose, je dis que le propre d'un homme vraiment complet est de prendre cette prière en considération.

L'on donnait le *Faust* de Charles Gounod. — Au théâtre, un peu ébloui par les lumières, énervé par cette musique, il se laissa gagner par la torpeur de cette sorte de bien-être inconscient que dégage l'ensemble de telles soirées.

Grâce aux propos tenus, dans la loge, auprès de lui, son regard, errant et vague, fut appelé sur une adolescente rousse comme l'or et fort jolie entre les figurantes du ballet. L'ayant lorgnée une seconde, il reporta son attention sur la pièce.

A l'entr'acte, il ne pouvait guère se dispenser de suivre ses deux amis. Les fumées du sherry l'empêchèrent même de se rendre bien compte d'une chose : ils allaient sur la scène.

Il n'avait jamais vu de scène : c'était une curiosité : ce spectacle l'étonna beaucoup.

L'on rencontra miss Evelyn, la jolie rousse. Ces messieurs l'ayant accostée, échangèrent avec l'aimable enfant quelques banalités de circonstance, plus ou moins plaisantes. Anderson, distrait, regardait autour de lui sans consacrer la moindre attention à la danseuse.

L'instant d'après, ses amis, mariés depuis plus longtemps, ayant double ménage comme il est de mode, parlèrent, tout naturellement, d'huîtres et d'une certaine marque de vin de Champagne.

Cette fois, Anderson déclina, comme de raison, et allait prendre congé, malgré les affables insistances de ces messieurs, lorsque l'absurde souvenir de sa petite pique du matin, exagérée par l'excitation ambiante, lui revint en mémoire.

« Mais, au fait, à présent, mistress Anderson devait être endormie, déjà ?

« Rentrer un peu plus tard était même préférable ? Voyons ? — Il s'agissait de tuer une ou deux heures ! — Quant à la compagnie galante de miss Evelyn, c'était l'affaire de ses amis, non la sienne. *Il ne savait même pourquoi* cette fille lui déplaisait assez, physiquement.

« L'imprévu de la fête nationale couvrait, à la

rigueur, ce qu'une équipée de cet ordre pouvait présenter d'inconséquent... etc. »

Il hésita néanmoins deux secondes. L'air très réservé de miss Evelyn le décida. L'on alla donc souper, sans autre motif.

Une fois à table, il advint que miss Evelyn, ayant observé attentivement la tenue peu communicative d'Anderson, mit en œuvre, avec l'habileté la plus voilée, ses plus séductrices prévenances. Son maintien modeste donnait à sa mine un montant si charmeur, qu'au sixième verre de mousse, l'idée — oh! ce ne fut qu'une étincelle!... — mais enfin, la vague possibilité d'un caprice — effleura l'esprit de mon ami Edward.

— « Uniquement (m'a-t-il dit depuis), à cause de l'*effort* — qu'il essayait, par jeu sensuel, — de trouver — (malgré son initiale aversion pour les lignes, en général, de miss Evelyn) — un plaisir possible à l'idée de la posséder, *à cause de cette aversion même.* »

Toutefois, c'était un honnête homme : il adorait sa charmante femme : il repoussa cette idée, sans doute émanée des pétillements de l'acide carbonique en sa cervelle.

L'idée revint ; la tentation, renforcée du milieu et de l'heure, brillait et le regardait !

Il voulut se retirer ; mais déjà son désir s'était avivé en cette lutte futile et lui fit presque l'effet d'une brûlure. — Une simple plaisanterie sur l'austérité de ses mœurs fit qu'il resta.

Peu familier des choses de la nuit, il s'aperçut assez tard, seulement, que, de ses deux amis, l'un avait glissé sous la table (trouvant apparemment le tapis plus avantageux que son lit lointain), et que l'autre, subitement devenu blême (à ce que lui apprit, en riant, miss Evelyn), avait quitté la partie sans explication.

Miss Evelyn, lorsque le nègre vint annoncer le cab d'Anderson, s'invita doucement, demandant, chose assez légitime, qu'on daignât la reconduire jusqu'à sa maison.

Il peut quelquefois sembler dur, — à moins de n'être qu'un malôtru fieffé, — d'être brutal avec une jolie fille, — alors surtout que l'on vient de plaisanter deux heures avec elle et qu'elle a proprement joué sa scène de bienséance.

« D'ailleurs cela ne signifiait rien : il la laisserait à ce portail et ce serait fini. »

Tous deux s'en allèrent donc ensemble.

L'air froid, l'ombre, le silence des rues augmentèrent la petite griserie d'Anderson jusqu'au malaise et à la somnolence. En sorte qu'il se retrouva (rêvait-il?) buvant une brûlante tasse de thé, que lui offrait, chez elle, et de ses blanches mains, miss Evelyn Habal, — maintenant en peignoir de satin rose, devant un bon feu, dans une chambre tiède, parfumée et capiteuse.

Comment cela s'était-il produit? Revenu pleinement à lui-même, il se contenta de saisir, à la hâte, son chapeau, sans plus ample informé. Ce que voyant, miss Evelyn lui déclara que, le croyant plus indisposé qu'il n'était, elle avait renvoyé la voiture.

Il répondit qu'il en trouverait une autre.

Miss Evelyn, à cette parole, baissa sa jolie tête pâlissante et deux larmes discrètes luirent entre ses cils. Flatté, quand même, Anderson voulut adoucir la brusquerie de son adieu par « quelques paroles raisonnables ».

Cela lui sembla plus « gentleman ».

Après tout, miss Evelyn avait eu soin de lui.

L'heure s'avançait : il prit une banknote et la posa, pour en finir, sur le guéridon du thé. Miss Evelyn prit le papier, sans trop d'ostentation, comme distraitement, puis, avec un mouvement d'épaules et un sourire, le jeta au feu.

Cette façon déconcerta l'excellent manufacturier. Il ne sut plus guère où il était. L'idée de ne pas avoir été « gentleman » le fit rougir. Il se troubla, craignant d'avoir, positivement, blessé sa gracieuse hôtesse. Jugez, par ce trait, de l'état de ses esprits. Il demeura debout, indécis, la tête lourde.

Ce fut alors que miss Evelyn, encore boudeuse, lui fit la folle amabilité de lancer par la fenêtre la clef de la chambre, après avoir donné un tour à la serrure.

Cette fois l'homme sérieux se réveilla tout à fait chez Anderson. Il se fâcha.

Mais un sanglot, qu'on étouffait dans un oreiller à dentelles, amollit sa juste indignation.

— « Que faire? Briser la porte d'un coup de pied? — Non. C'eût été ridicule. Tout vacarme à cette heure ne pouvait, d'ailleurs, que nuire. Ne valait-il pas mieux, après tout, se décider à faire contre *bonne* fortune bon cœur? »

Déjà ses pensées avaient pris un tour anormal et tout à fait extraordinaire.

« En y réfléchissant, l'aventure serait d'une infidélité bien vague.

« D'abord, on lui avait coupé la retraite.

« Ensuite, QUI LE SAURAIT ? Nulles conséquences n'étaient à craindre. — Et puis, la belle vétille ! Un diamant, et il n'y paraîtrait plus.

« La solennité du meeting expliquerait demain bien des choses, à son retour, — en supposant, en admettant même que... — Ah ! certes, il faudrait se résoudre à quelque petit mensonge officieux et véniel vis-à-vis de mistress Anderson ! — (Ceci, par exemple, l'ennuyait ; ceci... Bast ! il aviserait demain). D'ailleurs, ce soir, il était trop tard. — Par exemple, il se promettait, sur l'honneur ! que nulle autre aurore ne le surprendrait dans cette chambre..., etc., etc... »

Il en était là de sa rêverie lorsque miss Evelyn, revenue vers lui sur la pointe des pieds, lui jeta les bras autour du cou avec un abandon charmeur et demeura ainsi suspendue, les paupières demi-fermées, les lèvres touchant presque les siennes.

— Allons ! c'était écrit.

Espérons, n'est-ce pas ? qu'Anderson sut profiter, en galant et brûlant chevalier, des heures de délices que le Destin venait de lui offrir avec une si douce violence.

Morale : C'est un triste mari qu'un honnête homme sans sagacité.

Un verre de sherry, miss Hadaly, s'il vous plaît ?

II

Côtés sérieux des caprices

> Au mot « argent » elle eut un regard qui passa
> comme la lueur du canon dans sa fumée.
> H. DE BALZAC, *La Cousine Bette.*

— Continuez, dit lord Ewald, devenu très attentif, et après avoir fait raison à son interlocuteur.

— Voici mon opinion sur ces sortes de caprices ou de faiblesses, répondit Edison, — (pendant que Hadaly, revenue, versait silencieusement du vin d'Espagne à ses deux hôtes, puis s'éloignait.) — J'estime et maintiens qu'il est rare qu'au moins l'une de ces légères aventures (auxquelles on ne croit consacrer qu'un tour de cadran, un remords et une centaine de dollars), n'influe pas d'une façon funeste sur la totalité des jours. Or, Anderson était, du premier coup, tombé sur celle qui est fatale, bien qu'elle dût ne sembler, cependant, que la plus banale et la plus insignifiante de toutes.

Anderson ne savait rien dissimuler. Tout se lisait dans son regard, sur son front, dans son attitude.

Mistress Anderson, une courageuse enfant qui, se conformant aux traditions, avait veillé toute la nuit, le regarda — simplement — lorsqu'il entra, le lendemain, dans la salle à manger. Il arrivait. Ce coup d'œil suffit à l'instinct de l'épouse. Elle eut un serrement de cœur. Ce fut triste et froid.

Ayant fait signe aux valets de se retirer, elle lui demanda comment il se portait depuis la veille.

Anderson lui répondit, avec un sourire peu assuré, que, s'étant trouvé passablement ému vers la fin du banquet, il avait dû passer la nuit chez l'un de ses correspondants, où l'on avait continué la fête. A quoi mistress Anderson répondit, pâle comme un marbre : — « Mon ami, je n'ai pas à donner à ton infidélité plus d'importance que son objet ne le mérite; seulement, que ton premier mensonge soit le dernier. Tu vaux mieux que ton action, je l'espère. Et ton visage, en ce moment, me le prouve. Tes enfants se portent bien. Ils dorment là, dans la chambre. T'écouter aujourd'hui serait te manquer de respect — et l'unique prière que je t'adresse, en échange de mon pardon, est de ne point m'y obliger davantage. »

Cela dit, mistress Anderson rentra dans sa chambre en étouffant, et s'y enferma.

La justesse, la clairvoyance et la dignité de ce reproche eurent pour effet de blesser affreusement l'amour-propre de mon ami Edward, — piqûre d'autant plus dangereuse qu'elle atteignit les sentiments d'amour réel qu'il avait pour sa noble femme. — Dès le lendemain son foyer devint plus froid. Au bout de quelques jours, après une réconciliation guindée et glaciale, — il sentit qu'il ne voyait plus en mistress Anderson que la « mère de ses enfants ». — N'ayant pas d'autre dévolu sous la main, il retourna rendre visite à miss Evelyn. — Bientôt le toit conjugal, par cela seul qu'il s'y sentait coupable, lui devint d'abord ennuyeux, — puis insupportable, — puis odieux; c'est le cours habituel des choses. Donc, en moins de trois années, Anderson, ayant compromis, par une suite d'incuries et de déficits énormes, d'abord sa propre fortune, puis celle des siens, puis celle des indifférents qui lui avaient confié leurs intérêts, se vit tout à coup menacé d'une ruine frauduleuse.

Miss Evelyn Habal, alors, le délaissa. N'est-ce pas inconcevable? Je me demande encore pourquoi, vraiment. Elle lui avait témoigné jusque-là tant de véritable amour!

Anderson avait changé. Ce n'était plus, au physique ni au moral, l'homme d'autrefois. Sa faiblesse initiale avait fait tache d'huile en lui. Son courage même, paraît-il, ayant peu à peu suivi son or pendant le cours de cette liaison, il fut atterré d'un abandon que « rien ne lui semblait justifier », surtout, disait-il, « pendant la crise financière qu'il traversait. » — Par une sorte de honte déplacée, il cessa de s'adresser à notre vieille amitié, qui, certes, eut essayé encore de l'arracher de cette fondrière affreuse. Devenu d'une irritabilité nerveuse extrême, — lorsqu'il se vit ainsi vieilli, désorganisé, amoindri, mésestimé et seul, le malheureux parut comme se réveiller, et — le croirez-vous! - dans un accès de frénésie désespérée, mit, purement et simplement, fin à ses jours.

Ici, laissez-moi vous rappeler à nouveau, mon cher lord, qu'avant de rencontrer son dissolvant, Anderson était une nature aussi droite et bien trempée que les meilleures. Je constate des faits. Je ne juge pas. Je me souviens que, de son vivant, un négociant de ses amis le blâmait avec beaucoup d'ironie de sa conduite, la trouvait incompréhensible, se frappait le front en le montrant, et, secrètement, l'imitait. Donc, passons. Ce qui nous arrive, nous l'attirons un peu, voilà tout.

Les statistiques nous fournissent, en Amérique et en Europe, une moyenne ascendante se chiffrant par dizaines de milliers, de cas identiques ou à peu près, par année: c'est-à-dire — d'exemples, répandus en toutes les villes, soit de jeunes gens intelligents et travailleurs, soit de désœuvrés dans l'aisance, soit d'excellents pères de famille, comme on dit, qui, sous le pli contracté en une faiblesse de cet ordre, finissent de la même manière au mépris de toute considération, — car ce « pli » produit les effets d'asservissement de l'opium.

Adieu famille, enfants et femme, dignité, devoir, fortune, honneur, pays et Dieu! — Cette contagion passionnelle ayant pour effet d'attaquer lentement le sens quelconque de ces vocables dans les cerveaux inoculés, la vie se restreint, en peu de temps, à un spasme pour nos galants déserteurs. Vous remarquerez, n'est-il pas vrai? que cette moyenne ne porte que sur ceux qui en *meurent;* qu'il ne s'agit, enfin, dans ces chiffres, que des suicidés, assassinés ou exécutés.

Le reste grouille dans les bagnes ou gorge les prisons : c'est le fretin. La moyenne dont nous parlons (et qui fut, approximativement, d'environ cinquante-deux ou trois mille, seulement, pour ces dernières années) est en progrès au point de donner à espérer des totaux doubles pour les années qui viennent, —au fur et à mesure que les petits théâtres s'élèvent dans les petites villes... pour éclairer les niveaux artistiques des majorités.

Le dénouement de l'inclination chorégraphique de mon ami Anderson m'affecta, toutefois, si profondément, — me frappa d'une manière si vive, — que je me sentis obsédé par l'idée d'analyser, d'une façon exacte, la nature des séductions qui avaient su troubler ce cœur, ces sens et cette conscience — jusqu'à les conduire à cette fin.

N'ayant jamais eu l'heur de voir de mes deux yeux la danseuse de mon ami Edward, je prétendis deviner d'avance et, simplement, d'après son œuvre, par un calcul de probabilités, — de *pressentiments*, si vous préférez, — CE QU'ELLE ÉTAIT AU PHYSIQUE. Certes, je pouvai aberrer, comme on dit, je crois, en astronomie. Mais j'étais curieux de savoir si je tomberais juste, en partant d'une demi-certitude. Bref, je prétendis deviner cela, — tenez par un motif analogue, si vous voulez, à celui qui détermina Leverrier à dédaigner toujours d'appuyer son œil à la lentille d'un télescope, le calcul qui prédit, à une minute près, l'apparition de Neptune, ainsi que le point précis de l'éther où l'astre est nécessité, donnant une clairvoyance beaucoup plus sûre que celle de tous les télescopes du monde.

Miss Evelyn me représentait l'x d'une équation des plus élémentaires, après tout, puisque j'en connaissais deux termes : Anderson et sa mort.

Plusieurs élégants de ses amis m'avaient affirmé, (sur l'honneur!) que cette créature était bien la plus jolie et la plus amoureuse enfant qu'ils eussent jamais convoitée en secret sous le ciel. Par malheur, (voyez comme je suis!), je ne leur reconnaissais aucune qualité pour avancer, même sous la forme la plus dubitative, ce qu'ils s'empressaient de me jurer là si positivement. Ayant remarqué, moi, le caractère des ravages que, chez Anderson, avait causé l'usage de cette fille, je me défiais des prunelles trop rondes de ces enthousiastes. Et j'en vins, à l'aide d'un grain d'analyse dialectique, — (c'est-à-dire en ne perdant pas de vue le genre d'homme que j'avais connu avant son désastre, dans Anderson, et en me remémorant l'étrangeté d'impressions que m'avait laissée la confidence de son amour), — j'en vins, disons-nous, à pressentir une si singulière différence entre ce que tous m'affirmaient de miss Evelyn Habal ET CE QU'ELLE DEVAIT ÊTRE EN RÉALITÉ, que la foule de ces appréciateurs ou connaisseurs me faisaient l'effet d'une triste collection de niais hystériques. Et voici pourquoi.

Ne pouvant oublier qu'Anderson avait commencé, lui, par trouver cette femme « insignifiante « et que les seules fumées d'une fête l'avaient rendu coupable de jouer, quelques instants, à surmonter une initiale et instinctive aversion pour elle, — les prétendus charmes personnels, qu'attribuaient d'*emblée*, à la coryphée, ces messieurs (savoir la grâce, le piquant, l'irrésistible et indiscutable don de plaire, etc.), — ne pouvant être que relatifs à la qualité tout individuelle des sens de ces messieurs, — *devaient*, dis-je, par ce fait seul, me paraître déjà d'une réalité suspecte. Car si nul absolu critérium des goûts, non plus que des nuances, n'est imaginable dans le domaine de la sensualité, je n'en devais pas moins augurer tristement, en bonne logique, d'une *réalité* de charmes capable de correspondre IMMÉDIATEMENT aux sens léprosés et plus qu'avilis de ces gais et froids viveurs ; de telle sorte que le brevet de séductions qu'ils lui délivraient, ainsi, *de confiance* ET A PREMIÈRE VUE, ne m'attestait que leur sordide parenté de nature avec la sienne. — c'est-à-dire, chez miss Evelyn Habal, une très perverse *banalité* d'ensemble mental et physique. De plus, la petite question de son âge, (à laquelle s'était toujours dérobé Anderson) me paraissant d'une certaine utilité, je dus m'en enquérir. L'amoureuse enfant ne touchait qu'à ses trente-quatre printemps.

Quant à la « beauté » dont elle pouvait se prévaloir, — en supposant que l'Esthétique ait quelque chose à voir en des amours de cet ordre, — je vous le redis encore, quel genre de beauté devais-je m'attendre à relever en cette femme, étant donné les effroyables abaissements que sa possession prolongée avait produite en une nature comme celle d'Anderson ?

III

L'ombre de l'upa.

« Vous les connaîtrez par leurs fruits. »
L'ÉVANGILE.

Éclairons, tout d'abord, me dis-je, l'intérieur de cette passion en secouant simplement sur elle le principe lumineux de l'attraction des contraires et parions, au besoin, la conscience d'un moraliste officiel contre un penny, que nous devinerons juste.

Les goûts et les sens de mon ami, rien qu'à l'analyse de sa physionomie et d'après mille indices bien médités, ne pouvant être que des plus simples, des plus primitifs, des plus naturels, ne devaient, présumai-je, avoir été stérilisés et corrodés à ce point que *par l'envoûtement de leurs inverses*. Une telle entité ne pouvait avoir été abolie *à ce point* que par le néant. Le vide seul devait lui avoir donné ce *genre* de vertige.

Donc, si peu rigoureuse que pouvait sembler ma conclusion, il *fallait* qu'au mépris de tout l'encens consumé sur ses autels, cette miss Evelyn Habal fût, simplement, une personne dont l'aspect eût été capable de faire fuir en éclatant de rire ou dans l'épouvante ceux-là mêmes (s'ils eussent eu sous leurs paupières de quoi la regarder fixement une seule fois), qui me brûlaient ainsi, en sa faveur et sous le nez, ce fade encens.

Il *fallait* que tous fussent dupes d'une illusion — poussée sans doute à quelque degré d'apparence insolite ! — mais d'une simple illusion ; qu'en un mot l'ensemble des attraits de cette curieuse enfant fût, de beaucoup, *surajouté* à la pénurie intrinsèque de son individu. C'était donc, simplement, la fraude ravissante, sous laquelle cette nullité d'attraits était dissimulée, qui devait pervertir ainsi le premier et superficiel coup d'œil des passants. Quant à l'illusion plus durable d'Anderson, non seulement elle n'était pas extraordinaire, mais elle était inévitable.

Ces sortes d'êtres féminins en effet, — c'est-à-dire celles qui ne sont abaissantes et fatales *que* pour des hommes d'une rare et droite nature, — savent, d'instinct, graduer à *cet* amant les découvertes de toutes leurs vacuités de la manière la plus ingénieuse : les simples passants n'ayant pas même le temps d'en apercevoir le nombre et la gravité, — Elles accoutument sa vue, par d'insensibles dégradations de teintes, à une lumière douceâtre qui en déprave la rétine morale et physique. Elles ont cette secrète propriété de pouvoir affirmer chacune de leurs laideurs avec tant de tact que celles-ci en deviennent des avantages. Et elles finissent par faire ainsi passer, insensiblement, leur réalité (souvent affreuse) dans la vision initiale (souvent charmante) qu'elles en ont donnée. L'habitude vient, avec tous ses voiles ; elle jette sa brume ; l'illusion s'empire : — et l'envoûtement devient irrémédiable.

Cette œuvre semble dénoncer une grande finesse d'esprit, une intelligence des plus habiles ? — mais c'est là une illusion aussi grande que l'autre,

Ces sortes d'êtres ne savent que cela, ne peuvent que cela, ne comprennent que cela. Ils sont étrangers à tout le reste, — qui ne les intéresse pas. C'est de la pure animalité.

Tenez : l'abeille, le castor, la fourmi, font des choses merveilleuses, mais ils ne font que cela et n'ont jamais fait autre chose. L'animal est exact, la naissance lui confère avec la vie cette fatalité. Le géomètre ne saurait introduire une seule case de plus dans une ruche, et la forme de cette ruche est, précisément, celle qui, dans le moindre espace, peut contenir le plus de cases. Etc. L'Animal ne se trompe pas, ne tâtonne pas ! L'Homme, au contraire (et c'est là ce qui constitue sa mystérieuse *noblesse*, sa sélection divine), est sujet à développement et à erreur. Il s'intéresse à toutes choses et s'oublie en elles. Il regarde plus haut. Il sent que lui seul, dans l'univers, n'est pas fini. Il a l'air d'un dieu qui a oublié. Par un mouvement naturel — et sublime ! — il se demande *où il est* ; il s'efforce de se rappeler *où* il commence. Il se tâte l'intelligence, avec ses doutes, comme après on ne sait quelle chute immémoriale. Tel est l'Homme réel. Or, le propre des êtres qui tiennent encore du monde instinctif, dans l'Humanité, c'est d'être parfaits sur un seul point, mais *totalement* bornés à celui-là.

Telles ces « femmes », sortes de Stymphalides modernes pour qui celui qu'elles passionnent est simplement une proie vouée à tous les asservissements. Elles obéissent, fatalement, à l'aveugle, à l'obscur assouvissement de leur essence maligne.

Ces êtres de rechute, pour l'Homme, — ces éveilleuses de mauvais désirs, ces initiatrices de joies réprouvées, peuvent glisser, inaperçues, et, même, en laissant un souvenir agréable, entre les bras de mille passagers insoucieux dont le caprice les effleure : *elles ne sont effroyables que pour qui s'y attarde, exclusivement, jusqu'à contracter en son cœur le vil besoin de leur étreinte.*

Malheur à qui s'habitue au bercement de ces endormeuses de remords ! Leur nocuité s'autorise des plus captieux, des plus paradoxaux, des plus anti-intellectuels moyens séductifs pour intoxiquer, peu à peu, de leur charme mensonger, le point faible d'un cœur intègre et pur jusqu'à leur survenance maudite.

Certes, en tout homme, dorment, virtuels, tous

les salissants désirs que couvent les fumées du sang et de la chair ! Certes, puisque mon ami Edward Anderson succomba, c'est que le germe en était dans son cœur, comme en des limbes — et je ne l'excuse ni ne le juge ! Mais je déclare, avant tout, passible d'une capitale pénalité, l'être pestilent dont la fonction fut d'en faire éclore, savamment, l'hydre aux mille têtes. Non, cet être ne fut point, pour lui, cette Eve ingénue que l'amour, — fatal, sans doute ! — mais, enfin, que l'amour égara vers cette Tentation qui, pensait-elle, devait grandir, jusqu'à l'état divin, son compagnon de paradis !.. Ce fut l'intruse consciente, désirant d'une façon secrète et natale, — pour ainsi dire *malgré elle*, enfin, — la simple régression vers les plus sordides sphères de l'Instinct et l'obscurcissement d'âme définitif de celui... qu'elle ne tentait qu'afin de pouvoir en contempler, un jour, d'un air d'infatuée satisfaction, la déchéance, les tristesses et la mort.

Oui : telles sont ces femmes ! jouets sans conséquences pour le passant, mais redoutables pour ces seuls hommes, parce qu'une fois aveuglés, souillés, ensorcelés par la lente hystérie qui se dégage d'elles, ces « évaporées » — accomplissant leur fonction ténébreuse, en laquelle elles ne sauraient éviter elles-mêmes de se réaliser, — les conduisent, *forcément*, en épaississant, d'heure en heure, la folie de ces amants, soit jusqu'à l'anémie cérébrale et le honteux affaissement dans la ruine, soit jusqu'au suicide hébété d'Anderson.

Seules, elles conçoivent l'ensemble de leur projet. Elles offrent, d'abord, comme une pomme insignifiante, un semblant de plaisir *inconnu*, — ignominieux déjà, cependant! — et que l'Homme, au fond, n'accepte de commettre qu'avec un sourire faible et trouble et, d'*avance*, un remords. Comment se défier absolument, — pour si peu! — de ces illicébrantes mais détestables amies, qui sont, chacune pour chacun, *celle, entre toutes, qu'il ne faut pas rencontrer*! Leurs protestations et leurs instances, — si subtiles, si artificieuses qu'on n'en distingue plus le *métier* — l'obligent, *presque*... (ah! je dis *presque*! — tout est dans ce mot, pour moi!) — de s'asseoir avec elles à cette table où, bientôt, le démon de leur mauvaise essence les CONTRAINT, s'il faut tout dire, elles aussi, de ne verser à cet homme que du poison. Dès lors, c'en est fait : l'œuvre est commencée : la maladie suivra son cours. Un Dieu seul peut le sauver. Par un miracle.

En conclusion de tels faits, dûment analysés, édictons le draconien décret suivant :

Ces femmes neutres dont toute la « pensée » commence et finit à la ceinture, — et dont le propre est, par conséquent, de ramener au point précis où cette ceinture se boucle, TOUTES les pensées de l'Homme, alors que cette même ceinture n'enserre, luxurieusement (et toujours!) qu'un méchant ou intéressé calcul, — ces femmes, dis-je, sont moins distantes, en RÉALITÉ, de l'espèce animale que de la nôtre. Par ainsi, étant tenu compte d'*un scrupule*, l'homme digne du nom d'homme a droit de haute et basse justice sur ce genre d'êtres féminins, au même titre qu'il se l'arroge sur les autres individus du règne animal.

Donc, étant donné que — grâce à la mise en

œuvre de certains frauduleux moyens, — si l'une de ces femmes, profitant de l'un de ces hasardeux moments de faiblesse maladive où tout vivant, même viril, peut se trouver sans défense, a su faire tomber, à la longue, ensuite, jusqu'à l'aveuglement passionnel, un homme beau, jeune, courageux, consciencieux de ses devoirs, ayant gagné sa fortune, doué d'une intelligence élevée et d'une initiale dignité de sens jusqu'alors irréprochable, — oui, je déclare qu'il me semble équitable de dénier à cette femme le libre DROIT d'abuser de la misère humaine jusqu'à conduire, cet homme, consciemment ou non, où la sauteuse d'enfer dont je parle a conduit mon ami.

Or, comme il est dans la nature de ces sortes de personnes aussi nulles que mortelles *d'en abuser quand même! nécessairement!* (puisqu'en principe elles ne peuvent être, avons nous dit, qu'abaissantes, et qui pis est, contagieuses,) je conclus que le droit, libre et naturel aussi, de cet homme sur elles — si, par miracle, il lui est donné de s'apercevoir à temps de *ce* dont il est victime — est la mort sommaire, adressée de la manière la plus occulte et la plus sûre, et cela sans scrupule ni autre forme de procès, par la raison qu'on ne discute pas plus avec le vampire qu'avec la vipère.

Approfondissons encore l'examen de ces faits : c'est important. Par l'accidentelle incidence, disons-nous, d'un trouble mental dû aux fumées de tel « souper » (unique, peut-être, dans la vie de cet homme), voici que cette guetteuse innée reconnaît sa proie possible, en devine la sensualité virtuelle, inéveillée encore, trame sa toile de ha-

s-ARTIFICIELLE entre temps. Certes, il est diffi-
… de le reconnaître d'un coup d'œil : mais *cela est*.
… Qu'importe (s'écrient nos philosophes) si l'en-
…ble est d'une agréable impression? Sont-elles
…e chose, pour nous, que de jolis moments qui
…sent? Si la saveur de leur personne, pimentée
…es ingrédients et ajoutis nouveaux, ne nous
…aît pas, qu'importe comment elles préparent
…ets de haut goût qu'elles débitent! »
… pense vous prouver tout à l'heure que cela
…orte un peu plus que ces insoucieux amateurs
…e supposent. — Puis, si nous regardons à la
…elle ces douteuses adolescentes (si *jolies !*)
… distinguerons, en ces prunelles, l'éclair du
… obscène qui veille en elles et cette apercep-
… démentira, sur-le-champ, ce que la crudité
…e jeunesse factice peut leur *prêter* de charme.
… nous excusant du sacrilège, nous plaçons, à
… d'elles, par exemple, une de ces toutes sim-
… jeunes filles dont les joues deviennent couleur
…matinales roses aux premiers mots sacrés du
…e amour, nous trouverons, sans effort, que le
… « joli », vraiment, est quelque peu flatteur
…'agit de qualifier l'ensemble banal de cette
…re, de ce fard, de telle ou de telle fausse
…, de telle ou de telle teinture, de telle ou de
… fausse natte, rousse, blonde ou brune, — et
… faux sourire, et de ce faux regard, et de ce
… amour.
…nc, il est inexact d'avancer de ces femmes
… les sont belles, ou laides, ou jolies, ou jeunes,
…ondes, ou vieilles, ou brunes, ou grasses, ou
…res, attendu qu'en supposant, même, qu'il

sards prévus, bondit sur elle, l'enlace, lui ment et l'enivre selon son métier, — et, se vengeant, en elle-même, aussi, de celle qui, là-bas, irréprochable, laborieuse et chaste, avec de beaux enfants, attend, dans l'anxiété, ce mari follement attardé pour la première fois, — voici, dis-je, qu'elle corrode, en une nuit, d'une goutte de son ardent venin, la santé physique et morale de cet homme.

Le lendemain, si quelque juge pouvait l'interroger, elle répondrait, impunément, « qu'au moins, une fois réveillé, cet homme est bien libre de se défendre en ne revenant plus chez elle... » (alors qu'elle sait bien, — puisqu'au fond de son redoutable instinct elle ne sait même que cela, — que *cet* homme, *entre tous les autres*, ne peut déjà plus se réveiller tout à fait d'elle sans un effort d'une énergie dont il ne se doute pas et que chaque rechute, — provoquée, sans cesse, par elle, obscurément, — rendra de plus en plus difficile)!... — Et le juge, en effet, ne saurait que répondre ni statuer. Et cette femme, poursuivant son œuvre odieuse, aura le DROIT de pousser, *nécessairement* de jour en jour, son aveugle vers ce précipice?

Soit. Seulement, que de milliers de femmes n'a-t-on pas exécutées pour de moins tortueux attentats? — C'est pourquoi, l'homme étant solidaire de l'homme, si mon ami ne fut pas le justicier de cette « irrésistible » empoisonneuse, j'ai dû savoir ce que j'avais à faire.

Des esprits soi-disant modernes, c'est-à-dire tarés par le plus sceptique des égoïsmes, s'écrieraient, en m'écoutant :

« — Ah çà! que vous prend-il? De tels accès de

morale ne sont-ils pas, pour le moins, surannés? Après tout, ces femmes *sont belles, sont jolies*; elles usent, au su de tous, de ces moyens de faire fortune, ce qui est, de nos jours, le positif de la vie, alors, surtout, que nos « organisations sociales » ne leur en laissent guère beaucoup d'autres. — Et après? Pourquoi pas? C'est la grande lutte pour l'existence, le *Tue-moi ou je te tue* des temps actuels. A chacun de se garer! Votre ami ne fut, au bout du compte, qu'un naïf, et, de plus, qu'un homme indiscutablement coupable, à tous égards, d'une faiblesse, d'une démence et d'une sensualité *honteuses* : et, sans doute, un « protecteur » ennuyeux, pour le surplus. Ma foi, *requiescat!* »

Bien. Il va sans dire que ces affirmations qui, toujours, ne semblent rationnelles que pour cause d'expressions inexactes, non seulement ne diffèrent pas beaucoup, à mon sens, comme valeur et poids, dans la question qui nous préoccupe, de, par exemple, celles-ci : « Ne pleut-il pas?... « ou : « Quelle heure est-il ? » mais révèlent, chez ces beaux diseurs, et à leur insu, tels cas d'envoûtement de même nature que celui d'Anderson.

— « Ces femmes *sont belles*?... ricanent ces passants.

Allons donc! La BEAUTÉ, cela regarde l'Art et l'âme humaine! Celles, d'entre les femmes galantes de ce siècle, qui sont revêtues, en effet, d'un certain voile de beauté réelle, ne produisent point, n'ont jamais produit de ces résultats *sur des hommes tels que celui dont je parle* — et n'ont que faire de se prêter à des façons de le tenter qui, tout d'abord, leur seraient d'une parure malséante. Elles ne se donnent pas tant de peine — et sont moins dangereuses; leur mensonge n'e total! La plupart, même, sont douées d cité qui les rend accessibles à quelq tions élevées, — à des dévoûments *Mais celles-là seules qui peuvent avilir à ce qu'à ce dénouement un homme tel qu'Ander vent pas être belles*, dans un sens mot.

S'il s'en trouve qui *semblent* belles, au gard, j'affirme que leurs visages ou *doit*, immanquablement, offrir quelqu fâmes, abjects, qui démentent le res traduit leur être : la vie et les excès bientôt, ces difformités — et ce qu'i maintenant, c'est *qu'étant donné le gen qu'elles allument, lorsque ce genre de pas ner ces moroses conséquences*, ce n'est n leur illusoire beauté que provient, su leur pernicieux pouvoir! *mais bien de c odieux* qui font, seulement, *tolérer*, à peu de beauté convenue qu'ils dési passant peut désirer ces femmes po beauté : leur *amant* ? jamais.

« — Ces femmes *sont jolies!* » pron core nos penseurs.

Même en accordant le sens tout rela ce que l'on n'ajoute pas, c'est qu'on *prix elles le sont* dès qu'elles ont fait tr la vie, hors de la prime jeunesse. Et que le prix fait quelque chose à l'affai

Car le *joli* de leurs personnes ne ta venir d'une qualité le plus souvent soit possible de le savoir, et de l'affirmer avant que telle rapide modification nouvelle ne s'accuse en leurs corporéités, — *le secret de leur malfaisant charme n'est pas là :* — bien au contraire !

Chose à déconcerter la raison, l'axiome qui ressort de ces féminines *stryges*, qui marchent de pair avec l'homme, *c'est que leur action fatale et morbide sur* LEUR *victime est en raison directe de la quantité d'artificiel, au moral et au physique, dont elles font valoir,* — *dont elles repoussent, plutôt,* — *le peu de séductions naturelles qu'elles paraissent posséder.*

C'est, en un mot, QUOIQUE jolies, ou belles, ou laides, etc., que *leur* amant (celui qui doit en succomber) s'en appassionne et s'en aveugle ! Et nullement *à cause de ces possibilités personnelles.* — C'est là l'unique point que je tenais à bien établir, attendu que c'est le seul qui soit important.

Je passe, ici-bas, pour assez inventif : mais, en vérité (je puis, dès à présent, vous l'avouer), mon imagination, même surmenée par l'animadversion que je nourrissais, je le confesse, contre miss Evelyn Habal, ne pouvait pas, — non ! non ! — ne pouvait pas me suggérer jusqu'à quel degré fantasmatique et presque inconcevable, cet axiome devait être confirmé par... ce que nous allons voir, entendre et toucher tout à l'heure.

Maintenant, une comparaison, pour conclure, avant de passer à la démonstration.

Tous les êtres ont leurs *correspondances* dans un règne inférieur de la nature. Cette correspondance, qui est, en quelque sorte, la figure de leur réalité, les éclaire aux yeux du métaphysicien. Pour la reconnaître, il suffit de considérer les résultats produits autour de ces êtres par leur présence. Eh bien! la correspondance de ces mornes Circés dans le monde *végétal* (puisque n'étant elles-mêmes, malgré leurs formes humaines, que du monde animal, il faut regarder au-dessous pour préciser leur correspondance), celle-ci n'est autre que l'arbre Upa, dont elles sont, en analogie, comme les myriades de feuilles vénéneuses.

Il apparaît, très doré par le soleil. Son ombre, vous le savez, engourdit, enivre d'hallucinations fiévreuses et, si l'on s'attarde sous son influence, elle devient mortelle.

Donc, la beauté de l'arbre doit être *empruntée* et *surajoutée* à lui-même.

En effet, sarclez l'upa de ses millions de chenilles pestiférées et brillantes : et ce n'est plus qu'un arbre mort, aux fleurs d'un rose sale et dont le soleil n'arrache plus un reflet. Sa vertu meurtrière, même, disparaît si on le transplante hors du terrain propice à son action, et il ne tarde pas à dépérir, dédaigné de toute attention humaine.

Les chenilles lui sont nécessaires. Il se les *approprie*. Et tous deux s'attirent, lui et l'innombrable chenille, à cause de l'action funeste où doit se réaliser leur ensemble, qui les *appelle* en sa synthétique unité. Tel est l'upa, — le manchenillier, si vous le voulez. Certains amours tiennent de son ombre.

Eh bien! en échenillant de leurs attraits, aussi délétères qu'artificiels, la plupart de ces femmes dont l'ombre est mortelle, — il en reste... ce qui reste de l'upa dans cette même conjoncture.

Remplacez le soleil par l'imagination de qui les

sards prévus, bondit sur elle, l'enlace, lui ment et l'enivre selon son métier, — et, se vengeant, en elle-même, aussi, de celle qui, là-bas, irréprochable, laborieuse et chaste, avec de beaux enfants, attend, dans l'anxiété, ce mari follement attardé pour la première fois, — voici, dis-je, qu'elle corrode, en une nuit, d'une goutte de son ardent venin, la santé physique et morale de cet homme.

Le lendemain, si quelque juge pouvait l'interroger, elle répondrait, impunément, « qu'au moins, une fois réveillé, cet homme est bien libre de se défendre en ne revenant plus chez elle... » (alors qu'elle sait bien, — puisqu'au fond de son redoutable instinct elle ne sait même que cela, — que *cet* homme, *entre tous les autres*, ne peut déjà plus se réveiller tout à fait d'elle sans un effort d'une énergie dont il ne se doute pas et que chaque rechute, — provoquée, sans cesse, par elle, obscurément, — rendra de plus en plus difficile)!... — Et le juge, en effet, ne saurait que répondre ni statuer. Et cette femme, poursuivant son œuvre odieuse, aura le DROIT de pousser, *nécessairement* de jour en jour, son aveugle vers ce précipice?

Soit. Seulement, que de milliers de femmes n'a-t-on pas exécutées *pour de moins tortueux attentats*? — C'est pourquoi, l'homme étant solidaire de l'homme, si mon ami ne fut pas le justicier de cette « irrésistible » empoisonneuse, j'ai dû savoir ce que j'avais à faire.

Des esprits soi-disant modernes, c'est-à-dire tarés par le plus sceptique des égoïsmes, s'écriraient, en m'écoutant :

« — Ah çà! que vous prend-il? De tels accès de

morale ne sont-ils pas, pour le moins, surannés? Après tout, ces femmes *sont belles*, *sont jolies*; elles usent, au su de tous, de ces moyens de faire fortune, ce qui est, de nos jours, le positif de la vie, alors, surtout, que nos « organisations sociales » ne leur en laissent guère beaucoup d'autres. — Et après? Pourquoi pas? C'est la grande lutte pour l'existence, le *Tue-moi ou je te tue* des temps actuels. A chacun de se garer! Votre ami ne fut, au bout du compte, qu'un naïf, et, de plus, qu'un homme indiscutablement coupable, à tous égards, d'une faiblesse, d'une démence et d'une sensualité *honteuses* : et, sans doute, un « protecteur » ennuyeux, pour le surplus. Ma foi, *requiescat!* »

Bien. Il va sans dire que ces affirmations qui, toujours, ne semblent rationnelles que pour cause d'expressions inexactes, non seulement ne diffèrent pas beaucoup, à mon sens, comme valeur et poids, dans la question qui nous préoccupe, de, par exemple, celles-ci : « Ne pleut-il pas?... « ou : « Quelle heure est-il ? » mais révèlent, chez ces beaux diseurs, et à leur insu, tels cas d'envoûtement de même nature que celui d'Anderson.

— « Ces femmes *sont belles*?... ricanent ces passants.

Allons donc! La BEAUTÉ, cela regarde l'Art et l'âme humaine! Celles, d'entre les femmes galantes de ce siècle, qui sont revêtues, en effet, d'un certain voile de beauté réelle, ne produisent point, n'ont jamais produit de ces résultats *sur des hommes tels que celui dont je parle* — et n'ont que faire de se prêter à des façons de le tenter qui, tout d'abord, leur seraient d'une parure malséante. Elles ne se donnent pas tant de peine — et sont infiniment moins dangereuses; leur mensonge n'étant jamais total! La plupart, même, sont douées d'une simplicité qui les rend accessibles à quelques sensations élevées, — à des dévoûments, même! — *Mais celles-là seules qui peuvent avilir à ce point et jusqu'à ce dénouement un homme tel qu'Anderson*, ne peuvent pas être *belles*, dans un sens *acceptable* du mot.

S'il s'en trouve qui *semblent* belles, au premier regard, j'affirme que leurs visages ou leurs corps *doit*, immanquablement, offrir quelques traits infâmes, abjects, qui démentent le reste et où se traduit leur être : la vie et les excès renforcent, bientôt, ces difformités — et ce qu'il faut dire, maintenant, *c'est qu'étant donné le genre de passion qu'elles allument, lorsque ce genre de passion doit amener ces moroses conséquences*, ce n'est nullement de leur illusoire beauté que provient, sur leur amant, leur pernicieux pouvoir! *mais bien de ces seuls traits odieux* qui font, seulement, *tolérer*, à cet amant, le peu de beauté convenue qu'ils déshonorent. Le passant peut désirer ces femmes pour ce peu de beauté : leur *amant ?* jamais.

« — Ces femmes *sont jolies !* » promulguent encore nos penseurs.

Même en accordant le sens tout relatif de ce mot, ce que l'on n'ajoute pas, c'est qu'on ignore *à quel prix elles le sont* dès qu'elles ont fait trois pas dans la vie, hors de la prime jeunesse. Et je prétends que le prix fait quelque chose à l'affaire, cette fois.

Car le *joli* de leurs personnes ne tarde pas à devenir d'une qualité le plus souvent *artificielle*, et

TRÈS-ARTIFICIELLE entre temps. Certes, il est difficile de le reconnaître d'un coup d'œil : mais *cela est.*

— « Qu'importe (s'écrient nos philosophes) si l'ensemble est d'une agréable impression ? Sont-elles autre chose, pour nous, que de jolis moments qui passent ? Si la saveur de leur personne, pimentée de ces ingrédients et ajoutis nouveaux, ne nous déplaît pas, qu'importe comment elles préparent le mets de haut goût qu'elles débitent ! »

Je pense vous prouver tout à l'heure que cela importe un peu plus que ces insoucieux amateurs ne le supposent. — Puis, si nous regardons à la prunelle ces douteuses adolescentes (si *jolies !*) nous distinguerons, en ces prunelles, l'éclair du chat obscène qui veille en elles et cette aperception démentira, sur-le-champ, ce que la crudité d'une jeunesse factice peut leur *prêter* de charme.

Si, nous excusant du sacrilège, nous plaçons, à côté d'elles, par exemple, une de ces toutes simples jeunes filles dont les joues deviennent couleur des matinales roses aux premiers mots sacrés du jeune amour, nous trouverons, sans effort, que le mot « joli », vraiment, est quelque peu flatteur s'il s'agit de qualifier l'ensemble banal de cette poudre, de ce fard, de telle ou de telle fausse dent, de telle ou de telle teinture, de telle ou de telle fausse natte, rousse, blonde ou brune, — et de ce faux sourire, et de ce faux regard, et de ce faux amour.

Donc, il est inexact d'avancer de ces femmes qu'elles sont belles, ou laides, ou jolies, ou jeunes, ou blondes, ou vieilles, ou brunes, ou grasses, ou maigres, attendu qu'en supposant, même, qu'il soit possible de le savoir, et de l'affirmer avant que telle rapide modification nouvelle ne s'accuse en leurs corporéités, — *le secret de leur malfaisant charme n'est pas là :* — bien au contraire !

Chose à déconcerter la raison, l'axiome qui ressort de ces féminines *stryges*, qui marchent de pair avec l'homme, *c'est que leur action fatale et morbide sur* LEUR *victime est en raison directe de la quantité d'artificiel, au moral et au physique, dont elles font valoir,* — *dont elles repoussent, plutôt,* — *le peu de séductions naturelles qu'elles paraissent posséder.*

C'est, en un mot, QUOIQUE jolies, ou belles, ou laides, etc., que *leur* amant (celui qui doit en succomber) s'en appassionne et s'en aveugle ! Et nullement *à cause de ces possibilités personnelles.* — C'est là l'unique point que je tenais à bien établir, attendu que c'est le seul qui soit important.

Je passe, ici-bas, pour assez inventif : mais, en vérité (je puis, dès à présent, vous l'avouer), mon imagination, même surmenée par l'animadversion que je nourrissais, je le confesse, contre miss Evelyn Habal, ne pouvait pas, — non ! non ! — ne pouvait pas me suggérer jusqu'à quel degré fantasmatique et presque inconcevable, cet axiome devait être confirmé par... ce que nous allons voir, entendre et toucher tout à l'heure.

Maintenant, une comparaison, pour conclure, avant de passer à la démonstration.

Tous les êtres ont leurs *correspondances* dans un règne inférieur de la nature. Cette correspondance, qui est, en quelque sorte, la figure de leur réalité, les éclaire aux yeux du métaphysicien. Pour la reconnaître, il suffit de considérer les résultats produits autour de ces êtres par leur présence. Eh bien ! la correspondance de ces mornes Circés dans le monde *végétal* (puisque n'étant elles-mêmes, malgré leurs formes humaines, que du monde animal, il faut regarder au-dessous pour préciser leur correspondance), celle-ci n'est autre que l'arbre Upa, dont elles sont, en analogie, comme les myriades de feuilles vénéneuses.

Il apparaît, très doré par le soleil. Son ombre, vous le savez, engourdit, enivre d'hallucinations fiévreuses et, si l'on s'attarde sous son influence, elle devient mortelle.

Donc, la beauté de l'arbre doit être *empruntée* et *surajoutée* à lui-même.

En effet, sarclez l'upa de ses millions de chenilles pestifères et brillantes : et ce n'est plus qu'un arbre mort, aux fleurs d'un rose sale et dont le soleil n'arrache plus un reflet. Sa vertu meurtrière, même, disparaît si on le transplante hors du terrain propice à son action, et il ne tarde pas à dépérir, dédaigné de toute attention humaine.

Les chenilles lui sont nécessaires. Il se les *approprie*. Et tous deux s'attirent, lui et l'innombrable chenille, à cause de l'action funeste où doit se réaliser leur ensemble, qui les *appelle* en sa synthétique unité. Tel est l'upa, — le manchenillier, si vous le voulez. Certains amours tiennent de son ombre.

Eh bien ! en échenillant de leurs attraits, aussi délétères qu'artificiels, la plupart de ces femmes dont l'ombre est mortelle, — il en reste... ce qui reste de l'upa dans cette même conjoncture.

Remplacez le soleil par l'imagination de qui les

regarde, l'illusion, précisément à cause de l'effort secret qu'elle nécessite, apparaît d'autant plus chatoyante et attirante! — Regardez-les, en examinant, à froid, *ce qui produit* cette illusion, elle se dissipera pour faire place à cet invincible dégoût dont aucune excitation ne tirerait un désir.

Miss Evelyn Habal était donc devenue pour moi le sujet d'une expérience... curieuse. Je me résolus à la retrouver, non pour faire la preuve de ma théorie (elle est faite de toute éternité), mais parce qu'il me paraissait intéressant de la constater dans des conditions *aussi belles*, aussi *complètes* qu'elles *devaient* être.

— Miss Evelyn Habal! — me disais-je : qu'est-ce que CELA pouvait bien être?.

Je m'enquis de ses traces.

La délicieuse enfant était à Philadelphie, où la ruine et la mort d'Anderson lui avaient fait une réclame des plus resplendissantes. Elle était fort courue. Je partis et fis sa connaissance en peu d'heures. Elle était bien souffrante... Une affection la minait; — au physique bien entendu. De sorte qu'elle ne survécut, même, que peu de temps à son cher Edward.

Oui, la Mort nous la déroba, voici déjà plusieurs années.

Toutefois, j'eus le loisir, avant son décès, de vérifier en elle mes pressentiments et théories. Au surplus, tenez, sa mort importe peu : je vais la faire venir, comme si de rien n'était.

L'affriolante ballerine va vous danser un pas en s'accompagnant de son chant, de son tambour de basque et de ses castagnettes.

En prononçant ces derniers mots, Edison s'était levé et avait tiré une cordelette qui tombait du plafond le long d'une tenture.

IV

Danse macabre

« Et c'est un dur métier que d'être belle femme ! »
CHARLES BAUDELAIRE.

Une longue lame d'étoffe gommée, incrustée d'une multitude de verres exigus, aux transparences teintées, se tendit latéralement entre deux tiges d'acier devant le foyer lumineux de la lampe astrale. Cette lame d'étoffe, tirée à l'un des bouts par un mouvement d'horloge, commença de glisser, très vivement, entre la lentille et le timbre d'un puissant réflecteur. Celui-ci, tout à coup, — sur la grande toile blanche, tendue en face de lui, dans le cadre d'ébène surmonté de la rose d'or, — réfracta l'apparition en sa taille humaine d'une très jolie et assez jeune femme rousse.

La vision, chair transparente, miraculeusement photochromée, dansait, en costume pailleté, une sorte de danse mexicaine populaire. Les mouvements s'accusaient avec le fondu de la Vie elle-même, grâce aux procédés de la photographie successive, qui, le long d'un ruban de six coudées, peut saisir dix minutes des mouvements d'un être sur des verres microscopiques, reflétés ensuite par un puissant lampascope.

Edison, touchant une cannelure de la guirlande

noire du cadre, frappa d'une étincelle le centre de la rose d'or.

Soudain une voix plate et comme empesée, une voix sotte et dure se fit entendre ; la danseuse chantait l'alza et le holè de son fandango. Le tambour de basque se mit à ronfler sous son coude et les castagnettes à cliqueter.

Les gestes, les regards, le mouvement labial, le jeu des hanches, le clin des paupières, l'intention du sourire se reproduisaient.

Lord Ewald lorgnait cette vision avec une muette surprise.

— N'est-ce pas, mon cher lord, que c'était une ravissante enfant ? disait Edison. Eh ! eh ! A tout prendre la passion de mon ami Edward Anderson ne fut pas inconcevable. — Quelles hanches ! quels beaux cheveux roux ! de l'or brûlé, vraiment ! Et ce teint si chaudement pâle ? Et ces longs yeux si singuliers ? Ces petites griffes en pétales de roses où l'aurore semble avoir pleuré, tant elles brillent ? Et ces jolies veines, qui s'accusent sous l'excitation de la danse ? Cet éclat juvénile des bras et du col ? Ce sourire emperlé où se jouent des lueurs mouillées sur ces jolies dents ! Et cette bouche rouge ? Et ces fins sourcils d'or fauve, si bien arqués ? Ces narines si vives, palpitantes comme les ailes d'un papillon ? Ce corsage, d'une si ferme plénitude, que laisse deviner le satin qui craque ! Ces jambes si légères, d'un modelé si sculptural ? Ces petits pieds si spirituellement cambrés ? — Ah !... conclut Edison avec un profond soupir, c'est beau la nature, malgré tout ! Et voici bien un morceau de roi, comme disent les poètes !

L'électricien semblait plongé dans une extase d'amoureux : l'on eût dit qu'il s'attendrissait lui-même.

— Oui, certes ! dit lord Ewald : plaisantez la Nature si bon vous semble : cette jolie personne danse mieux, il est vrai, qu'elle ne chante ; cependant je conçois, devant tant de charmes, que, si le plaisir sensuel suffisait au cœur de votre ami, cette jeune femme lui ait paru des plus aimables.

— Ah ? dit Edison rêveur, avec une intonation étrange et en regardant lord Ewald.

Il se dirigea vers la tenture, fit glisser la coulisse du cordon de la lampe ; le ruban d'étoffe aux verres teintés surmonta le réflecteur. L'image vivante disparut. Une seconde bande héliochromique se tendit, au-dessous de la première, d'une façon instantanée, commença de glisser devant la lampe avec la rapidité de l'éclair, et le réflecteur envoya dans le cadre l'apparition d'un petit être exsangue, vaguement féminin, aux membres rabougris, aux joues creuses, à la bouche édentée et presque sans lèvres, au crâne à peu près chauve, aux yeux ternes et en vrille, aux paupières flasques, à la personne ridée, toute maigre et sombre.

Et la voix avinée chantait un couplet obscène, et tout cela dansait, comme l'image précédente, avec le même tambour de basque et les mêmes castagnettes.

— Et... maintenant ? dit Edison en souriant.

— Qu'est-ce que cette sorcière ? demanda lord Ewald.

— Mais, dit tranquillement Edison, c'est la même : seulement *c'est la vraie*. C'est celle qu'il y avait sous la semblance de l'autre. Je vois que vous ne vous êtes jamais bien sérieusement rendu compte des progrès de l'Art de la toilette dans les temps modernes, mon cher lord !

Puis reprenant sa voix enthousiaste :

— *Ecce puella !* s'écria-t-il. Voici la radieuse Evelyn Habal délivrée, échenillée de ses autres attraits. N'est-ce pas que c'est pour en mourir de désirs ! Ah ! *povera innamorata !* — Comme elle est sémillante ainsi ! Le délicieux rêve ! Quelles passions, quel noble amour on sent qu'elle peut allumer ou inspirer ! N'est-ce pas que c'est beau la simple Nature ? Pourrons-nous jamais rivaliser avec ceci ? J'en dois désespérer. J'en baisse la tête. — Hein ? qu'en pensez-vous ?... — Ce n'est qu'aux seules persistances de la Suggestion-fixe que je dois d'avoir obtenu cette pose. — Dérision ! Croyez-vous que, si Anderson l'eût vue de la sorte pour la première fois, il ne serait pas encore assis à son foyer, entre sa femme et ses enfants, ce qui valait bien le reste, après tout ? — Ce que c'est que la « toilette », pourtant ? Les femmes ont des doigts de fées ! Et, une fois la première impression produite, je vous dis que l'Illusion est tenace et se repaît des plus odieux défauts : — jusqu'à se cramponner, avec ses ongles de chimère en démence, à la laideur, fût-elle répulsive *entre toutes.*

Il suffit à une « fine mouche », encore un coup, de savoir affirmer ses tares, pour s'en faire une parure mordante et en inspirer la convoitise aux inexperts insensiblement aveuglés. Ce n'est plus qu'une question de vocabulaire ; la maigreur devient de la gracilité, la laideur du piquant, la malpropreté de la négligence, la duplicité de la finesse, et cœtera, et cœtera. Et, de nuances en nuances, l'on arrive souventes fois... où l'amant de cette enfant en arriva. A une mort maudite. Lisez les milliers de journaux qui, partout, et quotidiennement, le constatent, et vous reconnaîtrez que, loin d'exagérer mes chiffres, je les sous-évalue.

— Vous me certifiez, mon cher Edison, que ces deux visions ne reproduisent qu'une seule et même femme ? murmura lord Ewald.

Edison, à cette question, regarda, de nouveau, son jeune interlocuteur, mais, cette fois, avec une expression de mélancolie grave.

— Ah ! vous avez l'idéal vraiment enfoncé dans le cœur ! s'écria-t-il enfin. Eh bien, puisqu'il en est ainsi, je vais vous convaincre, cette fois ! Car, en vérité, je me vois contraint de le faire. Regardez, milord : voici, en réalité, pourquoi ce pauvre Edward Anderson s'est détruit la dignité, le corps, l'honneur, la fortune et la vie.

Et, faisant sortir de la muraille un grand tiroir sous l'image lumineuse qui continuait la sinistre danse :

— Voici, continua-t-il, la dépouille de cette charmeuse, l'arsenal de cette Armide ! — Voulez-vous avoir la complaisance de nous éclairer, miss Hadaly ?

L'Andréide se leva, saisit une torche fortement parfumée, l'alluma dans le calice de quelque fleur ; puis, prenant par la main lord Ewald, l'attira doucement vers Edison.

— Oui, continuait l'ingénieur, si vous avez trouvé *naturels* les charmes du premier aspect de miss

Evelyn Habal, j'imagine que vous allez revenir sur cette impression ; car, en fait de personne défectueuse jusqu'au paradoxe, c'était, au contraire, l'effigie, la pièce d'or, l'étalon-type suprême, dont les autres femmes de son genre ne peuvent être, Dieu merci, que la pâle monnaie ! Voyez, plutôt.

Hadaly, à cette parole, élevant sa torche au-dessus de sa tête voilée, se tint debout, à côté du sombre tiroir, comme une statue auprès d'un sépulcre.

V

Exhumation

Lugeto, ô Veneres, Cupidinesque !
CATULLE.

— Voici, nasillait Edison avec la voix d'un commissaire-priseur : voyez : Ici reposent la ceinture de Vénus, l'écharpe des Grâces, les flèches de Cupidon.

Voici, d'abord, la chevelure ardente de l'Hérodiade, le fluide métal stellaire, les lueurs de soleil dans le feuillage d'automne, le prestige de l'ombre vermeille sur la mousse, — le souvenir d'Eve la blonde, l'aïeule jeune, l'éternellement radieuse ! Ah ! secouer ces rayons ! quelle ivresse ? Hein !

Et il secouait, en effet, dans l'air, une horrible queue de nattes postiches et déteintes, où l'on voyait des fils d'argent réapparaître, des crêpés violacés, un sordide arc-en-ciel de poils que travaillait et jaunissait l'action des acides.

— Voici le teint de lis, les roses de la pudeur

virginale, la séduction des lèvres mouvantes, humides, pimentées de désirs, tout enflammées d'amour !

Et il alignait, sur un bord circulaire de la muraille, de vieux étuis débouchés remplis d'un cosmétique rouge, des pots de gros fard de théâtre de toutes nuances, à moitié usés, des boîtes à mouches, etc.

— Voici la grandeur calme et magnifique des yeux, l'arc pur des sourcils, l'ombre et le bistre de la passion et des insomnies d'amour ! et puis les jolies veines des tempes !... le rose des narines émues qui respirent vite, toutes haletantes de joie en écoutant le pas du jeune amant !

Et il montrait des épingles à cheveux noircies à la fumée, des crayons bleus, des pinceaux à carmin, des bâtons de chine, des estompes, des boîtes de k'hol de Smyrne, etc.

— Voici les belles petites dents lumineuses, si enfantines et si fraîches ! Ah ! le premier baiser sur la provocante magie du sourire ensorcelant qui les découvrait !

Et il faisait jouer, avec bruit, les ressorts d'un ravissant dentier pareil à ceux que l'on voit dans les montres des dentistes.

— Voici l'éclat, le satiné, la nacre du col, la juvénilité de la chair des épaules et des bras frémissants : les lueurs d'albâtre de la belle gorge ondulante !

Et il élevait, l'un après l'autre, chaque instrument du lugubre appareil de l'émaillage.

— Voici les beaux seins bondissants de la Néréide ensalée des vagues aurorales ! Salut, dans l'écume et les rayons, à ces divins contours entrevus dans le cortège de l'Anadyomène !

Et il agitait des morceaux de ouate grise, bombés, fuligineux et de très rance odeur.

— Voici les hanches de la faunesse, de la bacchante enivrée, de la belle fille moderne, plus parfaite que les statues d'Athènes — et qui danse avec sa folie !

Et il brandissait des « formes », des « tournures » en treillis d'acier, des baleines tordues, des buscs aux inclinaisons orthopédiques, les restes de deux ou trois vieux corsets compliqués, et qui, avec leurs lacets et leurs boutons, ressemblaient à de vieilles mandolines détraquées, dont les cordes flottent et bruissent avec un son ridicule.

— Voici les jambes, au modelé si pur, si délicieusement éperdues, de la ballerine !

Et il faisait se trémousser, en les agitant à bras tendu le plus loin possible, — deux lourds et fétides maillots, sans doute jadis roses, aux tricots rembourrés d'une étoupe savamment répartie.

— Voici les clartés adamantines des ongles des pieds et des mains, le brillant des petites griffes mignonnes. Ah ! l'Orient ! C'est de lui que nous vient encore cette lumière !

Et il montrait le dedans d'une forte boîte dite de roséine ou de nakarat, avec ses brosses usées, souillées encore de différents détritus.

— Voici l'élancé de la démarche, la cambrure, la sveltesse d'un pied féminin, où rien ne décèle l'intrusion d'une race servile, lâche et intéressée.

Et il choquait, l'un contre l'autre, des talons

hauts comme des bouchons de Médoc, — des semelles finissant sous le coude-pied et trompant l'œil, par ainsi, quant aux dimensions réelles des extrémités infâmes, — des morceaux de liège simulant une cambrure, etc.

— Voici l'APPRÊT du sourire ingénu, malin, câlin céleste ou mélancolique, l'inspirateur des enchantements et des expressions « irrésistibles » du visage !

Et il montrait un grossissant miroir de poche, où la danseuse étudiait, à une ride près, les « valeurs » de sa physionomie.

— Voici la senteur saine de la Jeunesse et de la Vie, l'arome personnel de cette fleur animée !

Et il plaçait, délicatement, comme des spécimens, auprès des fards et des crayons, des fioles de ces huiles puissantes, élaborées par la pharmaceutique pour combattre les regrettables émanations de la nature.

Voici, maintenant, de plus sérieux flacons provenus de la même officine : leur odeur, leur teinte iodurée, leurs étiquettes grattées nous font pressentir quels bouquets de *Ne m'oubliez pas* la pauvre enfant pouvait offrir à ses préférés.

Voici quelques ingrédients et quelques objets, de formes au moins bizarres, dont, par déférence pour notre chère Hadaly, nous tairons l'usage probable, n'est-ce pas ? — Ils révèlent que cette naïve créature était quelque peu versée dans l'art de réveiller d'innocents transports.

Et, pour clore, ajouta Edison, voici quelques échantillons d'herboristerie dont les vertus spéciales sont très connues ; elles nous attestent que miss Evelyn Habal, en sa modestie, ne se sentait pas faite pour les joies de la famille.

Ayant ainsi terminé sa nomenclature, le sinistre ingénieur renferma de nouveau, et pêle-mêle, dans le tiroir, tout ce qu'il en avait exhumé ; puis, en ayant laissé retomber le couvercle comme une pierre tombale, il le repoussa dans la muraille.

— Je pense, mon cher lord, que vous êtes édifié maintenant, conclut-il. Je ne crois pas, je ne veux pas croire qu'il exista jamais, parmi les plus plâtrées et les plus blafardes de nos belles galantes, une femme plus... recommandée... que miss Evelyn ; mais ce que je jure, ce que j'atteste — c'est que *toutes sont, ou seront demain,* — (*quelques excès aidant*), — *plus ou moins de sa famille.*

Et il courut à une aiguière s'ondoyer, puis s'essuyer les doigts.

Lord Ewald se taisait, profondément surpris, écœuré jusqu'à la mort, et pensif.

Il regardait Hadaly, qui éteignait silencieusement sa torche dans la terre d'une caisse d'oranger artificiel.

Edison revint à lui.

— Je comprends, à la rigueur, qu'on puisse encore s'agenouiller devant une sépulture ou un tombeau, dit-il ; mais devant ce tiroir, et devant ces mânes !... C'est difficile, — n'est-ce pas ? — Pourtant ne sont-ce pas là *ses vrais ossements ?*

Et, tirant une dernière fois la cordelette des cercles photochromiques, la vision disparut, le chant cessa : l'oraison funèbre était achevée.

— Nous sommes loin de Daphnis et de Chloë, dit-il.

Puis, en manière de conclusion tranquille :

— Allons, ajouta-t-il, était-ce vraiment la peine de devenir déshonnête, de dénuer les siens, d'oublier toute vieille espérance infinie, et de sauter, la tête basse, dans on ne sait quel vil suicide... pourquoi ?

Pour le contenu de ce tiroir.

Ah ! les gens *trop* positifs ! Quels poètes, lorsqu'ils se mettent à vouloir, aussi, chevaucher des nuages ! — Et penser que la moyenne annuelle de cinquante-deux à trois mille cas (certes beaucoup moins monstrueux, mais, sous un peu d'analyse, à peu près identiques dans leur genre, à celui-ci), est ascendante en Amérique et en Europe, et que la plupart des victimes — au moins de la laideur morale de nos « irrésistibles » exécutrices, — sont, pour la plupart, des gens doués du sens commun le plus terre à terre, le plus pratique, et fort dédaigneux de tous ces songe-creux qui, du fond de leur solitude préférée, les regardent fixement.

VI

Honni soit qui mal y pense !

> Et, se jetant de loin un regard irrité,
> Les deux sexes mourront chacun de son côté.
>
> ALFRED DE VIGNY, *Les Destinées.*

Alors, continua Edison, ayant ainsi rassemblé ces preuves que mon malheureux ami n'avait jamais serré dans ses bras qu'une morne chimère et que, sous cet attirail non pareil, l'être hybride de sa passion se trouvait être aussi faux lui-même que son amour, — au point de ne plus sembler que de l'*Artificiel illusoirement vivant*, — je me suis dit une chose :

Puisqu'en Europe et en Amérique, il est, chaque année, tant de milliers et tant de milliers d'hommes raisonnables qui, — abandonnant de véritables, d'admirables femmes, le plus souvent,—se laissent ainsi assassiner par l'Absurde en des milliers de cas *à peu près* identiques à celui-ci...

— Oh ! interrompit lord Ewald, dites que votre ami est tombé sur la plus incroyable exception du monde, et que son triste amour ne peut être excusable ou concevable que comme issu d'une démence évidente et digne d'être médicalement traitée. Tant d'autres meurtrières sont d'un charme si réel que vouloir tirer de toute cette aventure une loi générale ne serait qu'un projet paradoxal.

— J'ai commencé par le bien établir, répondit Edison. Toutefois, vous oubliez que vous-même avez trouvé naturel le premier aspect d'Evelyn Habal; et, sans insister plus longtemps sur le laboratoire de toilette de toutes nos élégantes (en lequel sanctuaire un proverbe nous apprend que le mari ni l'amant ne doivent jamais pénétrer), je vous dirai que la hideur morale de celles qui produisent de tels désastres compense amplement le peu qu'elles semblent avoir de moins répulsif au physique. Car, étant dénuées même de la faculté d'attachement dont sont doués de simples animaux et n'étant courageuses que pour détruire ou ravaler, je préfère ne pas déclarer toute mon opinion sur le genre de maladie qu'elles donnent et que plusieurs appellent de l'amour. Et une partie du mal provient de ce que l'on emploie ce mot, par une sorte de bienséance inconvenante, à la place du *réel*. — Donc, ai-je pensé, — si l'Artificiel assimilé, amalgamé plutôt, à l'être humain, peut produire de telles catastrophes, et puisque, par suite, à tel ou tel degré, physique ou moral, toute femme qui les cause tient plus ou moins d'une andréïde, — eh bien ! chimère pour chimère, pourquoi pas l'Andréïde elle-même ? Puisqu'il est impossible, en ces sortes de passions, de sortir de l'illusion strictement personnelle, et qu'elles tiennent, *toutes*, de l'Artificiel, puisqu'en un mot la Femme elle-même nous donne l'exemple de se remplacer par de l'artificiel, épargnons-lui, s'il se peut, cette besogne. Telles femmes désirent que nos lèvres se rougissent au contact des leurs, — et que, de nos yeux, bondissent des larmes amères si leur caprice ou leur trépas nous sèvrent de tel ou tel pot de céruse ? Essayons de changer de mensonge ! Ce sera plus commode pour elles et pour nous. Bref, si la création d'un être électro-humain, capable de donner un change salubre à l'âme d'un mortel, peut être réduite en formule, essayons d'obtenir de la Science une équation de l'Amour *qui, tout d'abord, ne causera pas les maléfices démontrés inévitables* sans cette addition ajoutée, tout à coup, à l'espèce humaine : et qui circonscrira le feu.

Une fois cette formule trouvée et jetée à travers le monde, je sauverai peut-être, d'ici à peu d'années, des milliers et des milliers d'existences.

Et nul ne pourra m'objecter d'impudentes insinuations, *puisque le propre de l'Andréide est d'annuler, en quelques heures, dans le plus passionné des cœurs, ce qu'il peut contenir, pour le modèle, de désirs bas et dégradants, ceci par le seul fait de les saturer d'une solennité inconnue et dont nul, je crois, ne peut imaginer l'irrésistible effet avant de l'avoir éprouvé.*

Je me suis donc mis au travail ; j'ai lutté avec le problème, pensée à pensée ! A la fin, — aidé d'une sorte de *voyante* du nom de Sowana, dont je vous parlerai plus tard, — j'ai découvert la formule rêvée, et, tout à coup, j'ai suscité, de l'ombre, Hadaly.

VII

Eblouissement

> La philosophie rationnelle pèse les possibilités et s'écrie :
> — On ne peut décomposer la lumière.
> La philosophie expérimentale l'écoute et se tait devant elle pendant des siècles ; puis, tout à coup, elle montre le prisme et dit :
> — La lumière se décompose.
>
> DIDEROT.

Depuis qu'elle est debout, en ces caveaux inconnus, j'attendais de trouver un homme assez sûr de son intelligence et assez désespéré pour affronter la première expérience ; et c'est vous, à qui je dois cette œuvre réalisée, c'est vous-même qui êtes venu, — vous qui, possédant, peut-être, la plus belle d'entre les femmes, en êtes écœuré jusqu'à vouloir mourir.

Ayant ainsi terminé son fantastique récit, l'électricien se tourna vers lord Ewald, en indiquant l'Andréïde silencieuse, dont les deux mains appuyées contre son voile semblaient vouloir cacher encore plus l'invisible visage.

— Maintenant, ajouta-t-il, voulez-vous toujours savoir *comment* le phénomène de cette vision future peut s'accomplir? Etes-vous certain que votre illusion volontaire *sera* d'une foi suffisante pour résister à cette explication?

— Oui, dit lord Ewald, après un silence.

Puis, regardant Hadaly :

— On dirait qu'elle souffre! — ajouta-t-il, comme se prêtant, par une curiosité grave, à la fantasmagorie métaphysique et cependant vêtue de réalité, qu'il contemplait.

— Non, dit Edison : elle a pris l'attitude de l'enfant qui va naître; elle se cache le front devant la vie.

Un silence passa.

— Venez, Hadaly? cria-t-il soudain.

L'Andréïde, à cette parole, marcha, voilée et ténébreuse, vers la table de porphyre.

Le jeune homme regarda l'électricien : celui-ci, déjà penché sur la trousse étincelante, choisissait parmi les grands scalpels de cristal.

Arrivée devant le bord de la table, Hadaly se retourna et, toute gracieuse, se croisant les mains derrière la tête :

— Milord dit-elle, soyez indulgent pour mon humble irréalité et, avant *d'en* dédaigner le rêve, *rappelez-vous la compagne humaine qui vous oblige à recourir, fût-ce à un fantôme, pour vous racheter l'Amour.*

A ces paroles, une sorte d'éclair sillonna l'armure animée de Hadaly ; Edison, le saisissant à l'aide d'un fil pris entre deux longues tenailles de verre, le fit disparaître.

Ce fut comme si l'âme de cette forme humaine était emportée.

La table fit bascule : l'Andréïde s'y trouvait maintenant adossée, sa tête appuyée au coussin.

L'électricien se baissa, détendit deux attaches d'acier rivées à cette dalle, les glissa sous les pieds de Hadaly, puis repoussa la table qui reprit sa position horizontale avec l'Andréïde à présent couchée sur elle comme une trépassée sur une dalle d'amphithéâtre.

— Rappelez-vous le tableau d'André Vesale ! dit en souriant Edison ; bien que nous soyons seuls, nous en exécutons un peu l'idée en ce moment.

Il toucha l'une des bagues de Hadaly. L'armure féminine s'entr'ouvrit lentement.

Lord Ewald tressaillit et devint fort pâle.

Jusque-là le doute l'avait, malgré lui, hanté.

Malgré les paroles formelles de son interlocuteur, il lui avait été impossible d'admettre que l'Être qui lui avait donné, à ce point, l'illusion d'une vivante incluse dans une armure, fut un être tout à fait fictif, né de la Science, de la patience et du génie.

Et il se trouvait en face d'une merveille dont les évidentes possibilités, dépassant presque l'imaginaire, lui attestaient, en lui éblouissant l'intelligence, jusqu'où celui qui veut peut oser vouloir.

LIVRE CINQUIEME

HADALY

I

Première apparition de la Machine dans l'Humanité.

> Solus cum solo, in loco remoto,
> non cogitabuntur orare PATER
> NOSTER.
> TERTULLIEN.

Edison dénoua le voile noir de la ceinture.

— L'Andréïde, dit-il impassiblement, se subdivise en quatre parties :

1° Le Système-vivant, intérieur, qui *comprend* l'Equilibre, la Démarche, la Voix, le Geste, les Sens, les Expressions-futures du visage, le Mouvement-régulateur intime, ou, pour mieux dire, « l'Ame. »

2° Le Médiateur-plastique, c'est-à-dire l'enveloppe métallique, isolée de l'Epiderme et de la Carnation, sorte d'armure aux articulations flexibles en laquelle le système intérieur est solidement fixé.

3° La Carnation (ou chair factice proprement dite) superposée au Médiateur et adhérente à lui, qui, — pénétrante et pénétrée par le fluide animant, — comprend les Traits et les Lignes du corps-imité, avec l'émanation particulière et personnelle du corps reproduit, les repoussés de l'Ossature, les reliefs-Veineux, la Musculature, la Sexualité du modèle, toutes les proportions du corps, etc.

4° L'Epiderme ou peau-humaine, qui comprend et comporte le Teint, la Porosité, les Linéaments, l'éclat du Sourire, les Plissements-insensibles de l'Expression, le précis mouvement labial des paroles, la Chevelure et tout le Système-pileux, l'Ensemble-oculaire, avec l'individualité du Regard, les Systèmes dentaires et ungulaires.

Edison avait débité cela du ton monotone avec lequel on expose un théorème de géométrie dont le *quod erat demonstrandum* est virtuellement contenu dans l'exposé même. Lord Ewald sentait, dans cette voix, que non seulement l'ingénieur allait résoudre, au moins théoriquement, les *postulata* que cette série d'affimations monstrueuses suscitait dans l'esprit, mais qu'il les avait déjà résolus et allait en fournir la preuve.

C'est pourquoi le noble Anglais, remué outre mesure par l'aplomb terrible de l'électricien, sentit le froid de la Science lui glacer le cœur à cet extraordinaire énoncé. Néanmoins, en homme calme, il ne prononça pas une parole d'interruption.

La voix d'Edison était devenue singulièrement grave et mélancolique.

— Milord, dit-il, ici, du moins, je n'ai pas de surprises à vous faire. A quoi bon ! La réalité, comme vous allez le voir, est suffisamment surprenante pour qu'il soit fort inutile de l'entourer d'un autre mystère que le sien. — Vous allez être le témoin de l'enfance d'un être idéal, puisque vous allez assister à l'explication de l'intime organisme de Hadaly. Quelle Juliette supporterait un tel examen sans que Roméo s'évanouit ?

En vérité, si l'on pouvait voir, d'une façon rétrospective, les commencements *positifs* de celle que l'on aime et *quelle était sa forme lorsqu'elle a remué pour la première fois,* je pense que la plupart des amants sentiraient leur passion s'effondrer dans une sensation où le Lugubre le disputerait à l'Absurde et à l'Inimaginable.

Mais l'Andréide, même en ses commencements, n'offre jamais rien de l'affreuse impression que donne le spectacle du *processus vital* de notre organisme. En elle, tout est riche, ingénieux et sombre. Regardez :

Et il appuya le scalpel sur l'appareil central rivé à la hauteur des vertèbres cervicales de l'Andréide.

— C'est la place du centre de la vie chez l'Homme, continua-t-il. C'est la place de la vertèbre où s'élabore la moelle allongée. — Une piqûre d'aiguille, ici, vous le savez, suffit pour nous éteindre à l'instant même. En effet, les tiges nerveuses dont dépend notre respiration prennent racines en ce point : de sorte que, si la piqûre les touche, nous mourons étouffés. Vous voyez que j'ai respecté l'exemple de la Nature, ici : ces deux inducteurs, isolés en ce point, correspondent au jeu des poumons d'or de l'Andréïde.

Examinons d'abord, à vol d'oiseau, pour ainsi dire, l'ensemble de cet organisme : je vous en expliquerai le détail ultérieurement.

C'est grâce au mystère qui s'élabore aussi dans ces disques de métaux, et qui s'en dégage, que la chaleur, le mouvement et la force sont distribués dans le corps de Hadaly par l'enchevêtrement de ces fils brillants, décalques exacts de nos nerfs, de nos artères et de nos veines. C'est grâce à ces petits disques de verre trempé, qui s'interposent, — par un jeu très simple, et dont je vous nettifierai tout à l'heure le système, — entre le courant et les divers réseaux de ces fils, que le mouvement commence ou s'arrête dans l'un des membres ou dans la totalité de sa personne. Ici, est le moteur électro--magnétique des plus puissants, que j'ai réduit à ces proportions et à cette légèreté, et auquel viennent s'ajuster *tous* les inducteurs.

Cette étincelle, léguée par Prométhée, qui court, domptée autour de cette baguette vraiment magique, produit la respiration en impressionnant cet aimant situé verticalement entre les deux seins et qui attire à lui cette lame de nickel, annexée à cette éponge d'aciers, — laquelle, à chaque instant, revient à sa place, à cause de l'interposition régulière de cet isolateur. J'ai même songé à ces soupirs profonds que la tristesse arrache du cœur : Hadaly, étant d'un caractère doux et taciturne, ne les ignore pas et leur charme ne lui est pas étranger. Toutes les femmes vous attesteront que l'imitation de ces mélancoliques soupirs est facile. Toutes les comédiennes en vendent à la douzaine, et des mieux conditionnés, pour notre illusion.

Voici les deux phonographes d'or, inclinés en angle vers le centre de la poitrine, et qui sont les deux poumons de Hadaly. Ils se passent l'un à l'autre les feuilles métalliques de ses causeries harmonieuses — et je devrais dire *célestes*, — un peu comme les presses d'imprimerie se passent les feuilles à tirer. Un seul ruban d'étain peut contenir sept heures de ses paroles. Celles-ci sont imaginées par les plus grands poètes, les plus subtils métaphysiciens et les romanciers les plus profonds de ce siècle, génies auxquels je me suis adressé, — et qui m'ont livré, au poids du diamant, ces merveilles à jamais inédites.

C'est pourquoi je dis que Hadaly remplace *une* intelligence par l'Intelligence.

Voyez, voici les deux imperceptibles styles de pur acier, tremblant sur les cannelures, lesquelles tournent sur elles-mêmes, grâce à ce fin mouvement incessant de la mystérieuse étincelle : ils n'attendent que la voix de miss Alicia Clary, je vous assure. Ils la saisiront de loin, sans qu'elle le sache, pendant qu'elle récitera, en comédienne insigne, les scènes, incompréhensibles pour elle, des rôles merveilleux et inconnus où doit s'incarner à jamais Hadaly.

Au-dessous des poumons, voici le Cylindre où seront inscrits, en relief, les gestes, la démarche, les expressions du visage et les attitudes de l'être adoré. C'est l'analogie exacte des cylindres de ces orgues perfectionnés, dits de Barbarie, et sur lesquels sont incrustées, comme sur celui-ci, mille petites aspérités de métal. Or, de même que chacune d'entre elles, piquées d'après un calcul musical, joue exactement (soit en rondes, soit en quadruples croches et en tenant compte des silences), toutes les notes d'une douzaine d'airs de danses ou d'opéras, — selon que chacune vient se placer, à son rang et plus ou moins rapprochée d'une autre, sous les dents vibrantes du peigne d'harmonie, — de même ici, le Cylindre, sous ce même peigne qui étreint les extrémités de tous les nerfs inducteurs de l'Andréide, *joue* (et je vais vous dire comment), *les gestes, la démarche, les expressions du visage et les attitudes de celle que l'on incarne dans l'Andréide.* L'inducteur de ce Cylindre est, pour ainsi dire, le grand sympathique de notre merveilleux fantôme.

En effet, ce Cylindre contient l'émission d'environ soixante-dix mouvements généraux. C'est, à peu près, le fonds de ceux dont une femme bien élevée peut et doit disposer. Nos mouvements, à part ceux de quelques gens convulsifs ou trop nerveux, sont presque toujours les mêmes : les diverses situations de la vie les nuancent et les font paraître différents. Mais j'ai calculé, en décomposant leurs dérivés, que vingt-sept ou vingt-huit mouvements, au plus, constituent déjà une rare personnalité. D'ailleurs, qu'est-ce qu'une femme qui gesticule beaucoup ? — Un être insupportable. On ne doit surprendre, ici, que les seuls mouvements harmonieux, les autres étant choquants ou inutiles.

Or, les deux poumons et le grand sympathique de Hadaly sont reliés par ce même et unique mouvement dont le fluide est l'impulseur. Une vingtaine d'heures parlées, suggestives, captivantes sont inscrites sur cet album de feuilles, ineffaçables grâce à la galvanoplastie, — et leurs *Correspondances-expressives* sont, également, inscrites sur les aspérités de ce Cylindre, lesquelles sont incrustées au micromètre. Ne faut-il pas, en effet, que le mouvement des deux phonographes, uni à celui du cylindre, produise l'homogénéité du geste et de la parole ainsi que du mouvement labial ? et du regard, et des fondus d'expressions si subtils ?

Vous comprenez que leur ensemble, en chaque scène, est réglé, ainsi, avec une précision parfaite. Certes, c'est chose plus malaisée, mécaniquement, que d'inscrire une mélodie et son accompagnement, avec ses accords les plus compliqués, sur tel ou tel cylindre d'orgue : mais nos instruments, vous disje, sont devenus, croyez-le bien, si ténus et si sûrs (surtout aidés de nos inflexibles lentilles), qu'avec un peu de patience et de calcul différentiel, on y arrive sans trop de peine.

Maintenant, je *lis* les gestes sur ce Cylindre aussi couramment qu'un prote lit à rebours une page de fonte (question d'habitude) : je corrigerai, disons-nous, cette épreuve selon les mobilités de miss Alicia Clary : cette opération n'est pas très difficile, grâce à la Photographie-successive dont vous venez de voir une application tout à l'heure.

— Mais, interrompit lord Ewald, — une scène, comme vous dites, suppose un interlocuteur ?

— Eh bien ? dit Edison, ne serez-vous pas, vousmême, cet interlocuteur ?

— Comment se peut-il qu'il vous soit possible

de prévoir ce que je demanderai ou répondrai à l'Andréïde? continua le jeune lord.

— Oh! dit Edison, un seul raisonnement va vous convaincre de la simplicité du problème, — que vous ne posez pas tout à fait exactement, je crois.

— Un instant : quel qu'il puisse être, c'est la liberté, en ma pensée et dans mon amour mêmes, qu'il m'enlèvera, si je soumets mon esprit à le reconnaître! s'écria lord Ewald.

— Qu'importe, s'il assure la RÉALITÉ de votre rêve? dit Edison. Et qui donc est libre? — Les Anges de la vieille légende, peut-être! Et, seuls, ils peuvent avoir conquis le titre de libres, en effet! car ils sont délivrés, enfin, de la Tentation... ayant vu l'abîme où sont tombés ceux-là qui ont voulu penser.

Les deux interlocuteurs se regardèrent en silence à cette parole.

— Si je comprends bien, reprit lord Ewald avec stupeur, il faudrait que, *moi-même*, j'apprisse *la partie* de mes questions et de mes réponses?

— Ne pourrez-vous donc les modifier, *comme dans la vie*, aussi ingénieusement que vous le voudrez, — de manière, toutefois, à ce que la réponse attendue s'y adapte?.. En vérité, *tout, je vous assure, peut, absolument, répondre à tout* : c'est le grand kaléidoscope des mots humains. Etant donnés la couleur et le ton d'un sujet dans l'esprit, n'importe quel vocable peut toujours s'y adapter en un sens quelconque, dans l'éternel *à peu près* de l'existence et des conversations humaines. — Il est tant de mots vagues, suggestifs, d'une élasticité intellectuelle si étrange! et dont le charme et la profondeur dépendent, simplement, de *ce à quoi ils répondent!*

Un exemple : je suppose qu'une parole solitaire... le mot « *déjà!* soit le mot que *devra* prononcer, — en tel instant, — l'Andréide. Je prends ce seul mot, au lieu de n'importe quelle phrase. Vous attendez cette parole, qui sera dite avec la voix douce et grave de Miss Alicia Clary et accompagnée de son plus beau regard perdu en vos yeux.

Ah! songez à combien de questions ou de pensées ce seul mot peut répondre magnifiquement! Ce sera donc à vous d'en créer la profondeur et la beauté *dans votre question même.*

C'est ce que vous essayez de faire, dans la vie, avec la vivante : seulement, lorsque c'est ce même mot que vous en attendez, en telle circonstance où il serait d'une si noble harmonie avec votre pensée que vous voudriez pouvoir le *souffler*, pour ainsi dire, à cette femme, JAMAIS celle-ci ne le prononce. Ce sera TOUJOURS une dissonance amère, *une autre parole, enfin,* que son naturel judicieux lui dictera, pour vous serrer le cœur.

Eh bien, avec l'Alicia-future, l'Alicia réelle, l'Alicia de votre âme, vous ne subirez plus ces stériles ennuis.. Ce sera bien la parole *attendue* — et dont la beauté dépendra de votre suggestion même, — qu'elle répondra! Sa « conscience » ne sera plus la négation de la vôtre, mais deviendra la semblance d'âme que préférera votre mélancolie. Vous pourrez évoquer en elle la présence radieuse *de votre seul amour,* sans redouter, cette fois, qu'elle démente votre songe! Ses paroles ne décevront jamais votre espérance! Elles seront toujours aussi sublimes... que votre inspiration saura les susciter. Ici, vous n'aurez du moins pas à craindre d'être incompris, comme avec la vivante : vous aurez seulement à prendre attention au temps gravé entre les paroles. Il vous sera même inutile d'articuler, vous-même, des paroles ! Les siennes répondront à vos pensées, à vos silences.

— Ah! si c'est, *à ce point*, une comédie que vous me proposez de jouer perpétuellement, répondit lord Ewald, c'est une offre à laquelle je ne puis que me refuser, — je dois vous le déclarer.

II

Rien de nouveau sous le soleil

Et j'ai reconnu que *cela même était une vanité*.
L'ECCLÉSIASTE.

Edison, à ce mot, posa sur la table, auprès de l'Andréide, l'instrument lumineux qui suffisait à l'autopsie de sa créature, et relevant le front :

— Une comédie, mon cher lord ? dit-il : mais, est-ce que vous ne consentez pas à la jouer toujours avec l'original, puisque, d'après vos confidences mêmes, vous ne pouvez que lui cacher ou lui taire à jamais votre arrière-pensée, par politesse ?

Oh ! qui donc serait assez étrange, sous le soleil, pour essayer de s'imaginer qu'il ne joue pas la comédie jusqu'à la mort ? Ceux-là seuls qui ne savent pas leurs rôles prétendent le contraire. Tout le monde la joue ! forcément ! Et chacun avec soi-même. Etre sincère ? Voilà le seul rêve tout à fait irréalisable. Sincère ! Comment serait-ce possible, puisqu'on ne sait rien ? puisque personne n'est, vraiment, persuadé de rien ! puisque l'on ne se connaît pas soi-même ? — L'on voudrait convaincre son prochain que l'on est, soi-même, convaincu d'une chose — (alors que, dans la conscience mal étouffée, l'on entend, l'on voit, l'on sent le douteux de cette même chose) ! — Et pourquoi ? Pour se magnifier d'une foi d'ailleurs toute fictive, dont personne n'est dupe une seconde et que l'interlocuteur ne feint d'admettre... qu'afin qu'il lui soit rendu la pareille tout à l'heure. Comédie, vous dis-je. Mais si l'on *pouvait* être sincère, aucune société ne durerait une heure, — chacun passant l'existence à se donner de perpétuels démentis, vous le savez ! Je défie l'homme le plus franc d'être sincère une minute sans se faire casser la figure ou se trouver dans la nécessité de la briser à ses semblables. Encore une fois, que savons-nous, pour oser émettre une opinion sur quoi que ce soit qui ne soit pas *relative* à mille influences de siècle, de milieux, de dispositions d'esprit, etc. — En amour ? Ah ! si deux amants pouvaient jamais se voir *réellement, tels qu'ils sont*, et savoir, réellement, ce qu'ils pensent *ainsi que la façon dont ils sont conçus l'un par l'autre*, leur passion s'envolerait à la minute ! Heureusement pour eux ils oublient toujours cette loi physique inéluctable : « deux atomes ne peuvent se toucher. » Et ils ne se pénètrent que dans cette infinie illusion de leur rêve, incarnée dans l'enfant, et dont se perpétue la race humaine.

Sans l'illusion, tout périt. On ne l'évite pas. L'illusion, c'est la lumière ! Regardez le ciel au-dessus des couches atmosphériques de la terre, à quatre ou cinq lieues, seulement, d'élévation: vous voyez un abîme couleur d'encre, parsemé de tisons rouges de nul éclat. Ce sont donc les nuages, symboles de l'Illusion, qui nous font la Lumière ! Sans eux, les Ténèbres. Notre ciel joue donc lui-même la comédie de la Lumière — et nous devons nous régler sur son exemple sacré.

Quant aux amants, dès qu'ils *croient* seulement se connaître, ils ne demeurent plus attachés l'un à l'autre que par l'habitude. Ils tiennent à la somme de leurs êtres et de leurs imaginations dont ils se sont réciproquement imbus ; ils tiennent au fantôme qu'ils ont conçu, l'un d'après l'autre, en eux-mêmes, ces étrangers éternels ! mais ils ne tiennent plus l'un à l'autre *tels qu'ils se sont reconnus être,* — Comédie inévitable ! vous dis-je. Et quant à celle que vous aimez, puisque ce n'est qu'une comédienne, puisqu'elle n'est digne d'admiration pour vous que lorsqu'elle « joue la comédie » et qu'elle ne vous charme, absolument, que dans ces instants-là, — que pouvez-vous demander de mieux que son andréide, laquelle ne sera que ces instants figés par un grand sortilège ?

— C'est fort spécieux, dit tristement le jeune homme. Mais... entendre toujours les mêmes paroles ! les voir toujours accompagnées de la même expression, fût-elle admirable ! — Je crois que cette comédie me semblera bien vite... monotone.

— J'affirme, répondit Edison, qu'entre deux êtres qui s'aiment toute nouveauté d'aspect ne peut qu'entraîner la diminution du prestige, altérer la passion, faire envoler le rêve. De là ces rapides satiétés des amants, lorsqu'ils s'aperçoivent, ou croient s'apercevoir, à la longue, de leur vraie nature réciproque, dégagée des voiles artificiels dont chacun d'eux se parait pour plaire à l'autre. Ce n'est même qu'une *différence* d'avec leur rêve qu'ils constatent encore, ici! Et elle suffit pour qu'ils en arrivent souvent au dégoût et à la haine.

Pourquoi?

Parce que si l'on a trouvé sa joie dans une seule manière de se concevoir, ce que l'on veut, au fond de son âme, c'est la conserver sans ombre, telle qu'elle est, sans l'augmenter ni la diminuer ; car le mieux est l'ennemi du bien — *et ce n'est que la nouveauté qui nous désenchante.*

— Oui, c'est vrai ! murmura lord Ewald, avec un pensif sourire.

— Eh bien! l'Andréïde, avons-nous dit, n'est que les premières heures de l'Amour immobilisées, — l'heure de l'Idéal à jamais faite prisonnière : et vous vous plaignez déjà de ce qu'elle ne pourra plus rouvrir ses inconstantes ailes pour vous quitter encore! O nature humaine!

— Songez, aussi, répondit lord Ewald en souriant, que cet agrégat de merveilles, étendu sur ce marbre, n'est qu'un assemblage vain et mort de substances sans conscience de leur cohésion ni du prodige futur qui doit s'en dégager.

Vous pourrez troubler mes yeux, mes sens et mon esprit par cette magique vision : mais pourrai-je oublier, moi, qu'elle n'est qu'impersonnelle? Comment aimer zéro? me crie, froidement, ma conscience.

Edison regarda l'Anglais.

— Je vous ai démontré, répondit-il, que dans l'Amour-passion, tout n'était que vanité sur mensonge, illusion sur inconscience, maladie sur mirage. — Aimer zéro, dites-vous? Encore une fois, qu'importe, si vous êtes l'unité placée devant ce zéro, comme vous l'êtes, d'ores et déjà, devant tous les zéros de la vie — et si c'est, enfin, le seul qui ne vous désenchante ni ne vous trahisse?

Toute idée de possession n'est-elle donc pas éteinte et morte en votre cœur? — Je ne vous offre, et je l'ai bien spécifié, qu'une transfiguration de votre belle vivante, — c'est-à-dire ce que vous avez demandé en vous écriant : « Qui m'ôtera cette âme de ce corps! » Et voici que, déjà, vous redoutez, à l'avance, la monotonie de votre propre vœu réalisé. Vous voulez, maintenant, que l'Ombre soit aussi changeante que la Réalité! — Eh bien! je vais vous prouver, à l'instant, jusqu'à l'évidence la plus incontestable, que c'est vous-même, ici, *qui essayez, cette fois, de vous faire illusion*, car vous ne pouvez pas ignorer, mon cher lord, que la *Réalité*, elle-même, n'est pas aussi riche en mobilités, en nouveautés, ni en diversités que vous vous efforcez de le croire! Je vais vous rappeler que le langage du bonheur dans l'Amour, ainsi que ses expressions sur les traits mortels, ne sont pas aussi variés *qu'un secret désir de garder, quand même, votre déjà pensif désespoir*, vous inspire de le supposer encore !

L'électricien se recueillit un instant, — puis :

— Eterniser une seule heure de l'amour, — la plus belle, — celle, par exemple, où le mutuel aveu se perdit sous l'éclair du premier baiser, oh ! l'arrêter au passage, la fixer et s'y définir ! y incarner son esprit et son dernier vœu ! ne serait-ce donc point le rêve de tous les êtres humains ? Ce n'est que pour essayer de ressaisir cette heure idéale que l'on continue d'aimer encore, malgré les différences et les amoindrissements apportés par les heures suivantes. — Oh ! ravoir celle-là, toute seule ! — Mais les autres ne sont douces qu'autant qu'elles l'augmentent et la rappellent ! Comment se lasser jamais de rééprouver cette unique joie : la grande heure monotone ! L'être aimé ne représente plus que cette heure perpétuellement à reconquérir et que l'on s'acharne en vain à vouloir ressusciter. Les autres heures ne font que monnayer cette heure d'or ! Si l'on pouvait la renforcer des meilleurs instants, parmi ceux des nuits ultérieures, elle apparaîtrait comme l'idéal de toute félicité réalisé.

Ceci posé en principe, dites-moi : — si votre bien-aimée vous offrait de s'incarner à tout jamais dans l'heure qui vous a semblé la plus belle, — celle où quelque dieu lui inspira des paroles qu'elle ne comprenait pas, — à la condition de lui *redire, vous aussi, celles des vôtres qui, uniquement, ont fait partie constitutive de cette heure, croiriez-vous « jouer la comédie » en acceptant ce pacte divin ?* Ne dédaigneriez-vous pas le reste des paroles humaines ? Et cette femme vous semblerait-elle monotone ? Regretteriez-vous, enfin, ces heures suivantes, où elle vous sembla si différente que vous alliez en mourir ?

Ses paroles, son regard, son beau sourire, sa voix, sa personne même, telle qu'elle fut en cette heure, ne vous suffiraient-ils pas? L'idée, même, vous viendrait-elle de réclamer du Destin *la restitution* de ces autres paroles de hasard, fatales ou insignifiantes presque toujours, des traîtres instants qui suivirent l'illusion envolée ? — Non. — Celui qui aime ne *redit-il* pas, à chaque instant, à celle qu'il aime, les deux mots si délicieusement sacrés qu'il lui a déjà dits mille fois ? Et que lui demande-t-il, sinon l'écho de ces deux paroles, ou quelque grave silence de joie ?

Et, en effet, on sent que le mieux est *de réentendre* les seules paroles qui puissent nous ravir, précisément parce qu'elles nous ont ravi une fois déjà. Il en est de cela, tenez, tout simplement, comme d'un beau tableau, d'une belle statue où l'on découvre tous les jours des beautés, des profondeurs nouvelles ; d'une belle musique que l'on veut réentendre de préférence à de nouvelle ; d'un beau livre que l'on relit sans se lasser, de préférence à mille autres, qu'on ne veut même pas entr'ouvrir. Car une seule chose belle contient l'âme simple de toutes les autres. Une seule femme contient toutes les femmes, pour qui aime celle-là. Et lorsqu'il nous incombe une de ces heures absolues, nous sommes ainsi faits que *nous n'en voulons plus d'autres*, et que nous passons notre vie à essayer, inutilement, de l'évoquer encore, — comme si l'on pouvait arracher sa proie au Passé.

— Oui, soit ! dit amèrement lord Ewald. Cependant, monsieur l'enchanteur, ne pouvoir jamais *improviser* une parole naturelle, toute simple !.. Cela doit glacer bien vite la bonne volonté la plus résolue.

— Improviser !... s'écria Edison : vous croyez donc que l'on improvise quoi que ce soit ? qu'on ne *récite* pas toujours ? — Mais, enfin, lorsque vous priez Dieu, est-ce que tout cela n'est pas réglé, jour par jour, dans ces livres d'oraisons qu'enfant vous avez appris par cœur ? En un mot ne lisez-vous pas, ou ne récitez-vous pas, toujours, les *mêmes* prières du matin et du soir, lesquelles ont été composées, *une fois pour toutes et pour le mieux*, par ceux qui ont eu qualité pour cela ? et qui s'y entendaient ? — Est-ce que notre Dieu, lui-même, enfin, ne vous en a pas donné la formule en vous disant : « Quand vous prierez, vous prierez, COMME CECI ! etc ? » — Est-ce que, depuis bientôt deux mille années, toutes les autres prières sont autres choses que de pâles dilutions de celle qu'il nous a léguée ?

Même dans la vie, est-ce que toutes les conversations mondaines n'ont pas l'air de fins de lettres ?

En vérité, toute parole n'est et ne peut être qu'une redite : — et il n'est pas besoin de Hadaly pour se trouver, toujours, en tête-à-tête avec un fantôme.

Chaque métier humain a son ensemble de phrases, — où chaque homme tourne et se vire jusqu'à la mort : et son vocabulaire, qui lui semble si étendu, se réduit à une centaine, au plus, de phrases types, constamment récitées.

Certes, vous n'avez jamais eu le souci ni pris le plaisir de calculer, par exemple, la somme d'heures qu'un perruquier de soixante ans, ayant commencé son métier à dix-huit ans, a dépensée à dire à chaque menton qu'il rase : « Il fait beau ou vilain temps ! » pour engager la conversation, laquelle (s'il lui est répondu) roule cinq minutes sur ce sujet, pour être *automatiquement* reprise par le menton suivant, et ainsi de suite, et recommencer le lendemain ? Cela donne un peu plus de *quatorze* années compactes de sa vie, c'est-à-dire la quatrième partie, environ, de la totalité de ses jours ; le reste est employé à naître, geindre, grandir, boire, manger, dormir et voter d'une manière éclairée.

Que voulez-vous qu'on improvise, hélas ! qui n'ait été débité, déjà, par des milliards de bouches ? On tronque, on ajuste, on banalise, on balbutie, voilà tout. Cela vaut-il la peine d'être regretté, d'être dit, d'être écouté ? Est-ce que la Mort, avec sa poignée de terre, ne clora pas, demain, tout ce parlage insignifiant, tout ce rebattu où nous nous répandons en croyant « improviser » ?

Et comment hésiteriez-vous à préférer, comme économie de temps, les admirables condensations verbales, composées par ceux-là qui ont le métier de la parole, l'habitude de la pensée, et qui peuvent exprimer, à eux seuls, les sensations de toute l'Humanité ! Ces hommes-mondes ont analysé les plus subtiles nuances des passions. C'est l'essence, que, seule, ils ont gardée, qu'ils expriment en condensant des milliers de volumes au profond d'une seule page. C'est nous-mêmes qu'ils sont, quels que nous soyons. Ils sont les incarnations du dieu Protée qui veille en nos cœurs. Toutes nos idées, nos paroles, nos sentiments, pesés au carat, sont étiquetés, en leurs esprits, avec leurs plus lointaines ramifications, celles où nous n'osons descendre, nous aventurer! Ils savent, d'avance et pour le mieux, tout ce que nos passions peuvent nous suggérer d'intense, de magique et d'idéal. Nous ne ferons pas mieux, je vous assure : — et je ne vois pas pourquoi nous nous donnerions la peine de parler plus mal, en voulant nous en rapporter à notre inhabileté, sous prétexte qu'elle est, du moins, *personnelle*,— alors que ceci, vous le voyez, n'est encore qu'une illusion.

— Continuons donc l'anatomie de votre belle morte! répondit lord Ewald après un pensif silence : je me rends à votre discours.

III

La Démarche.

Incessu patuit dea.
VIRGILE.

A l'injonction de son ami, l'ingénieur ressaisissant la grande pince de verre :

— L'heure presse, en effet, dit-il, et à peine aurai-je le temps de vous donner une idée générale de la possibilité de Hadaly ; mais cette idée suffira, le reste n'étant qu'une question de main-d'œuvre. Ce qu'il est bon de constater, c'est la simplicité, véritablement fabuleuse, des moyens dont je me suis servi dans ma tentative.

En un mot, j'ai mis mon orgueil à *prouver*, ici, mon ignorance, aux admirables savants qui honorent notre espèce.

Voyez : l'Idole a des pieds d'argent, comme une belle nuit. Leur *maniérisme* n'attend que le derme neigeux, le repoussé des malléoles, les ongles rosés et les veines de ceux, n'est-ce pas ? de votre belle chanteuse. Seulement, s'ils semblent légers en leur démarche, ils le sont moins en réalité. Leur plénitude intérieure est réalisée par la lourde fluidité du vif-argent. Cet hermétique maillot d'argent, qui les continue, est rempli du liquide métal et monte, en s'étrécissant, jusqu'à la naissance du mollet, de sorte que toute la pesanteur porte sur le pied même. Bref, ce sont deux petits brodequins de cinquante livres et d'une mutinerie, cependant, presque enfantine. Ils paraissent d'une légèreté d'oiseau, tant le puissant électro-aimant qui les inspire et qui anime le mouvement crural se joue de ces deux perfections futures.

L'armure est séparée à la taille, que ce voile noir enveloppait tout à l'heure, par cette ligne ployante, composée d'une quantité de très courts et très fins liserons d'acier, qui relient, sous les flancs, le système crural à la taille même et à l'extrémité de l'abdomen. Cette ceinture, comme vous le voyez, n'est pas, circulaire : elle est d'un ovale incliné en avant, comme la ligne inférieure d'un corset prolongée jusqu'à la pointe.

Ceci donne à la taille de l'Andréïde (recouverte de sa chair à la fois résistante et flexible) ce plié gracieux, cette ondulation ferme, ce vague dans la démarche, qui sont si séduisants chez une simple femme. Remarquez bien qu'ils sont convexes à la taille et concaves en avant du corps, ce qui, grâce à la tension de ces archals, autour des reins, non seulement ne l'empêche en rien de se tenir droite comme un svelte peuplier, mais permet tous les mouvements latéraux qui sont familiers à son modèle. Toutes les inégalités de ces liserons précieux sont calculées ; chacun d'eux subit l'impression du courant central, selon les ondulations du torse vivant qui leur dictera ses inflexions personnelles d'après leurs incrustations sur le Cylindre-moteur.

Vous serez surpris de l'*identité* du charme qu'elles dispersent dans les attitudes ! Si vous doutez que la « grâce » féminine tienne à si peu de chose, examinez le corset de miss Alicia Clary, et faites la différence de la démarche, de la *ligne* du corps, enfin, sans ce guide artificiel ! — Vous voyez, il y a quelques-unes de ces inégales flexibilités à toutes les articulations, surtout à celles des bras, dont les abandons infinis m'ont coûté de longues veilles.

Celles du cou, remarquez-les : unies aux mouvements transmis par les fils impressionnés, elles sont, je crois, d'une délicatesse de ployé irréprochable. C'est le cygne féminin : le degré d'afféterie se mesure exactement.

Toute cette ossature d'ivoire n'est-elle pas d'un fini délicieux ? Ce charmant squelette est retenu à l'armure par ces anneaux de cristal, dans lesquels joue chaque os jusqu'au degré de la valeur du mouvement désiré.

Avant de vous dire comment l'Andréïde se lève, supposons-la debout et immobilisée. Vous formez le vœu qu'elle marche jusqu'à une distance prévue, inscrite en elle selon la longueur de ses pas.

J'ai dit qu'il vous suffira de commander à une bague, l'améthyste, pour que l'étincelle-occulte s'utilise en démarche.

Voici, d'abord, l'exposé brut, *sans commentaire*, du théorème physique présenté par les figures suivantes de l'Andréide : ce sont les *moyens* de sa démarche, — dont l'évidente possibilité devra ressortir *ensuite* dans la démonstration, — que j'ajouterai.

A l'extrémité du col de chaque fémur, voici une rondelle d'or, légèrement concave, assez semblable à la cuvette d'une montre et de la dimension d'un fort dollar.

Toutes deux sont imperceptiblement inclinées l'une vers l'autre et montées sur une longue tige mobile, laquelle est incluse dans l'os fémoral.

Au repos, le haut de ces deux tiges dépasse les cols des fémurs d'environ deux millimètres, ce qui produit *la non-adhérence des deux petits disques d'or avec les cols*.

Les B de leurs diamètres — qui viennent en A de la hanche *interne* de l'Andréide — sont reliés par cette coulisse très concave, en lamelles d'acier, qui se prête à la démarche par ses rentrés perpétuels et au milieu de laquelle se trouve, en ce moment, à l'état libre, ce sphéroïde de cristal. Ce globe est du poids d'environ huit livres à cause de son centre hermétiquement empli de vif-argent. A la moindre mobilité de l'Andréide, il glisse, incessamment, en cette coulisse, de l'un à l'autre des deux disques d'or.

Considérez, maintenant, au sommet de chaque jambe, cette petite bielle d'acier, brisée en deux et dont les deux parties, s'ouvrant en dessous, jouent à l'aise en un centre ou moyeu d'acier. Une extrémité en est solidement rivée à la scission dorsale interne de l'armure, — c'est-à-dire, *au-dessus* de la ceinture de flexibilité ; — l'autre, au bord antérieur interne de chaque jambe.

L'Andréide étant étendue, les deux bielles se trouvent, en ce moment, pliées, sur leurs centres, en angle aigu,—et cela dans la partie de son corps qui est divinisée en la Vénus Callipyge. Notez que le moyeu d'acier, qui forme la pointe de l'angle, est *plus bas* que les deux extrémités des bielles.

Vous remarquez ces deux solides entrecroisements d'archals, qui tirent le dos intérieur de l'armure, depuis la hauteur des poumons, — et qui aboutissent, chacun, au point où la partie antérieure des bielles se soude à chaque jambe.

Là, ces archals forment torsade et celle-ci glisse, en nœud coulant, sur l'*avant* de la bielle.

Lorsque l'armure est close, ces barres pectorales en acier, convexes, adaptées en manière de système costal au devant interne de l'armure, surtendent et retiennent ces deux entrecroisements, en les isolant de tous les autres appareils à travers lesquels ils passent sous les phonographes.

Au fond, c'est, *à peu près*, le processus physiologique de la démarche humaine, et, pour être plus occultes en nous, ces moyens de locomotion ne diffèrent des nôtres que *dans leur seule* APPARENCE *à nos yeux. Qu'importe, d'ailleurs! pourvu que l'Andréide marche?*

Les entrecroisements de ces fils d'acier suffisent

pour attirer le poids du torse *tout d'abord un peu en avant* lorsque la démarche est sollicitée.

Au-dessus de l'angle des bielles, voici les aimants en communication chacun avec ce fil, et voici, maintenant, le Fil générateur de la Démarche ; il est directement en relation avec l'appareil dynamo-électrique dont il n'est séparé que de trois centimètres, juste l'épaisseur de l'isolateur, lorsque celui-ci s'interpose entre le courant et le fil.

Cet inducteur se prolonge jusqu'à la hauteur thoracique. Là, les deux fils qui correspondent aux aimants de chaque jambe viennent attendre de lui l'impulsion du courant dynamique : chacun la reçoit, *à son tour seulement, car l'un ne s'électrise qu'en amenant l'interposition de l'isolateur de l'autre.*

Excepté lorsque l'Andréide est étendue ou lorsque l'isolateur est interposé entre le Fil générateur et les aimants, le sphéroïde de cristal est toujours en voyage, d'un disque d'or à l'autre, emprisonné dans la concavité de la coulisse qui se tend et se replie selon les mouvements des jambes. La jambe qui reçoit le cristal sur sa rondelle se tend, par conséquent, la première.

Ceci posé, voici la démonstration nécessaire à l'intelligence de cet exposé.

Nous supposerons que, grâce au léger mouvement drastique interne, imprimé par l'électrique invitation de l'améthyste, le sphéroïde aille se placer sur le disque de la jambe droite, — selon le *hasard* impondérable qui l'y sollicite.

Le disque, en sa non-adhérence, fléchit sous le poids du globe ; sa longue tige rentre dans l'os fémoral, amenant ainsi l'adhérence du disque et du col du fémur. L'extrémité basse de cette tige désisole, en fléchissant, le fil inducteur de cette jambe. Celui-ci reçoit donc l'action du générateur.

Le fluide arrive à l'aimant de l'articulation-crurale supérieure et en multiplie instantanément la puissance. Cet aimant attire donc avec violence la brisure centrale interne de la bielle, le moyeu de *fer*-acier : la bielle se tend, par suite, — en ligne droite et à l'instant même, — avec une force calculée, amenant, ainsi, la tension de la jambe à laquelle elle est soudée. Celle-ci se tend sur son articulation, mais elle demeurerait suspendue en l'air — si le poids du corps, attiré par le nœud coulant de la torsade des archals (qui se tend sur la partie antérieure de la bielle), ne se portait en l'avant vers la jambe mue : — celle-ci, sollicitée par le poids de son brodequin et de son pied et sous la pesée du torse, pose, nécessairement, ce pied sur la terre, en un pas d'environ quarante centimètres. Je vous dirai tout à l'heure pourquoi l'Andréïde ne tombe pas de côté ou d'autre.

Au moment précis où le pied touche terre, une émission dynamique arrive aux aimants de l'articulation d'acier-fer du genou : le genou se tend donc, à son tour, en sa rotule.

Aucune brusquerie dans l'*ensemble* de cette double tension, *parce qu'elle se succède!* Une fois la jambe *recouverte de sa carnation, qui a toute l'élasticité de la chair, c'est le mouvement humain lui-même.* Il y a brusquerie dans la détente de notre fémur, mais elle est atténuée par le relâché du genou qui ne se tend qu'ultérieurement, comme chez l'Andréïde.

— Faites jouer les articulations d'un squelette,

elles vous sembleront brusques et *automatiques*. C'est la chair, encore une fois, et, aussi les vêtements, qui adoucissent tout cela.

L'Andréïde, une fois le pied posé à terre, resterait donc immobile en cette situation, si le fait même de la tension du genou ne repoussait en dehors, d'environ trois centimètres au-dessus de l'os fémoral, la tige de la rondelle d'or sur laquelle est demeuré le globe de cristal. La rondelle, exhaussée de la sorte, et n'étant plus maintenue d'aplomb sur son centre par les bords du col du fémur, fait légèrement bascule, — en s'élevant, et à cause de sa forme inclinée — vers la rondelle gauche. Le globe tombe donc sur la coulisse d'acier, y glisse vers cette rondelle, et son poids, multiplié par la chute imperceptible, l'inclinaison et la vitesse, va frapper la rondelle d'or du fémur gauche et s'y installer.

A peine celle-ci a-t-elle fléchi à son tour, sous le poids du sphéroïde, que l'isolateur de droite s'interpose et que, ses aimants cessant d'être impressionnés par le courant, le moyeu de la bielle de droite, *plus pesant que les deux brisures,* cède et retombe, de lui-même, en angle aigu, dans son cachot d'argent, pendant que la bielle de gauche, se tendant à son tour et amenant, avec une insensible *douceur,* sur sa jambe, le poids du torse, *reproduit le phénomène du pas de l'Andréïde — et ainsi de suite, à l'indéfini, jusqu'au nombre de pas inscrit sur le Cylindre, ou jusqu'à la sollicitation d'une bague.*

Il faut remarquer que l'isolation de l'un des genoux n'a lieu qu'après la tension du genou opposé, sans quoi la jambe isolée *fléchirait trop vite.* Ce qui ne se passe pas lorsque, par exemple, l'Andréïde se met à genoux, comme perdue en une extase mystique pareille à celle de ces somnambules que leurs magnétiseurs font poser, cataleptiquement, ou à celles que l'on obtient des hystériques en approchant, à dix centimètres de leurs vertèbres cervicales, un flacon d'eau de cerises hermétiquement bouché.

C'est la succession de ces flexions et de ces tensions qui donne à la démarche de l'Andréïde cette simplicité humaine.

Quant au léger bruit incessant du cristal sur la coulisse et les rondelles, il est absolument étouffé par le charme de la Carnation. Même sous l'armure, on ne l'entendrait qu'au microphone.

IV

L'éternel Féminin.

> CAŸN : — Êtes-vous heureux ?
> SATAN : — Nous sommes puissants.
> LORD BYRON : *Caïn.*

Lord Ewald, au front duquel brillaient des gouttes de sueur pareilles à des pleurs, regardait le visage, glacial maintenant, d'Edison : il sentait que, sous ce badinage strident et positif, se cachaient deux choses dans l'arrière-pensée une et infinie qui enveloppait cette démonstration.

La première, l'amour de l'Humanité.

La seconde, l'un des plus violents cris d'inespérance, — le plus froid, le plus intense, le plus prolongé jusqu'aux Cieux, peut-être ! — qui ait jamais été poussé par un vivant.

En effet, ce que disaient, en réalité, ces deux hommes, l'un avec ses calculs littérairement transfigurés, l'autre avec son silence d'adhésion, ne signifiait par autre chose que les paroles suivantes, adressées, inconsciemment, au grand X des Causes premières.

« La jeune amie que tu daignas m'envoyer, jadis, pendant les premières nuits du monde, me paraît aujourd'hui devenue le simulacre de la sœur promise et je ne reconnais plus assez ton empreinte, en ce qui anime sa forme déserte, pour la traiter en compagne. — Ah ! l'exil s'alourdit, s'il me faut regarder, seulement, comme un jouet de mes sens d'argile, celle dont le charme consolateur et sacré devait réveiller, — en mes yeux si las de l'aspect d'un ciel vide ! — le souvenir de ce que nous avons perdu. A force de siècles et de misères, le permanent mensonge de cette ombre m'ennuie ! rien de plus : et je ne me soucie plus de ramper dans l'Instinct, d'où elle me tente et m'attire, jusqu'à m'efforcer de croire, toujours en vain, qu'elle est mon amour.

« C'est pourquoi, passant d'une heure et qui ne sais d'où je viens, je suis ici, cette nuit, dans un sépulcre, essayant, — avec un rire qui contient toutes les mélancolies humaines, — et m'aidant, comme je le peux, de la vieille Science défendue — de fixer, au moins, le mirage, — rien que le mirage, hélas ! — de celle que ta mystérieuse Clémence me laissa toujours espérer. »

Oui, telles étaient, à peu près, les pensées que

voilaient, en réalité, l'analyse du sombre chef-d'œuvre.

Cependant, l'électricien ayant touché un point d'une petite urne transparente, close, pleine d'une eau très pure, située à la hauteur du sternum de l'Andréide, la forte tablette de charbon qui s'y trouvait incluse et qu'un imperceptible pas de vis avait, jusqu'à ce moment, presque tout à fait soulevée de cette onde, s'y replongea. Le courant se mit à gronder.

L'intérieur de l'armure sembla tout à coup un organisme humain, étincelant et brumeux, tout diapré d'or et d'éclairs.

Edison continua :

— Cette fumée odorante et couleur de perle, qui circule, comme une ouate, sous le voile noir de Hadaly, est simplement la vapeur de l'eau assimilée par la pile et que rejette ainsi, en la brûlant avec ses atomes violacés, la fulguration torride que vous voyez courir comme la Vie en notre amie nouvelle. Cette foudre, qui circule ainsi en elle, est prisonnière ici, et inoffensive. Regardez !

Ce disant, Edison prit, en souriant, la main de l'Andréide, au plus fort grondement de l'aveuglante étincelle éparse en les miliers de fils nerveux de Hadaly.

— Vous voyez : *c'est un ange !* — ajouta-t-il avec son même ton grave, — si, comme l'enseigne notre Théologie, *les anges ne sont que feu et lumière !* — N'est-ce pas le baron de Swédenborg qui se permit, même, d'ajouter qu'ils sont « hermaphrodites et stériles » ?

Après un silence :

— Passons, maintenant, à la question de l'Equilibre. Elle offre deux aspects : l'Equilibre latéral et l'Equilibre circulaire. Vous connaissez, n'est-ce pas, les trois équilibres, en physique : le stable, l'instable et l'indifférent : c'est leur unité qui maintient les mobilités de l'Andréïde. Vous allez voir que, pour faire tomber Hadaly, il faudrait une plus forte poussée que pour nous, à moins, toutefois, que vous ne *désiriez*, seulement, qu'elle tombe !

V

L'Equilibre

Ma fille, tenez-vous droite.
CONSEILS D'UNE MÈRE.

— L'Equilibre, donc, se produit ainsi, poursuivit le *deus ex machinâ*. — Voici, d'abord l'équilibre latéral ; l'autre, inclus dans l'armure dorsale même, s'obtient de la même manière.

Tout d'abord, étant donnés le fluide électrique et les aimants, l'Equilibre était nécessairement possible.

Donc :

1° Quelle que soit l'attitude de l'Andréïde, la perpendiculaire passe de la clavicule supposée à la vertèbre proéminente, et de celle-ci aboutit à la malléole interne, *comme pour nous*.

2° Quelle que soit la mobilité de ces deux pieds « adorables », ils constituent perpétuellement les deux extrémités d'une droite horizontale sur le milieu de laquelle s'abaisse toujours une verticale, partie du centre de gravité *réel* de l'Andréide, quelle que soit son attitude ; voici pourquoi.

Les deux hanches de Hadaly sont celles de la Diane chasseresse ! — Mais leurs cavités d'argent contiennent ces deux buires-vasculaires, en platine, dont je vous spécifierai tout à l'heure l'utilité. Les bords, bien que glissants, sont d'une quasi-adhérence aux parois de ces cavités illiaques, à cause de leur forme sinueuse.

Les fonds de ces récipients — dont l'évasement supérieur est de la forme de ces parois — se terminent en cônes rectangulaires, lesquels sont eux-mêmes inclinés en bas, l'un vers l'autre soutendant ainsi un angle de quarante-cinq degrés par rapport au niveau de leur hauteur. Ainsi les deux pointes de ces vases, si elles se prolongeaient, se joindraient, entre les jambes, juste la hauteur des genoux de l'Andréide.

Ces deux pointes forment, par conséquent, le fictif sommet renversé d'un rectangle dont l'hypothénuse serait une horizontale imaginaire coupant le torse en deux.

La ligne de l'Equateur terrestre n'*existe* pas : elle *est*! Toujours idéale, imaginaire, — et cependant aussi *réelle* que si elle était tangible, n'est-il pas vrai ? Telles sont les lignes dont je vais parler, et dont notre Equilibre, à nous-mêmes, sous-entend, à chaque seconde, en nous aussi, la *réalité*.

Ayant exactement calculé les diverses pesanteurs des appareils fixés au-dessus de cette ligne idéale et les ayant disposés suivant l'inclinaison désirable, je prétends que le *sens* de toutes ces pesanteurs pourrait être également formulé par un

14

second rectangle superposé au premier, la pointe, aussi, en bas, et que cette pointe aboutirait au centre fictif de l'hypothénuse du premier rectangle Ainsi, la base du rectangle supérieur serait formée par une seconde horizontale nivelant les deux épaules. Les sommets angulaires de chaque rectangle seraient donc placés en sens vertical correspondant.

Jusqu'à présent, tout le poids du corps, placé, par exemple, debout et immobile, serait, par conséquent, enfermé dans la verticale idéale qui, partant du milieu du front de l'Andréïde, aboutirait au centre même d'une ligne tirée entre ses deux pieds.

Mais comme tout déplacement entraînerait une chute de côté ou d'autre, les deux larges et profonds vaisseaux de platine sont remplis *exactement* à moitié seulement, de la flottante pesanteur du vif-argent. Juste à moitié au-dessous du niveau de ce métal, ils sont reliés l'un à l'autre par l'entrecroisement horizontal de ces deux flexibles tubulures d'acier que vous voyez placées sous le Cylindre-moteur.

Au centre du disque supérieur qui clôt hermétiquement chacun de ces récipients, est rivée l'extrémité d'une sorte d'arc, également d'un acier très pur, très sensible, très puissant L'autre extrémité est fixée et très fortement soudée à la partie supérieure de la cavité d'argent de la hanche, qui est la prison PRESQUE *adhérente seulement*, de ces deux appareils. Cet arc est non seulement tendu par le poids spécifique du vif-argent, vingt-cinq livres, mais encore est forcé, dans sa tension, du poids *d'UN SEUL CENTIMÈTRE* de mercure de plus que n'en représente le niveau intérieur de chaque buire. L'arc s'efforcerait donc de les ramener de ce centimètre de plus vers la partie supérieure de la cavité illiaque *s'il n'était maintenu, tendu à la seule hauteur du poids du niveau du mercure, par cette petite ganse d'acier que le glissement de la buire rencontre à cette hauteur même sur les parois de la cavité.*

Ainsi la légère tension de l'arc demeure CONSTANTE, grâce à cet obstacle. L'adhérence latérale du disque supérieur de chacune des deux buires à la ganse d'acier est donc parfaite lorsque le niveau du vif-argent qu'elles contiennent est égal en ces deux récipients.

Or, à chaque mouvement de l'Andréide, ce niveau flottant change et oscille, l'étrange métal se trouvant en état de fluctuation perpétuelle de l'une à l'autre des buires, grâce aux deux tubulures, — lesquelles, à la moindre inclinaison de côté ou d'autre, précipitent un poids excédant de vif-argent dans la buire du côté dont l'équilibre est *sur le point* de se rompre.

Le sinueux vaisseau de platine, cédant et glissant, sous ce surcroît, dans la paroi qui moule sa forme, force, de plus en plus, la tension de l'arc. Cette irruption du vif-argent dans le côté où penche l'Andréide amènerait une chute encore plus rapide de ce côté même, si la pointe conique de la buire métallique, dès le *second* centimètre d'exhaussement de son niveau de mercure, ne rencontrait, en cédant, sous ce poids, et en se désisolant par cela même, le courant dynamique. Celui-ci, venant animer la détente graduée de ce système d'aimants fixé à la paroi de chaque buire, fait refluer *pour ainsi dire de force, dans la buire opposée, la quantité de vif-argent strictement nécessaire au contrepoids désiré.* C'est *le mouvement contenu en cette contradiction qui*, SANS CESSE, *excepté au repos, redresse le chancellement* FONDAMENTAL *du corps.* Vu la disposition angulaire des cônes vasculaires, le centre de gravité de l'Andréide *n'est qu'*APPARENT, n'est qu'instable *dans le niveau du mercure.* Sans cela, l'Andréide tomberait malgré le brusque rejet du métal. — Mais le centre de gravité *réel*, grâce à cette disposition des cônes, (et c'est un calcul de triangulation d'une extrême simplicité, tout à fait élémentaire) se trouve placé HORS de l'Andréide, dans l'intérieur d'une verticale qui, partant du sommet de l'évasement du cône, — du point, dis-je, de cet évasement le plus éloigné du centre visible, *apparent*, de l'Andréide, — se prolongerait *à coté d'elle,* au long de sa jambe immobile, — jusqu'à terre : ce qui contrebalance latéralement le poids de la jambe mue.

Cette oscillation, ce rejet du métal, ce déplacement du centre de gravité, sont perpétuels comme le courant qui les anime et qui en règle le phénomène. Les tensions de l'arc sont continuellement en éveil à la moindre mobilité de l'Andréide et le niveau flottant du vif-argent est incessamment en devenir. Les deux tubulures d'acier sont donc, pour elle, *le balancier d'un acrobate.* Mais, à l'extérieur, aucun chancellement ne trahit cette lutte interpariétale d'où sort le premier équilibre; rien, pas plus qu'en nous.

Quant à l'équilibre total, vous voyez, depuis les clavicules jusqu'aux extrémités des vertèbres lombaires, ces complications de sinuosités où le vif-argent ondule sans cesse, en contrariant ses pesanteurs par des translations instantanées dues à de très fins systèmes dynamo-magétiques. Ce sont ces sinuosités qui permettent à l'Andréïde de se lever, de s'étendre, de se baisser, de se tenir et de marcher comme nous. Grâce à leur jeu complexe, vous pourrez voir Hadaly cueillir des fleurs sans tomber.

VI

Saisissement

« Le sage ne rit qu'en tremblant. »

PROVERBES.

Je vous ai seulement indiqué à grands traits la possibilité du phénomène : les minutes qui vous restent,... (voici minuit) — ne me permettant que d'effleurer les détails.

La première Andréïde seule était difficile. Ayant écrit la formule générale, ce n'est plus désormais, laissez-moi vous le redire, qu'une question d'ouvrier : nul doute qu'il ne se fabrique bientôt des milliers de substrats comme celui-ci — et que le premier industriel venu n'ouvre une manufacture d'idéals !

A cette plaisanterie, lord Ewald, très énervé déjà, se mit à rire légèrement d'abord ; — puis, voyant qu'Edison riait aussi, l'hilarité la plus étrange le gagna : le lieu, l'heure, le sujet de l'expérience, l'idée même qui était agitée entre eux, tout lui sembla, pendant un fort moment, aussi effrayant qu'absurde : de sorte que, sans doute pour la première fois de sa vie, il eut un véritable accès de fou rire, dont retentirent les échos de cet Eden sépulcral.

— Vous êtes un terrible railleur, dit-il.

— A présent, reprit l'électricien, hâtons-nous. Je vais vous expliquer de quelle manière je dois procéder pour transporter, sur cette Possibilité-mouvante, toute l'extériorité de votre favorite.

A son toucher, l'armure se referma lentement. La table de porphyre s'inclina.

Hadaly se tenait debout entre ses deux créateurs.

Immobile, voilée, silencieuse, on eût dit qu'elle les regardait sous les ténèbres qui cachaient son visage.

Edison toucha l'une des bagues du gantelet d'argent de Hadaly.

L'Andréïde tressaillit tout entière : elle redevenait apparition : le fantôme se réanimait.

L'impression désillusionnante que l'explication de tout à l'heure avait laissée dans l'esprit de lord Ewald s'affaiblit à cet aspect.

Bientôt le jeune homme, redevenu grave, la considéra, de nouveau, en dépit de sa raison révoltée, avec le sentiment indéfinissable qu'elle avait éveillé en lui, l'heure d'auparavant.

Le rêve recommençait, reprenant le chemin de cette habitude d'une heure.

— Es-tu ressuscitée? demanda froidement, Edison à l'Andréïde.

— *Peut-être!* répondit, sous son voile de deuil et avec sa merveilleuse voix de songe, Hadaly.

— Quelle parole! murmura le jeune lord.

Déjà le mouvement de la respiration soulevait le sein de l'Andréïde.

Soudain, croisant les mains, et s'inclinant vers lord Ewald, elle lui dit d'une voix rieuse :

— Et, pour ma peine, voulez-vous me permettre de vous demander une grâce, milord? dit-elle.

— Volontiers, miss Hadaly, répondit le jeune homme.

Et, pendant qu'Edison rangeait ses scalpels, elle s'éloigna vers les pentes de fleurs du souterrain : puis, ayant avisé une grande bourse noire, aux plis de soie et de velours, pareille à celles des quêteuses, et qui était suspendue par ses cordons à un arbuste, elle revint vers l'Anglais surpris.

— Milord, dit-elle, toute belle soirée de plaisir, dans le monde, n'est complète, je crois, que si elle se rachète elle-même par quelque bonne œuvre dissimulée sous ses attraits. Ainsi, souffrez que je vous implore pour une jeune femme très aimable — une jeune veuve! — et pour ses deux enfants!

— Que signifie ceci? demanda lord Ewald à Edison.

— Mais, je n'en sais trop rien, moi! dit Edison. Ecoutons-la, mon cher lord; souvent elle me fait de ces surprises à moi-même.

— Oui, continua l'Andréïde, je vous demande secours, bien humblement, pour cette pauvre femme — que le seul dénuement de ses enfants oblige à subir encore de vivre — et qui, sans le devoir de leur donner du pain, ne le supporterait pas un jour. Car le malheur immérité a grandi son âme jusqu'à la soif de la Mort. Une sorte de perpétuelle extase l'élève hors de ce monde et la rend aussi impuissante à tout gagne-pain qu'indifférente aux privations les plus pénibles — excepté pour ses enfants. Elle a coutume de vivre dans un état d'esprit qui ne lui laisse distinguer que les choses éternelles, au point d'avoir oublié son nom terrestre pour un autre, dit-elle, — que des *voix*, d'étranges *voix !* lui ont donné, souvent, dans les rêves. — Voulez-vous, à ma première prière, vous qui venez du monde des vivants, ne pas dédaigner de joindre votre aumône — A LA MIENNE?

Ce disant, elle alla prendre, sur une étagère voisine, quelques pièces d'or qu'elle laissa tomber dans la bourse.

— De qui parlez-vous, miss Hadaly? demanda lord Ewald en se rapprochant de l'Andréïde.

— Mais de mistress Anderson, milord Celian, — de la femme de cet infortuné *qui est mort de passion pour — vous savez bien? — pour tous ces tristes objets, là, tout à l'heure?*

Et elle indiqua du doigt la place du tiroir funèbre, dans la muraille.

Si maître qu'il fût de lui, lord Ewald recula devant Hadaly inclinée, cette bourse religieuse à la main.

Cette imagination lui semblait la plus sinistre de toutes et quelque chose dans cette aumône atteignait, en lui, l'Humanité.

Sans répondre, il jeta donc plusieurs bank-notes dans la bourse noire.

— Merci, au nom des deux orphelins, milord Celian! dit Hadaly, disparaissant entre les piliers syriens.

VII

Nigra sum, sed formosa

Il est des secrets qui *ne veulent* pas être dits.
EDGARD POE.

Lord Ewald la regardait s'éloigner.

— Je ne puis que demeurer dans la plus profonde surprise, mon cher Edison, dit-il, d'un fait principalement énigmatique pour moi. C'est que votre Andréide puisse me parler, me nommer, me répondre, se diriger à travers divers obstacles ici et en haut. — Je dis que ces faits sont positivement inconcevables en ce qu'ils supposent un discernement quelconque en elle. Vous ne m'expliquerez pas que des phonographes parlent avant qu'une voix humaine ait eu le temps d'y graver des réponses aussi précises, — ni qu'un moteur cylindrique puisse dicter, de lui-même, à un métallique fantôme, des attitudes et des pas non déterminés, déjà, d'après un calcul très long, très compliqué, — possible, soit! — mais qui exige la plus scrupuleuse exactitude.

— Eh bien, je vous atteste que les particularités que vous signalez sont, relativement, *les plus faciles à produire entre toutes les autres.* — Je vous le prouverai, je m'y engage. — Vous seriez encore plus étonné de cette simplicité de leur explication, si je vous la donnais à l'instant, que vous ne l'êtes de leur apparent mystère. — Mais, je vous l'ai dit : dans l'intérêt de l'Illusion nécessaire, il me semble utile de différer encore la révélation de ce secret. Et tenez ! — Remarquez-vous une chose bien plus extraordinaire, mon cher lord : c'est que vous ne m'ayez pas questionné *sur la nature du visage actuel de l'Andréide ?*

Lord Ewald tressaillit.

— Puisqu'il est voilé, dit-il, j'ai pensé qu'il serait peu discret de m'en enquérir.

Edison regarda lord Ewald avec un sourire grave.

— J'imaginais, répondit-il, que vous ne teniez pas à vous créer un souvenir capable de troubler la vision que je vous ai promise : le visage qui vous apparaîtrait ce soir demeurerait fixé en votre mémoire et transparaîtrait toujours pour vous sous le visage futur qui, seul, est votre espérance. Et ce souvenir gênerait votre illusion en éveillant sans cesse une arrière-pensée de dualité. C'est pourquoi, même si ce voile cachait le visage d'une Béatrix idéale, *vous ne tenez pas à le voir* — et vous avez raison. C'est aussi pour un motif analogue que je ne puis vous révéler, aujourd'hui, le secret dont vous parlez.

— Soit, répondit lord Ewald.

Puis, comme voulant dissiper l'idée suscitée par l'électricien :

— Vous allez donc revêtir Hadaly, reprit-il, d'une carnation identique à celle de mon amour ?

— Oui, répondit Edison ; vous remarquez, n'est-ce pas, mon cher lord, qu'il ne s'agit pas encore ici de l'Epiderme, qui est la chose capitale! mais de la chair... seule.

VIII

La Carnation

Chair de la femme, argile idéale, ô merveille!
VICTOR HUGO.

— Vous vous rappelez le bras et la main dont le toucher vous a surpris, en haut, dans mon laboratoire? C'est cette même substance que j'emploierai.

La chair de miss Alicia Clary se compose de certaines parties de graphite, d'acide nitrique, d'eau, de divers autres corps chimiques reconnus dans l'examen des tissus sous-cutanés. Cela ne vous apprend pas pourquoi vous l'aimez. De même la reconstruction des éléments de la chair-andréïdienne ne serait d'aucune lumière, ici, pour vous, attendu que la presse hydraulique, en les coagulant d'une façon homogène (comme la Vie pétrit les éléments de notre chair), a littéralement transfiguré leur *individualité* en une synthèse qui ne s'analyse pas, mais qui se ressent.

Vous ne sauriez imaginer jusqu'à quel point tenez, l'impalpable poudre de fer réduit, aimanté, disséminé à l'état blanc, en cette Carnation, la rend sensible à l'action électrique. Les capillaires extrémités des fils d'induction qui traversent les jours imperceptibles de l'armure sont mêlées aux fibreuses applications de cette chair, — à laquelle la membrane diaphane de l'Epiderme, qui lui est adhérente, obéit merveilleusement. De graduées et très impressives mobilités du courant émeuvent ces parcelles de fer ; cette chair les *traduit* alors, nécessairement, par des rétractilités insensibles, selon telles micrométriques incrustations du Cylindre : il y en a même d'ajoutées les unes sur les autres ; les fondus de leurs successions proviennent de leurs isoloirs mêmes, lesquels pourraient ici ne s'appeler que des *retards instantanés*. La tranquille continuité du courant neutralisant toute possibilité de saccades, l'on arrive, grâce à eux, à des nuances de sourires, au rire des joues de la Joconde, à des embellies d'expression, à des identités vraiment... effrayantes.

Cette chair, qui se prête à la pénétration du tiède calorique engendré par *mes* éléments, donne au toucher l'impression prestigieuse, le bondissement, l'onctueuse élasticité de la Vie, le sentiment indéfinissable de l'*affinité humaine*.

Comme elle doit transparaître, adoucie d'éclat par l'Epiderme, sa nuance est celle d'une neige teintée d'une fumée d'ambre et de roses pâles, et d'un brillant vague, que le mica d'une faible dose d'amiante pulvérisée sait lui donner. L'action photochromique la sature du ton définitif. De là, l'Illusion.

J'ai donc répondu de persuader, ce soir, miss Alicia Clary d'accéder à notre expérience — et sans la connaître — avec toute la complaisance imaginable ; et je vous atteste qu'étant donnée la vanité féminine, cela me sera d'une facilité que vous apprécierez vous-même.

Selon toute convenance, mon premier appariteur est aussi une femme, une grande statuaire inconnue, qui, demain même, dans mon laboratoire, commencera l'œuvre. Votre bien-aimée n'aura pas, en son indispensable nudité, d'autre transpositrice que cette artiste profonde qui n'idéalise pas, mais décalque, et, pour se saisir de la forme mathématique du corps de votre vivante, débutera par prendre, très vite, sous mes yeux vigilants et glacés, — avec des instruments de la plus souveraine précision, — les taille, hauteur, largeur, mesures strictes des pieds et des mains, du visage et de ses traits, des jambes et des bras, ainsi que le poids exact du corps de votre jeune amie. Ce sera l'affaire d'une demi-heure.

Hadaly, invisible, debout, cachée derrière les quatre grands objectifs, attend son incarnation.

Et voici que cette substance charnelle, éclatante et humaine s'unifie, grâce à de minutieuses précautions, à l'armure andréïdienne, selon les épaisseurs naturelles de la belle vivante. — Comme cette substance se prête, sous de très fins outils, à une ciselure d'une ténuité idéale, le vague de l'ébauche disparaît très vite : le modelé s'accuse, les traits apparaissent, mais sans teint ni nuances ; c'est la statue attendant le Pygmalion créateur. La tête seule coûte autant de travail et d'attention soutenue que le reste du corps, à cause du jeu des paupières, du lobe froid des oreilles, de la palpitation douce des narines pendant la respiration, des transparences à venir, du veiné des tempes, des plis des lèvres, lesquelles sont d'une substance plus châtiée encore par l'hydraulique que la plupart des autres parties du corps. Songez à quelles exiguïtés d'aimants (cachés juste en ces mille points lumineux indiqués par les vastes épreuves photographiques du sourire, par exemple), il faut, micrométriquement, amener toute une correspondance d'imperceptibles inducteurs s'isolant les uns les autres !... Certes, j'ai tout le matériel et les formules générales, — mais, l'*indispensable* perfection dans la ressemblance demande ici des labeurs constants et scrupuleux : sept jours au moins, comme pour créer un monde. Songez que la puissante Nature, avec toutes ses ressources, met encore aujourd'hui seize ans et neuf mois à confectionner une jolie femme ! Et au prix de quelles ébauches ! sans cesse modifiées, jour à jour, pour durer si peu ! et qu'une maladie peut effacer de son coup de vent.

Cela terminé, nous attaquons la ressemblance ABSOLUE des traits du visage et des lignes du corps.

Vous connaissez les résultats obtenus par la Photosculpture. On peut véritablement arriver à une transposition d'aspect. J'ai des instruments nouveaux, d'une perfection miraculeuse, exécutés sur mes dessins, depuis de longues années. Nous parvenons, avec leur secours, à décalquer l'identité des reliefs et des moindres méplats à des dixièmes de millimètres près ! Miss Alicia Clary sera donc photosculptée directement sur Hadaly, c'est-à-dire sur l'ébauche, sensibilisée à cet effet, où Hadaly aura déjà commencé à s'incarner silencieusement.

Tout vague disparaît, alors ; — tout excédent saute aux yeux ! — Le microscope est là d'ailleurs. Car il *faut*, en cette réfraction, la fidélité du miroir. — Un grand artiste, auquel j'ai communiqué l'enthousiasme pour l'art spécial de réviser mes fantômes, viendra donner la dernière main.

L'échantillonnage des tons se perfectionne; car l'Epiderme, qui va venir, est d'une fleur de peau, d'une pelure aussi satinée que translucide, et il y a telles dégradations de teintes qu'il faut prévoir et fixer d'avance, — indépendamment, même, des ressources solaires dont nous userons tout à l'heure.

Cela fait, nous nous trouvons en présence d'une Alicia Clary vue dans la brume d'un soir de Londres.

C'est à ce moment même — c'est-à-dire avant de s'occuper de l'Epiderme et de tout ce qu'il comporte — qu'il convient de s'inquiéter de l'intime, vague et personnelle émanation, mêlée à ses parfums habituels, qui flottent autour de celle que vous avez aimée.

C'est, pour ainsi dire, l'atmosphère exquise de sa présence, *l'odor di femina* de la poésie italienne. Enfin, chaque fleur féminine a sa senteur qui la caractérise.

Vous avez parlé d'un chaud parfum dont le charme vous troublait, autrefois, et vous éblouissait le cœur. — Au fond, c'est l'attrait, particulier pour vous, caché dans la beauté de cette jeune femme, qui animait ainsi d'idéal le charme de cette senteur charnelle, — puisqu'un indifférent y fût demeuré fort insensible.

Il s'agit donc, tout d'abord, de se rendre maître de la complexité de l'odeur charnelle en sa *chimique réalité* : (le *reste* étant l'affaire de votre sentimentalisme). Nous procédons, oh! tout simplement comme le parfumeur procède pour traduire les divers aromes des fleurs et des fruits. On obtient l'identité. Vous allez voir comment tout à l'heure.

IX

La bouche de rose et les dents de perle

> La belle Madame de X. pour laquelle s'est longtemps entretuée l'élite de notre jeunesse dorée, dut, en partie, l'irrésistible charme de sa bouche fraîche éclose à l'usage quotidien de l'Eau de Botot. »
> RÉCLAMES D'ANTAN.

Tout d'abord, une question, si vous le permettez mon cher lord : — miss Alicia Clary daigne-t-elle porter toutes ses dents ?

Lord Ewald, après un mouvement de surprise, fit un signe de tête affirmatif.

— Je l'approuve en ceci, continua Edison, bien que ce soit une grave infraction à la mode américaine. Ici, vous le savez, toutes nos belles misses, vraiment élégantes, eussent-elles dans la bouche toutes les perles du Pacifique, commencent, à de rares exceptions près, par se les faire extirper et remplacer par des dentiers mille fois plus *uns*, plus parfaits, plus légers que leurs dentures naturelles. —

Quoi qu'il en soit de miss Alicia Clary à cet égard, milord, — (enfin, un accident est si vite advenu !..) — sa dentition organique sera reproduite avec une fidélité... éblouissante.

En effet, cet excellent docteur Samuelson, accompagné du dentiste W... Pejor, seront dans mon laboratoire le jour de la sixième séance.

A l'aide d'un anesthésique de ma composition et très inoffensif, que miss Alicia Clary respirera sans s'en apercevoir, nous obtiendrons d'elle une syncope complète, durant laquelle, empreinte sera prise de l'écrin radieux de toute sa bouche, ainsi même que de sa langue, dont les doubles exacts seront transposés en la bouche jumelle de Hadaly.

Vous avez parlé d'effets de lumière sur les dents, pendant le sourire. Vous ne pourrez les distinguer les uns des autres une fois l'adaptation terminée.

X

Effluves corporels

> « ... les roses envolées
> Sur les vagues, au loin, s'en sont toutes allées...
> Respires-on sur moi l'odorant souvenir. »
> MARCELINE DESBORDES VALMORE.

Au réveil de votre belle amie, nous lui dirons qu'elle a perdu connaissance, voilà tout : ce qui arrive à toute femme « distinguée » et, afin de prévenir tout nouvel accident de ce genre, Samuelson lui prescrira, dans une savante ordonnance, certains bains d'air chaud qu'il fait prendre dans un établissement par lui fondé.

Miss Alicia Clary s'y rendra dès le lendemain.

Une fois la transpiration obtenue, il recueillera, comme on recueille les acides au papier de tournesol, en des appareils très sensibles, les vapeurs totales des émanations corporelles de cette jeune femme, et ceci des pieds à la tête, en isolant chacune des parties transpirantes.

Puis il en analysera, chez lui, les précipités, à tête reposée. Une fois les équivalents chimiques relevés, il réduira simplement en formules les divers parfums de cette aimable créature. — Nul doute qu'il n'arrive à des approximations infinitésimales, à un dosage tout à fait exact.

Ce résultat bien obtenu, on le fluidifie et l'on en sature la Carnation par un procédé de volatilisation, le tout membre à membre et en se conformant aux nuances de la Nature, — comme, avons nous dit, un habile parfumeur sature une fleur artificielle de l'odeur correspondante. — Ainsi, le bras d'en haut est embaumé du tiède et personnel parfum de son modèle.

Dès lors, la Carnation, ainsi imbue de ces parfums et ceux-ci une fois recouverts par l'Epiderme, y demeurent plus indélébiles qu'en un sachet. Le reste, l'Idéal, vous le fournirez vous-même. Et je vous dis que ce diable de Samuelson a trompé, déjà plusieurs fois, sous mes yeux, l'odorat d'un animal, à force de *vérité* dans ses dosages : je l'ai vu contraindre un basset à s'acharner, en aboyant, et à mordre sur un morceau de chair-artificielle frotté des simples équivalents chimiques du fumet d'un renard !

Un nouvel accès d'hilarité, chez lord Ewald, interrompit l'électricien.

— Ne faites pas attention, mon cher Edison, s'écria-t-il ; continuez ! continuez. C'est merveilleux !

Je rêve ! Je ne puis m'empêcher, — et, cependant, je n'ai pas envie — de rire.

— Ah ! je comprends et je partage votre impression ! répondit mélancoliquement Edison ; mais songez au prix de quels *riens*, ajoutés les uns aux autres, se produit, parfois, un ensemble irrésistible ! Songez à quels *riens* tient l'amour même !

La nature change, mais non l'Andréide. Nous autres, nous vivons, nous mourrons, — que sais-je ! L'Andréide ne connaît ni la vie, ni la maladie, ni la mort. Elle est au-dessus de toutes les imperfections et de toutes les servitudes ! Elle garde la beauté du rêve. C'est une *inspiratrice*. Elle parle et chante comme un génie, — mieux même, car elle résume, en sa magique parole, les pensées de plusieurs génies. — Jamais son cœur ne change : elle n'en a pas. Votre devoir, donc, sera de la détruire à l'heure de votre mort. Une cartouche de nitro-glycérine, un peu forte, ou de panclastite, suffira pour la réduire en poussière et rejeter sa forme à tous les vents du vieil espace.

XI

Uranie

« Cette étoile qui brille comme une larme. »
GEORGE SAND.

Hadaly apparut au fond du souterrain : elle passait entre les arbustes aux floraisons sans hivers.

Enveloppée en d'amples et longs plis de satin

noir et son oiseau de paradis sur l'épaule, elle revenait vers ses visiteurs terrestres.

Une fois auprès de la crédence, elle remplit de nouveau deux verres de sherry et vint, en silence, les leur offrir.

Ses hôtes l'ayant remerciée d'un geste, elle s'en alla replacer les deux verres sur le plateau vermeil.

— Minuit trente-deux minutes ! murmura Edison. Vite, occupons-nous des Yeux ! — A propos de vos yeux futurs, Hadaly, dites-moi... pouvez-voir, d'ici, *avec les vôtres*, miss Alicia Clary ?

Hadaly, à cette parole, sembla se recueillir un instant.

— Oui, dit-elle.

— Eh bien ! apprenez-nous sa toilette, ce qu'elle fait, où elle est ?

— Elle est seule, dans un wagon en marche, votre dépêche à la main, essayant de la relire ; la voici qui se lève pour se rapprocher de la lampe ; mais le chemin de fer va si vite... qu'elle retombe : elle ne peut s'y tenir debout !

Et Hadaly, sur ces derniers mots, eut un rire léger qui fut partagé, très bruyamment, et avec un timbre de puissant ténor, par l'oiseau de paradis.

Lord Ewald comprit que l'Andréïde lui montrait qu'elle savait rire aussi des vivants.

— Puisque vous avez ainsi la seconde vue, miss Hadaly, dit-il, seriez-vous assez aimable pour regarder comment elle est vêtue ?

— Elle porte une toilette d'un bleu si clair que sa robe paraît verte à la lueur de la lampe, répondit Hadaly ; et elle s'évente, maintenant, avec un éventail d'ébène, aux branches sculptées de fleurs noires. Sur l'étoffe de l'éventail est représentée une statue...

— Ceci est une chose qui passe l'imaginable, murmura lord Ewald; c'est la vérité de point en point. Vos télégrammes sont bien rapides !

— Milord, répondit l'ingénieur, vous demanderez vous-même à miss Alicia Clary si, trois minutes après son départ de New York pour Menlo Park, il ne lui est pas arrivé ce que vient de nous retracer Hadaly. — Mais, voulez-vous causer un instant avec elle, pendant que je vais aller choisir quelques échantillons d'yeux incomparables?

Et il s'éloigna vers la profondeur du souterrain, s'approcha du dernier pilier, — fit mouvoir une pierre et parut s'absorber dans l'examen de différents objets cachés en ce lieu.

— Serez-vous assez gracieuse pour m'apprendre, miss Hadaly, dit lord Ewald, à quoi peut être utile cet instrument, d'aspect si compliqué, placé sur cette étagère, là-bas?

— Oui, milord Celian, répondit Hadaly après s'être détournée, comme pour regarder, sous son voile, l'objet dont lui parlait le jeune homme. C'est encore une invention de notre ami. Cela sert à mesurer la chaleur d'un rayon d'étoile.

— Ah! je me souviens d'en avoir entendu parler dans nos gazettes, répondit lord Ewald avec une fantastique tranquillité.

— Vous le savez, reprit Hadaly. Bien avant que la Terre fût même une nébuleuse, des astres brillaient depuis une sorte d'éternité, mais, hélas! si éloignés, si éloignés d'elle, que leur radieuse lueur, en parcourant près de cent mille lieues par seconde, n'est arrivée que récemment à la place occupée par la Terre dans le Ciel. Et il se trouve que plusieurs de ces astres se sont éteints depuis longtemps, avant qu'il ait été possible à leurs mortels de distinguer cette terre. Cependant le rayon sorti de ces astres refroidis devait leur survivre. Il continua sa marche irrévocable dans l'étendue. C'est ainsi qu'aujourd'hui le rayon de quelques-uns de ces foyers en cendres est parvenu jusqu'à nous. De sorte que l'homme qui contemple le Ciel, y admire souvent des étoiles qui n'existent plus et qu'il y aperçoit quand même, grâce à ce rayon fantôme, dans l'Illusion de l'univers.

Eh bien! cet appareil, milord Celian, est tellement sensible qu'il pèse la chaleur presque nulle, presque imaginaire, d'un rayon de ces sortes d'étoiles. Il en est même de si lointaines que leur lueur ne parviendra jusqu'à la Terre que lorsque celle-ci se sera éteinte comme elles se sont éteintes, et qu'elle aura passé sans même avoir été connue de ce rayon désolé.

Pour moi, souvent, pendant les belles nuits, quand le parc de cette habitation est solitaire, je me munis de cet instrument merveilleux; je viens en haut, je m'aventure sur l'herbe, je vais m'asseoir sur le banc de l'Allée des chênes, — et là, je me plais, toute seule, à peser des rayons d'étoiles mortes.

Hadaly se tut.

Lord Ewald, éprouvait un vertige; il finissait par se familiariser avec l'idée que ce qu'il voyait et entendait, à force d'être impossible, ne pouvait être que tout naturel.

— Voici les Yeux! s'écria Edison, en revenant vers lord Ewald, un coffret à la main.

L'Andréide, à cette parole, alla s'étendre sur la dormeuse noire, comme pour ne prendre aucune part à la conversation.

XI

Les Yeux de l'esprit

> Mon enfant a des yeux obscurs profonds et vastes
> Comme toi, grande nuit! Eclairés comme toi!
>
> CHARLES BAUDELAIRE.

Lord Ewald regarda fixement Edison :

—Vous m'avez dit : Les difficultés que présente la création d'un être électro-magnétique sont faciles à résoudre : *le résultat seul est mystérieux.*
— En vérité, vous avez tenu parole ; car, déjà, ce résultat me paraît presque totalement étranger aux moyens employés pour l'obtenir.

— Remarquez-le, s'il vous plaît, milord, répondit Edison, je ne vous ai donné d'explications, plus ou moins concluantes, elles-mêmes, que touchant quelques premières énigmes *physiques* de Hadaly; mais je vous ai prévenu que, tout à coup, des phénomènes d'un ordre supérieur se présenteraient en elle, et que c'était *là, seulement,* qu'elle devenait EXTRAORDINAIRE! — Or, parmi ces phénomènes, il en est un dont je ne puis que constater les surprenantes manifestations sans pouvoir me rendre compte de ce qui les produit.

— Ce n'est pas du fluide électrique que vous parlez?

— Non, milord; c'est d'un autre fluide à l'action duquel l'Andréïde se trouve soumise en ce moment. Ce fluide, on le subit sans pouvoir l'analyser.

— Ce n'est point grâce à un jeu savant de télégrammes que, tout à l'heure, Hadaly m'a dépeint la toilette de miss Alicia Clary?

— S'il en était ainsi, j'eusse commencé par vous l'expliquer, mon cher lord. Je ne réserve de l'Illusion que ce qui est strictement nécessaire pour sauvegarder à votre rêve sa possibilité.

— Cependant, je ne crois guère que des esprits invisibles acceptent de rendre aux humains le service de les renseigner sur les voyageurs.

— Ni moi non plus, dit Edison. Cependant le docteur William Crookes, — qui a découvert un quatrième état de la « *Matière*, » l'état radiant, alors que nous n'en connaissions que le solide, le liquide et le gazeux, — nous raconte, appuyé par les témoignages des plus sérieux savants de l'Angleterre, de l'Amérique et de l'Allemagne, ce qu'il a vu, touché et entendu, ainsi que la docte assemblée qui l'assistait en ses spiritualistes expériences : et — ses récits, je trouve, donnent à réfléchir.

— Enfin, vous ne pouvez soutenir que, d'ici ou d'ailleurs, cette étrange créature inconsciente ait aperçu la femme dont nous parlons. Et ces détails qu'elle a précisés, quant à la toilette de miss Alicia Clary, sont, cependant, exacts. Si merveilleux que soient les yeux que vous apportez en ce coffret, je ne leur suppose pas un tel pouvoir.

— Tout ce que je dois vous répondre, *quant à présent du moins*, à ce sujet, le voici : CE qui voit, positivement, à distance et à travers tous les obstacles, sous le voile de Hadaly, le voit sans le secours de l'électricité.

— M'en apprendrez-vous un peu plus, là-dessus, quelque jour?

— Je vous le promets : — elle aussi vous expliquera son mystère par quelque soir de silence et d'étoiles.

— Bien : mais ce qu'elle dit est comme ces ombres de pensées que l'esprit écoute dans les songes et qui se dissipent sous la réflexion du réveil, dit lord Ewald. Ainsi, tout à l'heure, en me parlant de ces astres que la Science appelle, je crois, des sacs à charbon, miss Hadaly s'est exprimée, sinon d'une manière *tout à fait* inexacte, du moins comme si sa « raison » se guidait *d'après un mode de logique différent du nôtre*. La comprendrai-je?

— Mieux que moi-même ! dit Edison. Vous pouvez en être certain, mon cher lord. Quant à sa façon de concevoir, en astronomie... mon Dieu, sa logique en vaut bien une autre. Demandez à quelque savant cosmographe, tenez, par exemple, *le motif de la diversité d'inclinaisons des axes d'un même système solaire? — ou, tout bonnement, ce que peuvent être les anneaux de Saturne?* — et vous verrez s'il en sait bien long là-dessus.

— A vous entendre, mon cher Edison, on devrait croire que cette Andréide a la notion de l'Infini! murmura lord Ewald en souriant.

— Elle n'a guère que celle-là, répondit gravement l'ingénieur : mais, pour s'en assurer, il faut la questionner selon l'étrangeté de sa nature. C'est-à-dire sans aucune solennité de parole, d'une façon *joueuse*, en un mot. Ses discours, alors, éveillent une impression intellectuelle de beaucoup plus saisissante que les idées d'un sérieux ou même d'un sublime convenus.

— Donnez-moi donc un exemple de ces sortes de questions? demanda lord Ewald. Prouvez-moi, qu'elle peut, cacher, réellement, en sa semblance, — d'une manière quelconque, — la notion de l'Infini?

— Volontiers, dit Edison.

Et, se rapprochant de la dormeuse :

— Hadaly, dit-il, si nous supposions que, par impossible, une sorte de dieu, — du genre de ceux d'autrefois, — surgissant, invisible et démesuré, dans l'éther transuniversel, donnât, brusquement, la libre volée, du côté de nos mondes, à quelque éclair de même nature que celui qui vous anime, mais d'une énormité non pareille et pénétré d'une énergie capable de neutraliser la loi de l'attraction et de faire sauter tout le Système-solaire dans l'abîme, comme un sac de pommes?

— Eh bien? dit Hadaly.

— Eh bien! que penseriez-vous d'un tel phénomène, s'il vous était permis d'en contempler l'effrayante performance? acheva Edison.

— Oh! répondit l'Andréïde avec sa voix grave et en faisant monter, sur ses doigts d'argent, l'oiseau de paradis, — je crois que cet événement passerait, dans l'inévitable Infini, sans qu'il lui fût accordé beaucoup plus d'importance que vous n'en donnez aux millions d'étincelles qui pétillent et retombent dans l'âtre d'un paysan.

Lord Ewald regarda l'Andréïde, sans prononcer une parole.

— Vous le voyez, dit Edison en revenant vers lui : Hadaly paraît aussi bien comprendre certaines notions que vous et moi ; mais elle ne les traduit que par l'impression *toute singulière*, pour ainsi dire, que ses paroles en laissent dans l'esprit à l'aide d'images.

Après un moment :

— Je renonce à deviner le mot de ce qui se passe autour de moi, mon cher sorcier, dit lord Ewald, et m'en remets complètement à vous.

— Voici donc les Yeux ! dit l'électricien en pressant un ressort du coffret.

XII

Les Yeux physiques

« Tes yeux de *saphyrs* fendus en amandes. »
LES POÈTES.

L'intérieur de cette boîte énigmatique sembla jeter mille regards sur le jeune Anglais.

— Voici, certes, des yeux que jalouseraient bien des gazelles de la vallée de Nourmajad, continuait Edison. Ce sont des joyaux doués d'une sclérotique si pure, d'une prunelle si noyée, qu'ils en sont inquiétants, n'est-ce pas ? L'art des grands ocularistes est parvenu aujourd'hui à dépasser la Nature.

La solennité de ces yeux donne, positivement, la sensation de l'âme.

L'action de la photographie colorante leur ajoute une nuance personnelle; mais c'est sur l'iris qu'il s'agit de transporter l'individualité même du regard.

— Une question : — avez-vous vu beaucoup de beaux yeux de par le monde, milord ?

— Oui, dit lord Ewald; en Abyssinie, surtout.

— Vous distinguez l'éclat des yeux de la beauté du regard, n'est-ce pas ? reprit Edison.

— Certes ! dit lord Ewald. Celle que vous verrez tout à l'heure a des yeux de la plus éclatante beauté, lorsqu'elle regarde, inattentive, au loin, devant elle : — mais, lorsque son regard porte sur quelque chose qu'elle remarque, le regard, hélas, suffit pour faire oublier les yeux.

— Voilà qui simplifie toute difficulté ! s'écria Edison. Généralement l'expression du regard humain s'augmente de mille incidences extérieures, — de l'imperceptible jeu des paupières, de l'immobilité des sourcils, de la longueur des cils, — surtout, de ce que l'on dit, de la circonstance où l'on se trouve, de l'entourage, même, qui s'y réfléchit. — Tout cela renforce l'expression *naturelle* de l'œil.

— De nos jours, les femmes bien élevées ont acquis un regard unique, mondain, convenu, et, vraiment, charmant (c'est le mot), où chacun trouve l'expression qu'il désire et qui leur permet de penser à leurs soucis intimes, sous un air d'attention profonde.

Ce regard, on peut le clicher, — puisqu'il n'est lui-même qu'un cliché, — n'est-il pas vrai?

— C'est juste, dit, en souriant, le jeune homme.

— Mais, continua l'ingénieur, il s'agit de saisir, dans l'expérience qui nous occupe, non pas l'attention du regard, mais son VAGUE, au contraire ! Et vous m'avez dit que miss Alicia Clary regardait habituellement à travers ses cils.

Eh bien ! voici comment je vais procéder.

Je vous parlais, tout à l'heure, du phénomène récemment constaté de l'état radiant de la Matière : étant donné le *vide* le plus parfait, presque absolu, que l'on puisse produire (vide obtenu dans tel sphéroïde dont l'air intérieur a été soumis à une température d'une élévation souveraine), il est avéré qu'il peut se révéler, en ce vide aussi abstrait que possible, des mouvements dus à la présence d'une Matière insaisissable. Des tiges d'induction étant soudées aux parois du sphéroïde, l'étincelle vibre dans ce vide, — et l'on peut penser que le *Commencement* du Mouvement physique *est là*.

Or, voici des Yeux fictifs, ovoïdes, et d'une transparence de source. J'y trouverai, certes, la paire analogue aux yeux de votre amie.

Une fois relevé, en leurs prunelles, ce que les peintres appellent le point visuel, — comme l'intérieur en aura été soumis, à la température nécessaire pour y opérer le vide précité, — au centre des prunelles, à l'extrémité d'un inducteur de la capillarité la plus extrême, je ferai briller, en ce vide, la piqûre d'éclair, — mais vague et presque invisible, — de l'Électricité : le merveilleux travail de l'iris confère à cette piqûre-vive l'illusion totale de la personnalité, dans le point visuel. — Quant à la mobilité de l'œil lui-même, elle résulte d'invisibles et presque nerveux suspens du plus pur acier, sur lesquels il tremble, glisse ou demeure immobile selon la dictée de l'Appareil-central de l'Andréïde. Car le regard, le jeu des paupières, les paroles et le geste y sont inscrits, d'*ensemble*, comme je vous l'ai dit. Cela ne se voit pas plus, à l'extérieur, que les réels *mobiles* d'un regard sentimentalement féminin ne transparaissent dans l'expression apparente. La carnation, la beauté, en adoucissent tout le mécanisme dans un fondu idéal. Une fois le travail des rectifications bien revu au microscope, ah! par exemple! vous verrez si je ne pourrai pas vous défier, mon cher lord, *de trouver plus de néant vivant dans le regard de miss Alicia Clary que dans celui de son fantôme!* Et la beauté éclatante de leurs yeux sera cependant identique.

XIII

La Chevelure

> Vitta coercebat positos sine lege capillos.
> OVIDE.

— Quant à la chevelure, reprit-il, vous comprenez que l'imitation presque absolue en est vraiment trop facile pour qu'il soit nécessaire de nous y arrêter longtemps.

En soumettant le double, savamment élu, de cette chevelure, à l'action des huiles odorantes dont se sert miss Alicia Clary, et un peu à la volatisation de sa senteur personnelle, il serait impossible de s'y reconnaître.

Toutefois, je ne vous conseille, ici, l'artificiel qu'avec une restriction. Pour les cils, les sourcils, etc., il serait convenable que miss Alicia Clary voulût bien vous faire présent de l'une des mèches les plus sombres de ses personnels cheveux. La Nature a ses droits, et, vous le voyez, je leur rends, parfois, hommage.

Donc, à l'aide d'une préparation particulière des plus simples, tout sera scrupuleusement imité. Les cils seront comptés et mesurés à la loupe, à cause des valeurs du regard. — Ce vague duvet, ces ombres flottantes sur la mouvante neige du col, pareilles à des tons glacés d'encre de Chine sur une palette d'ivoire, ce négligé des fins cheveux follets, tous ces fondus de teintes enfin, seront d'une similitude enchanteresse !

Passons.

Pour les ongles des mains et des pieds, non, sur mon âme ! nulle fille d'Ève n'en aura jamais possédé de qualité supérieure ! Bien que tout pareils à ceux de votre belle amie, ils seront d'un diamanté, d'un rosé... vivants ! et coupés comme les siens. Vous voyez, d'avance, que la difficulté, ici, n'existe réellement pas assez pour que je doive vous notifier mes moyens d'imitation, n'est-ce pas ?

Occupons-nous de l'Épiderme, et en grande hâte; il nous reste à peine vingt minutes.

— Savez-vous, Edison, dit lord Ewald après un

profond silence, qu'il est vraiment infernal de voir les choses de l'Amour sous un jour pareil?

— Non point les choses de l'Amour, milord, répondit Edison en relevant son front grave, mais celles des « amoureux! » Je vous le redis encore! Et... *puisqu'elles ne sont que cela*... pourquoi donc hésiter devant elles? Est-ce qu'un médecin se trouble devant une table de dissection, pendant un cours d'anatomie?

Lord Ewald demeura pensif quelques instants.

XIV

L'Épiderme

« Je veux boire aux creux de tes mains,
Si l'eau n'en dissout point la neige. »
TRISTAN L'HERMITE, *Le Pourmenoir des amants*.

Edison, indiquant une longue boîte en bois de camphrier placée contre la muraille auprès du brasero :

— C'est là! dit-il. — C'est là que j'ai enfermé l'illusion même du derme humain. Vous en avez éprouvé la sensation lorsque vous avez serré la main solitaire qui est en haut sur la table. Je vous ai parlé de ces étonnantes épreuves photochromiques récemment signalées. Or, si le toucher de cette peau trouble tout être vivant, la matité de sa trame invisible et opaline est essentiellement réceptive de l'impression solaire; elle devient parfois radieuse, comme le jeune éclat d'un teint virginal, sous l'action de la lumière.

Remarquez-le aussi ; les difficultés que présente la coloration héliochromique sont beaucoup moindres, ici, que lorsqu'il s'agit d'un paysage. En effet, dans notre race caucasienne, le teint ne comporte que deux nuances précises dont, solairement, nous sommes un peu maîtres : le blanc pâle et le rose.

Les verres coloratifs impriment donc sur cet épiderme factice (une fois celui-ci adhérent au moulage même de la carnation), la teinte stricte de la nudité que l'on reproduit : or c'est la qualité du satinage de cette molle substance, si élastique et si subtile, qui vitalise, pour ainsi dire, le résultat obtenu, — et ceci au point de bouleverser complètement les sens de l'Humanité. Il devient tout à fait impossible de distinguer le modèle de la copie. C'est la nature *et rien qu'elle* : ni plus ni moins, ni mieux ni plus mal : c'est l'Identité. Le fantôme, par exemple, est inaltérable. Ayant reçu membre à membre, face à face, profil à profil et dos à dos la totalité du reflet de la vivante, il le garde assez profondément, s'il n'est pas violemment détruit, pour survivre à ceux qui l'ont vu.

— Maintenant, milord, ajouta Edison en regardant lord Ewald, tenez-vous à ce que je vous montre ce textile derme idéal ? à ce que je vous révèle de quels éléments il se compose ?

XV.

L'heure sonne

> MÉPHISTOPHÉLÈS : — Les aiguilles touchent l'heure : voici qu'elle tombe !... — Elle est tombée.
> GOETHE, *Faust*.

— A quoi bon ! dit lord Ewald en se levant. — Non, je ne veux point voir cette suprême lueur de la vision promise, sans la vision même; on ne saurait isoler aucun élément d'une telle œuvre ; — et je ne désire plus m'exposer à sourire d'une conception dont l'ensemble et la résultante, enfin, me demeurent encore voilés.

Tout ceci est, à la fois, trop extraordinaire et trop simple pour que je refuse de me prêter, dans la mesure du possible, à l'aventure inconnue qui, m'assurez-vous, doit s'en dégager. Puisque vous vous êtes montré assez sûr de votre Andréide future pour avoir osé braver... jusqu'au rire que devaient nécessairement entraîner des explications aussi détaillées, aussi hostiles à toute illusion, il convient que je me tienne pour satisfait et que j'attende le terme fixé avant de statuer sur votre ouvrage. Cependant, dès aujourd'hui, je vous atteste que la tentative en question ne *me paraît plus aussi absurde* qu'au premier moment, c'est tout ce que je puis et dois vous dire.

L'ingénieur, d'une voix tranquille, répondit :

— Je ne devais pas moins attendre de la haute nature d'intelligence dont vous avez fait preuve, ce soir, milord. — Certes, je pourrais surprendre quelque peu, j'imagine, ceux des esprits modernes dont l'inadvertance s'aviserait de nier mon œuvre avant de l'avoir vue, — et de m'inculper de cynisme avant de m'avoir compris. — Oui. Ne pourrais-je, en effet, leur tenir ce petit discours, bien difficile à réfuter, je crois :

« Vous prétendez qu'il est impossible de préférer à une vivante, l'andréide de cette vivante ? Que l'on ne saurait rien sacrifier de soi-même, ni de ses croyances, ni de ses humaines amours, pour une chose inanimée ? Que l'on ne confondra rien d'une âme avec la fumée qui sort d'une pile ?

« Mais — ce sont là des paroles que vous avez perdu le droit de proférer. Car, pour la fumée qui sort d'une chaudière, vous avez renié toutes les croyances que tant de millions de héros, de penseurs et de martyrs vous avaient léguées depuis plus de six mille années, vous qui ne datez que d'un sempiternel *Demain* dont le soleil pourrait fort bien ne se lever jamais. A quoi donc avez-vous préféré, depuis hier à peine, les prétendus principes immuables de vos devanciers, sur la planète, — rois, dieux, famille, patries ? A ce peu de fumée qui les emporte, en sifflant, et les dissipe, au gré du vent, sur tous les sillons de la terre, entre toutes les vagues de la mer ! En vingt-cinq années, cinq cent mille haleines de locomotives ont suffi pour plonger vos « âmes éclairées » dans le doute le plus profond de tout ce qui fut la foi de plus de six mille ans d'Humanité.

Souffrez que je me défie quelque peu des subites et prétendues clairvoyances d'un être collectif dont l'erreur aurait si longtemps duré ! S'il a suffi, d'ores et déjà, de la fumée, initialement sortie de la fameuse marmite de Papin, pour obscurcir et troubler, en vos consciences, l'amour, — l'idée même d'un Dieu, — pour détruire tant d'immortelles, de sublimes, de natales espérances, — tant d'antiques, foncières et légitimes espérances ! — à quel titre prendrais-je au sérieux vos dénégations inconséquentes et vos entendus sourires de renégats, vos clameurs de morale, démenties chaque jour par votre vie?

Je viens vous dire : Puisque nos dieux et nos espoirs ne sont plus que *scientifiques*, pourquoi nos amours ne le deviendraient-ils pas également ? — A la place de l'Ève de la légende oubliée, de la légende méprisée par la Science, je vous offre une Ève scientifique, — seule digne, ce semble, de ces viscères flétris que, — par un reste de sentimentalisme dont vous êtes les premiers à sourire, — vous appelez encore « vos cœurs ». Loin de supprimer l'amour envers ces épouses, — si nécessaires (jusqu'à nouvel ordre, du moins), à la perpétuité de notre race, — je propose, au contraire, d'en assurer, raffermir et garantir la durée, l'intégrité, les intérêts matériels, à l'aide innocente de mille et mille merveilleux simulacres — où les belles maîtresses décevantes, mais désormais inoffensives, se dédoubleront en une nature perfectionnée encore par la Science, et dont la salubre adjonction atténuera, du moins, les préjudices qu'entraînent toujours, après tout, vos hypocrites défaillances conjugales. — Bref, moi « le sorcier de Menlo Park », ainsi que l'on m'appelle ici-bas, je viens offrir aux humains de ces temps évolus et nouveaux, — à mes semblables en Actualisme, enfin ! — de préférer désormais à la mensongère, médiocre et toujours changeante Réalité, une positive, prestigieuse et toujours fidèle Illusion. Chimère pour chimère, péché pour péché, fumée pour fumée, — *pourquoi donc pas ?...* Je jure, ici, que, dans vingt et un jours, Hadaly pourra mettre au défi l'Humanité tout entière de répondre nettement à cette question-là, mon cher lord. Car, ayant renié, disons-nous, — pour la fumée d'un Bien-être toujours futur, d'une prétendue Justice toujours future, et d'un orgueil toujours demeuré, lui, chétif et puéril, — ce que l'on appela, de tout temps, avant cet automne, la Douleur, l'Humilité, l'Amour, la Foi, la Prière, l'Idéal — et l'essentielle Espérance au delà de nos soleils d'un jour, — je ne vois guère, je l'avoue, en vertu de quels diables d'autres principes l'Homme moderne oserait, sans rire, lui présenter une « objection » logique ou même acceptable.

Lord Ewald, pensif, regardait, en silence, cet homme singulier dont l'amer génie, tour à tour sombre ou rayonnant, cachait, sous tant d'impénétrables voiles, *le véritable motif qui l'inspirait.*

Un coup de timbre sonna, tout à coup, dans l'intérieur d'un pilier. C'était un appel venu de la terre.

Hadaly se leva, lente et comme un peu endormie.

— Voici la belle vivante, milord Celian ! dit-elle. Elle entre dans Menlo Park.

Edison considérait lord Ewald avec une fixité interrogative.

— Au revoir, Hadaly! dit gravement le jeune homme après un instant.

L'électricien vint serrer la main de son inquiétante créature.

— A demain la Vie! lui dit-il.

A ce mot tous les fantastiques oiseaux des bocages souterrains et des ramées aux fleurs muticolores et lumineuses, colibris, aras-feu, tourterelles, huppes bleues de l'Hudson, rossignols d'Europe, oiseaux de Paradis — et jusqu'au cygne solitaire de la vasque où l'eau neigeuse bruissait toujours, — parurent comme sortir d'une attention jusque-là silencieuse.

— Au revoir, seigneur passant! au revoir! crièrent-ils avec des voix humaines, viriles et féminines.

— En route pour la terre! ajouta Edison en rendossant sa fourrure.

Lord Ewald revêtit la sienne.

— J'ai prévenu que l'on indiquât le chemin du laboratoire à notre visiteuse, dit l'électricien. Partons.

Une fois dans l'ascenseur il releva les lourds crampons de fonte: la porte du magique tombeau se referma.

Lord Ewald sentit qu'il remontait, avec son génial compagnon, chez les vivants.

LIVRE SIXIÈME

... ET L'*OMBRE* FUT!

I.

On soupe chez le magicien

> *Nunc est bibendum, nunc, pede libero,*
> *Pulsanda tellus!*
> HORACE.

Quelques instants après, Edison et lord Ewald rentraient sous les lampes, dans le laboratoire, et jetaient leurs fourrures sur un fauteuil.

— Voici miss Alicia Clary! dit l'ingénieur en regardant vers l'angle obscur de la longue salle, auprès des tentures de la fenêtre.

— Où donc? demanda lord Ewald.

— Là, dans cette glace! dit tout bas l'ingénieur en indiquant à lord Ewald un vaste miroitement pareil à de l'eau morte sous une lueur lunaire.

— Je ne vois rien, dit celui-ci.

— C'est une glace toute particulière, dit l'électricien. Rien d'étonnant d'ailleurs, à ce que cette belle personne m'apparaisse en son reflet puisque je vais le lui prendre. — Tenez, ajouta-t-il en tournant un pas de vis qui leva les tarchettes de leurs écrous, miss Alicia Clary cherche la serrure, elle trouve le loquet de cristal… la voici.

La porte du laboratoire s'ouvrit à cette dernière parole : une grande et admirable jeune femme apparut sur le seuil.

Miss Alicia Clary était vêtue d'une chatoyante robe de soie d'un bleu pâle et qui paraissait vert-de-mer sous les lumières ; en ses noirs cheveux s'épanouissait une rose rouge et des étincelles de diamants scintillaient à ses oreilles ainsi qu'au tour évasé de son corsage. Une mante de martre était jetée sur ses épaules, et un voile de point d'Angleterre lui entourait délicieusement le visage.

Cette femme — vivante évocation des lignes de la *Vénus victorieuse*, — éblouissait. — La ressemblance avec le divin marbre apparaissait immédiatement, si frappante, si incontestable que cette vue causait une sorte de saisissement mystérieux. C'était bien l'original humain de cette photographie qui avait rayonné, quatre heures auparavant, dans le cadre réflectif.

Elle demeurait immobile et comme surprise de l'aspect du lieu plus qu'étrange qui lui apparaissait.

— Entrez, de grâce, miss Alicia Clary! Mon ami, lord Ewald, vous attend avec la plus passionnée des impatiences : et — permettez que j'ose le dire — je la trouve bien légitime en vous regardant.

— Monsieur, répondit la belle jeune femme — avec une intonation de patronne de magasin, mais, aussi, avec un timbre de voix d'une limpidité idéale, pareil à des grêlons d'or heurtant un sonore disque de cristal, — monsieur, je suis venue tout à fait en artiste, vous voyez. Quant à vous, mon cher lord, votre dépêche m'a vraiment bouleversée; j'ai cru... je ne sais pas, moi!

Elle entra.

— Chez qui ai-je l'honneur d'être? ajouta-t-elle avec un sourire d'intention maugracieuse, mais qui, malgré l'intention, semblait comme une embellie de lumière d'étoiles sur un steppe glacé.

— Chez moi, dit vivement Edison : je suis maître Thomas.

Le sourire de miss Alicia Clary parut comme se refroidir encore à ces paroles.

— Oui, continuait obséquieusement Edison, maître Thomas! Il n'est pas que vous n'ayez entendu parler de moi? maître Thomas! le réprésentant général des grands théâtres d'Angleterre et d'Amérique!

Elle tressaillit et le sourire, plus radieux, reparut, cette fois nuancé d'une idée d'intérêt.

— Oh! mais, enchantée, monsieur!... balbutia-t-elle.

Puis se penchant à l'oreille de lord Ewald :

— Comment! Et vous ne m'avez pas prévenue? dit-elle. Je vous remercie de la démarche, car, à la fin, je veux être célèbre, — puisqu'il paraît que c'est à la mode. Mais cette présentation n'est ni régulière ni raisonnable, je trouve. Il ne faut pas que j'aie l'air d'une bourgeoise devant ces gens-là. Vous serez donc toujours dans les étoiles, mon cher lord?

16.

— Hélas, toujours! répondit lord Ewald en s'inclinant, correct, pendant que la jeune femme défaisait son chapeau et son burnous.

Edison avait tiré violemment un anneau d'acier caché dans les tentures; un lourd et magnifique guéridon aux candélabres allumés et supportant un lunch servi avec une splendide recherche, sortit du parquet.

C'était une véritable apparition de théâtre, un souper de féeries.

Trois couverts brillaient, et des porcelaines de Saxe, où du gibier et des fruits rares étaient disposés. Une petite cave en treillis, contenant une demi-douzaine de vieilles bouteilles poudreuses et de flacons à liqueurs, se trouvait placée à portée de l'un des trois sièges qui entouraient le guéridon.

— Cher monsieur Thomas, dit lord Ewald, voici miss Alicia Clary, — dont je vous ai décrit les talents hors de pair de cantatrice et de comédienne.

Edison, après un léger salut :

— Ah! j'espère bien, dit-il du ton le plus dégagé, hâter vos débuts glorieux sur l'une de nos principales scènes, miss Alicia Clary! — Mais nous allons en causer à table, n'est-ce pas, car le voyage ouvre l'appétit et l'air de Menlo Park est très vif.

— C'est vrai! j'ai faim! dit la jeune femme, si carrément qu'Edison lui-même, dupe du magique sourire qu'elle avait oublié sur son visage, tressaillit, regardant lord Ewald avec étonnement. Il avait pris cette charmante et naturelle parole pour un mouvement juvénile d'entrain joyeux. Que signifiait ceci? Si cette sublime incarnation de beauté pouvait dire, seulement, qu'elle avait faim, *de cette façon-là*, lord Ewald s'était trompé, puisque cette seule note vivante et simple prouvait un cœur et une âme.

Mais le jeune lord, en homme qui sait l'exacte valeur de ce qui se dit autour de lui, était demeuré impassible. — En effet, miss Alicia Clary, craignant d'avoir dit quelque chose de trivial devant des « artistes », se hâta d'ajouter, avec un sourire dont le *spirituel*, voulu du moins, donnait une sacrilège expression comique à la magnificence de son visage :

— *Ce n'est pas* TRÈS POÉTIQUE, messieurs ; mais il faut bien être SUR LA TERRE, quelquefois.

A cette parole, qui sembla retomber, comme une définitive pierre sépulcrale, sur l'adorable créature qui s'y était, à son insu, si totalement, si irrémissiblement traduite, à cette judicieuse parole — qu'un Dieu seul peut pardonner et laver de son sang rédempteur, — Edison se rasséréna : lord Ewald avait analysé juste.

— Charmant! s'écria-t-il, d'un air de cordiale bonhomie. A la bonne heure!

Ce disant, il précéda ses convives avec un gracieux geste d'invitation.

La robe céruléenne de miss Alicia, en effleurant les piles, leur arrachait quelques étincelles perdues dans les souveraines clartés de l'appartement.

L'on prit place. Une touffe de boutons de roses thé, sertie comme par des elfes, indiquait le couvert de la jeune femme.

— Que ne vous devrai-je pas, monsieur, dit-elle,

une fois assise et en se dégantant, si, grâce à vous, un début sérieux, à Londres, par exemple...

— Oh! répondit Edison, n'est-ce pas un plaisir presque divin que de lancer une étoile?

— Monsieur, interrompit miss Alicia Clary, je vous dirais que j'ai déjà chanté devant des têtes couronnées...

— ... une diva!... continuait Edison enthousiaste et en versant à ses hôtes quelques doigts de vin de Nuits.

— Monsieur, reprit miss Alicia Clary d'un air à la fois pincé et rayonnant, l'on sait que les *divas* sont de mœurs plus que légères : je ne les imiterai pas en ceci. J'eusse même préféré une existence plus honorable, et je ne fais que me résigner à cette carrière... parce que je vois qu'il faut être de son siècle! — Et puis, lorsqu'on peut faire valoir des moyens, même bizarres, de faire fortune, je trouve qu'il n'y a plus de sots métiers, aujourd'hui.

La mousse du Lur-Saluces fluait, débordant les radieuses mousselines des coupes.

— La vie a ses exigences! dit Edison. Moi-même, j'avais peu d'inclination pour l'expertise des tempéraments lyriques. Bah! les organisations maîtresses peuvent se plier à tout et tout acquérir. Résignez-vous donc à la Gloire, comme tant d'autres — qui en sont aussi étonnées que vous, miss Alicia Clary! — A vos triomphes!

Et il éleva son verre.

Sympathique à la rassise faconde de l'électricien, (dont la face, aux yeux de lord Ewald, semblait, en ce moment, cachée sous un loup souriant de velours noir), miss Alicia Clary toucha de son verre la coupe d'Edison avec un geste si digne et si réservé qu'entre ses mains miraculeuses la coupe eut soudainement l'air d'une tasse.

Les convives burent le rayon liquide ; toute glace, dès lors, sembla rompue.

Et, autour d'eux, sur les cylindres, les angles des réflecteurs et les grands disques de verre, tremblaient les lumières des lampes. Une impression de solennité secrète jusqu'à l'occulte flottait dans l'entrecroisement des regards; tous trois étaient pâles; la grande aile du Silence passa un instant sur eux.

II.

Suggestion

> Entre l'opérateur et le sujet, les demandes et les réponses ne sont qu'un voile verbal, tout à fait insignifiant, sous lequel, — droit, fixe, indistrait, — le vouloir de ce que l'on suggère doit rester tendu comme un glaive entre les prunelles du Suggérant.
>
> PHYSIOLOGIE MODERNE.

Cependant miss Alicia Clary souriait toujours, et les diamants de ses doigts brillaient chaque fois qu'elle portait à ses lèvres sa fourchette d'or.

Edison regardait cette femme en la pénétrant du coup d'œil aigu de l'entomologiste qui aperçoit enfin, par un beau soir clair, le fabuleux phalène destiné, demain, à sommer les cadres d'un musée avec une épingle d'argent dans le dos.

— A propos, miss Alicia Clary, dit-il, eh bien? que dites-vous de notre cher Théâtre, ici? de nos décors, de nos chanteresses? Elles sont bien, n'est-ce pas?

— Une ou deux, assez ragoûtantes, oui, si l'on veut? — mais... fagotées!

— A souhait! c'est juste! dit Edison en riant. Les costumes d'autrefois étaient si bêtes! — Et comment avez-vous trouvé le *Freyschütz*?

— Le ténor?... répondit la jeune femme — la voix un peu blanche; distingué, mais froid.

— Se méfier de ceux qu'une femme trouve froids! dit, tout bas, Edison à lord Ewald.

— Vous dites? demanda miss Alicia.

— Je dis : ah! la distinction! la distinction! C'est tout, dans la vie!

— Oh! oui, la distinction! dit la jeune femme en élevant vers les poutres du laboratoire ses yeux profonds comme un ciel d'Orient : je sens qu'il me serait impossible d'aimer quelqu'un qui ne serait pas distingué.

— Tous les grands hommes, Attila, Charlemagne, Napoléon, le Dante, Moïse, Homère, Mahomet, Cromwell, etc., étaient doués, au dire de l'Histoire, d'une distinction exquise!... — des manières!... — de ces mille délicatesses charmantes... qu'ils poussaient même jusqu'à la mièvrerie! De là leur succès. — Mais je parlais de la pièce?

— Ah! de la pièce! reprit miss Alicia Clary, non sans une moue aussi dédaigneusement délicieuse que celle de Vénus regardant Junon et Diane : — entre nous, elle m'a paru... un peu....

— Oui, n'est-ce pas? reprit Edison (en haussant les sourcils et avec un œil atone), un peu...

— C'est cela ! dit la comédienne, en respirant à deux mains ses roses thé.

— Enfin, là, ce n'est plus de l'époque ! résuma Edison d'un ton sec et péremptoire.

— D'abord, ajouta miss Alicia, je n'aime pas que l'on tire des coups de fusil sur la scène. Cela vous fait sauter. Et, justement, cela commence par trois coups de fusil. Faire du bruit, ce n'est pas faire de l'art !

— Et puis, les accidents sont si vite arrivés ! appuya Edison : la pièce y gagnerait si l'on coupait ces détonations.

— D'ailleurs, cet opéra-là, murmura miss Alicia Clary, c'est du *fantastique*, tout cela.

— Et le fantastique a fait son temps ! c'est juste. Nous vivons dans une époque où le *positif* seul a droit à l'attention. Le fantastique n'existe pas ! conclut Edison. — Quant à la musique... vous a-t-elle paru... peuh ?... hein ?...

Et il allongea les lèvres, d'une manière interrogative.

— Ah ! je suis partie avant la valse ! répondit simplement la jeune femme comme déclinant par là toute possibilité d'appréciation.

Et sa voix articula cette phrase avec une inflexion de contralto si riche et si pure, si céleste même, qu'aux oreilles d'un étranger qui n'eût point parlé la langue en laquelle s'exprimaient les convives, miss Alicia Clary eût semblé quelque fantôme sublime d'une Hypathie, au visage athénien, errante, la nuit, à travers la Terre-sainte et déchiffrant, aux lueurs des étoiles, sur les ruines de Sion, tel passage oublié du Cantique des Cantiques.

Lord Ewald, en homme qui n'accorde même plus d'attention aux propos environnants, semblait uniquement préoccupé des paillettes irisées qui s'allumaient dans l'écume vermeille de sa coupe.

— C'est différent! répondit, sans s'émouvoir, Edison. Je conçois qu'en effet vous ne puissiez asseoir votre jugement sur des bribes... comme les Scènes de la Forêt et de la Fonte des balles, par exemple, ou même sur le « morceau » du Calme de la Nuit...

— Celui-là fait partie de mon répertoire, soupira miss Alicia Clary : mais la chanteuse de New York se fatigue pour rien. Je pourrais le chanter dix fois de suite, moi, sans qu'il y parût, comme je vous ai chanté *Casta-diva*, une certaine soirée! ajouta la belle virtuose en se tournant vers lord Ewald. Je ne comprends pas que l'on écoute sérieusement des cantatrices qui s'« emballent » comme on dit. Il me semble que je me trouve au milieu d'une assemblée de fous, quand je vois applaudir de tels écarts.

— Ah! comme je vous comprends, moi, miss Alicia Clary! s'écria l'électricien.

Il s'arrêta soudainement.

Il venait de surprendre un coup d'œil que lord Ewald, en un moment de distraction sombre, venait de jeter sur les bagues de la jeune femme.

Certes, il songeait à Hadaly.

— Maintenant, reprit Edison en relevant la tête, nous omettons, ce semble, une question assez grave.

— Laquelle? demanda miss Alicia Clary.

Et elle se tourna, souriante, vers lord Ewald comme étonnée du silence qu'il gardait.

— Celle des émoluments et feux auxquels vous devez prétendre.

— Oh! répondit celle-ci en quittant subitement d'attention le jeune lord : je ne suis pas une femme d'argent, moi.

— Comme tous les cœurs d'or! répondit galamment Edison et en s'inclinant.

— Il en faut, cependant! modula l'incomparable créature avec un soupir qu'un poète n'eût pas désavoué chez Desdemona.

— Quel dommage! dit Edison. Oh! bah! si peu! *lorsqu'on est artiste !* reprit-il.

Le compliment, cette fois, parut toucher fort peu miss Alicia Clary.

— Mais, dit-elle, une grande artiste se mesure à l'argent qu'elle gagne ! Je suis plus riche que ne le désireraient mes goûts naturels ; mais je voudrais aussi devoir ma fortune à mon métier, — à mon art, veux-je dire.

— C'est d'une délicatesse de sentiments bien louable, répondit Edison.

— Oui, continua-t-elle : et, si je pouvais gagner, par exemple... (elle hésitait et regardait l'ingénieur) — douze mille...

Edison fronça imperceptiblement les sourcils.

— Ou six? reprit miss Alicia Clary.

Le visage d'Edison s'éclaircit un peu.

— Enfin, de cinq à vingt mille dollars par an, acheva miss Alicia Clary enhardie — et avec le sourire de la divine, de l'immense Anadyomène illuminant de son apparition l'aurore et les flots, —

j'avoue que j'en serais très contente... à cause de la Gloire, vous savez !

Le visage d'Edison s'éclaira tout à fait.

— Que de modestie ! s'écria-t-il ; j'imaginais que vous alliez dire, guinées !

Une ombre, une contrariété passa sur le front sublime de la jeune femme.

— Vous savez, les débuts !... dit-elle. On ne doit pas être exigeante.

Le visage d'Edison se rembrunit.

— D'ailleurs, ma devise est : « Tout pour l'Art ! » s'empressa de conclure miss Alicia Clary.

Edison lui tendit la main.

— Je reconnais bien là le désintéressement d'une âme élevée ! — dit-il : mais je m'arrête ; point de flatteries prématurées. Quelle pire massue que l'encensoir gauchement manœuvré ? Attendons. Un doigt de ce vin des Canaries ? ajouta-t-il.

Tout à coup, la jeune femme, comme se réveillant, regarda autour d'elle :

— Mais... où suis-je donc ? murmura-t-elle.

— Chez le plus original, mais le plus grand sculpteur de l'Union ! répondit gravement Edison. Ce sculpteur est une femme : ce seul mot doit vous révéler son illustre nom ? Mistress Any Sowana. Je lui ai loué cette partie du château.

— Tiens !... j'ai vu, en Italie, quelques instruments de statuaire ; ils ne ressemblaient en rien à ceux-ci !

— Ah ! que voulez-vous ? dit Edison : la méthode nouvelle ! Aujourd'hui l'on est expéditif en toutes choses. On simplifie... Mais, la grande artiste **dont** voici l'atelier, l'illustre Any Sowana, n'en avez-vous pas entendu parler ?

— Oui, je crois... dit, à tout hasard, miss Alicia Clary.

— J'en étais sûr, dit Edison ; sa renommée a traversé les océans. Cette souveraine ciseleuse du marbre et de l'albâtre, disons-nous, est donc littéralement prodigieuse de rapidité! Elle procède par des moyens tout nouveaux! Une découverte récente... En trois semaines elle reproduit magnifiquement et avec une fidélité de rendu scrupuleuse les animaux et les humains. Et à ce propos, vous savez, n'est-ce pas, miss Alicia Clary, qu'aujourd'hui le monde, le haut monde s'entend, remplace le portrait par la statue. Le marbre est à la mode. Les plus puissantes dames seulement, ou les plus distinguées parmi les plus célèbres du monde des arts, ont compris, grâce à leur tact féminin, que la dignité et la beauté des lignes de leurs corps ne pouvaient jamais être *shoking*. En sorte que mistress Any Sowana ne se trouve absente ce soir que pour achever la statue en pied de la charmante reine d'O-Taïti, justement de passage à New York.

— Ah? dit miss Alicia Clary, très étonnée : le grand monde a décidé, vraiment, que c'était convenable ?

— Et aussi le monde des arts ! dit Edison. N'avez-vous donc point vu les statues de Rachel, de Jenny Lind, de Lola Montès ?

Miss Alicia Clary parut chercher dans ses souvenirs.

Je dois les avoir vues, en effet?... dit-elle.

— Et celle de la princesse Borghèse ?

— Ah ! oui ; je me rappelle celle-là : je l'ai vue *en Espagne*, je crois : oui, à Florence! interrompit, toute rêveuse, miss Alicia Clary.

— Une princesse donnant l'exemple, dit négligemment Edison, vous comprenez que la chose est devenue maintenant tout à fait reçue ! Les reines même n'y résistent plus. Lorsqu'une artiste est douée d'une grande beauté, elle se doit sa statue... même avant qu'on la lui élève ! — Vous avez, sans doute, exposé la vôtre, miss Alicia Clary, dans les salons annuels de Londres ? — Comment se fait-il que ce souvenir, capable, cependant, de frapper l'intelligence d'une admiration si naturelle, me soit échappé de l'esprit ! Je rougis de le dire, mais — je ne me rappelle pas votre statue.

Miss Alicia Clary baissa les yeux.

— Non, dit-elle. Je n'ai que mon buste, en marbre blanc, et mes photographies. J'ignorais que...

— Oh ! mais c'est un crime de lèse-Humanité, s'écria Edison : — et, de plus, au point de vue de cette réclame si indispensable aux véritables artistes, c'est un oubli grave. Je ne m'étonne plus que vous ne soyez point déjà de celles dont le nom seul est une fortune pour un théâtre, et dont le talent est hors de prix !

En proférant ces mots absurdes, l'électricien, de ses yeux clairs et calmes, envoyait comme une lueur vive au fond des prunelles de son interlocutrice.

— Il me semble que vous eussiez dû m'avertir

de cela, milord? dit Alicia, se tournant vers le jeune homme.

— Ne vous ai-je point menée au Louvre, miss Alicia Clary? répondit lord Ewald.

— Ah oui ! devant cette statue qui me ressemble et qui n'a plus de bras ! Mais si l'on ne sait pas que c'est moi, la belle avance !

— Un conseil : saisissez l'occasion ! s'écria Edison, sans que son regard vibrant cessât de se river aux deux prunelles de l'éblouissante virtuose.

— Mais — si c'est la mode, je le veux bien ! dit Alicia.

— C'est dit. Et, comme le temps est de l'or, tout en répétant quelques scènes de ces productions dramatiques d'un ordre nouveau, dont nous étudierons ensemble les arcanes, — (pardon : ce blanc de pluvier, s'il trouve grâce?) — mistress Any Sowana va se mettre à l'œuvre, aidée de mes conseils, et au plus tôt. De sorte qu'en trois semaines... Voyez si elle exécute vite !

— Dès demain, si c'est possible? interrompit la jeune femme. — Et comment poserai-je? ajouta-t-elle en baignant ses merveilleuses lèvres de roses rouges dans sa coupe.

— Nous sommes femme d'esprit, dit Edison : oh ! sans fadeurs ! — Osons donc atterrer, d'avance, nos rivales prochaines ! — Il faut frapper la foule par un de ces coups audacieux qui retentissent dans les deux mondes !

— Je ne demande pas mieux, répondit miss Alicia Clary ; je dois tout faire pour arriver.

— Au point de vue réclame, votre marbre en pied est indispensable dans les foyers de Covent

Garden ou de Drury Lane. Indispensable ! — Voyez-vous, une magnifiquement belle statue de cantatrice, cela prédispose les dilettanti, désoriente la multitude et enlève les directeurs. Posez donc en Eve : c'est la pose la plus distinguée. Nulle autre artiste, je le gagerais, n'osera jouer ni chanter après vous, l'*Eve future*.

— En Eve, dites-vous, chez monsieur Thomas ?
— Est-ce que c'est un rôle du nouveau répertoire ?
— Naturellement, dit Edison. Certes, ajouta-t-il en souriant, ce sera sommaire, — mais auguste, ce qui est l'essentiel. Et lorsqu'on est d'une beauté aussi surprenante que la vôtre, c'est la seule pose qui convienne à tous égards.

— Oui, je suis très belle ! c'est positif ! murmura miss Alicia Clary avec une mélancolie étrange.

Puis, relevant la tête :

— Qu'en pense milord Ewald ? demanda-t-elle.
— Mon ami, maître Thomas, vous donne un excellent conseil, dit lord Ewald, d'un air de nonchalance insoucieuse.

— Oui, reprit Edison : d'ailleurs, le grand art justifie la statue et la beauté désarme les plus sévères. Les trois Grâces ne sont-elles pas au Vatican ? Phryné ne confondit-elle pas l'Aréropage ? — Si donc vos succès l'exigent, lord Ewald ne saurait être assez cruel pour élever une objection.

— Voilà qui est convenu, dit Alicia.
— Eh bien ! dès demain : soit ! Je préviendrai, vers midi, à son retour, notre immortelle Sowana, conclut l'électricien. Quelle sera l'heure à laquelle elle devra vous attendre, miss ?

— Mais deux heures, si cela...

— Deux heures ! très bien. Maintenant, le secret le plus profond ! ajouta Edison, un doigt sur les lèvres. Si l'on savait que je me consacre à vos débuts, je serais dans la situation d'Orphée parmi les bacchantes : on me ferait un mauvais parti.

— Oh ! soyez tranquille ! s'écria miss Alicia Clary.

Puis, se tournant vers lord Ewald :

— Il est très sérieux, maître Thomas, lui dit-elle tout bas.

— Très sérieux ! dit lord Ewald : c'est pourquoi mon télégramme a été si pressant.

On était au dessert.

Il jeta un coup d'œil sur Edison : celui-ci crayonnait quelques chiffres sur la nappe.

— Vous écrivez ? dit en souriant lord Ewald.

— Rien, murmura l'ingénieur : une découverte dont je prends note, à la hâte, pour ne pas l'oublier.

En ce moment, le regard de la jeune femme tomba sur l'étincelante fleur donnée par Hadaly, et que lord Ewald, par distraction, peut-être, avait encore à la boutonnière.

— Qu'est-ce que cela ? dit-elle en reposant son verre de liqueur des îles et en allongeant la main.

Edison, à cette question, s'étant levé, alla ouvrir la grande fenêtre du parc. Le clair de lune était admirable. Il s'accouda sur la balustrade, en fumant, le dos tourné aux astres.

Lord Ewald, à la question et au geste de la belle vivante, avait tressailli ; un involontaire mouvement pour sauvegarder la fleur étrange lui était échappé.

— N'est-ce donc pas pour moi, cette belle fausse fleur? murmura miss Alicia Clary, souriante.

— Non, miss : vous êtes trop vraie pour elle, répondit simplement le jeune homme.

Soudain, il ferma les yeux malgré lui.

Là-bas, sur les degrés de son seuil magique, Hadaly venait d'apparaître ; elle soulevait de son bras resplendissant la draperie de velours grenat.

Immobile en son armure et sous son voile noir, elle se tenait comme une vision.

Miss Alicia Clary, lui tournant le dos, ne pouvait voir l'Andréïde.

Hadaly avait sans doute assisté aux dernières circonstances de la conversation ; elle envoya, de la main, un baiser à lord Ewald, qui se leva brusquement.

— Qu'est-ce donc? Qu'avez-vous? dit la jeune femme. Vous me faites peur !

Il ne répondit pas.

Elle se retourna : — la tenture était retombée ; l'apparition avait disparu.

Mais, profitant de ce moment distrait de miss Alicia Clary, le grand électricien venait d'étendre la main vers le front de la belle détournée.

Les paupières de celle-ci se refermèrent doucement, graduellement, sur ses yeux d'aurore : ses bras, pétris en pierre de Paros, demeurèrent immobiles, — l'un appuyé à la table, l'autre main tenant le bouquet de roses pâles, pendante sur un coussin.

Statue de l'olympienne Vénus, attifée au goût moderne, elle semblait figée en cette attitude :

et la beauté de son visage était revêtue en cet instant d'un reflet surhumain.

Lord Ewald, — qui avait vu le geste et l'effet de magnétique sommeil, — prit la main, froide maintenant, d'Alicia.

— Bien souvent, dit-il, je fus spectateur d'expériences pareilles : celle-ci, toutefois, me paraît témoigner d'une bien rare énergie de fluide nerveux et d'une volonté...

— Oh! répondit Edison, nous naissons tous doués, à des degrés différents, de cette faculté vibrante : j'ai développé la mienne avec patience, voilà tout. J'ajouterai qu'au moment précis où, demain, je penserai qu'il sera deux heures, nul ne saurait empêcher cette femme — sans la mettre en danger de mort — de se rendre ici, sur cette estrade, — et, de s'y prêter de son mieux à l'expérience convenue. — Dites un mot, cependant : il en est temps encore ; — et notre beau projet de ce soir sera totalement oublié. Vous pouvez parler comme si nous étions seuls : elle ne nous entend plus.

Pendant le moment de silence qui suivit cette mise en demeure suprême, la blanche Andréide reparut, écartant les draperies brillantes et noires et demeura, sous son voile de deuil, immobile, et comme attentive, ses bras d'argent croisés sur son sein.

Alors, le jeune et grave seigneur, indiquant la divine bourgeoise endormie, répondit :

— Mon cher Edison, vous avez ma parole — et je vous dirai que je manque absolument de frivolité dans mes engagements.

17.

Certes, nous ne savons que trop, l'un et l'autre, que les êtres d'élection sont clairsemés en notre espèce et qu'après tout, cette personne-ci, moins sa splendeur corporelle, correspond à des millions et à des millions d'autres de même nature, — entre lesquelles et leurs fortunés possesseurs l'intellectuelle inattention, pour plusieurs motifs, est à l'état réciproque.

Aussi, suis-je si peu difficile en ce que l'on doit attendre, intellectuellement, d'une femme, — même « supérieure », que, — si celle-ci était simplement douée de la plus minime éventualité de tendresse, même animale, pour quelqu'être que ce soit, fût-ce pour un enfant, j'estimerais sacrilège l'œuvre projetée entre nous.

Mais, vous venez de constater l'endémique, l'incurable, l'égoïste aridité, qui, jointe à sa suffisance fastidieuse, anime cette forme surnaturelle et il est devenu constant, pour nous, que son triste *moi* ne peut rien aimer, n'ayant pas, en sa trouble et rétive entité, de quoi ressentir le seul sentiment qui complète l'être vraiment humain.

En vain son « cœur » s'aigrit-il, peu à peu, sous le fade ennui que ses « idées » répandent autour d'elle — et qui ont l'exécrable propriété de revêtir d'un reflet de leur essence tout ce qu'elle approche... et jusqu'à sa beauté, à mes yeux ? Même en lui arrachant la vie, on ne lui arracherait pas sa sourde, opaque, finassière, restreignante et pitoyable médiocrité. Elle *est* ainsi faite : et je ne sache qu'un Dieu seul qui, sollicité par la Foi, puisse modifier l'intime d'une créature.

Or, pourquoi préféré-je me délivrer, fût-ce d'une

façon fatale, de l'amour que son corps m'inspira ? — pourquoi ne dois-je pas, enfin, me contenter, (comme le feraient la presque totalité de mes semblables), de jouir, uniquement, de la beauté physique de cette créature, en ne tenant nul compte *de ce qui l'anime ?*

Parce que je ne puis atténuer en ma conscience, par aucun raisonnement, une très secrète certitude — qui en est indivisible — et dont la permanence travaille tout mon être d'un insupportable remords.

Je ressens, en cœur, en corps et en esprit, qu'en tout acte d'amour *on ne choisit pas que la part de son désir* et que l'on se brave soi-même, — par lâcheté sensuelle, — en se prétendant l'insoucieuse faculté d'exclure de cette forme, — avec laquelle on accepte quand même de mêler la sienne, — l'intime essence qui, l'animant, *peut seule produire cette forme et les désirs qui en émanent* : on ÉPOUSE le tout. Je dis que tout amoureux cherche inutilement à étouffer en lui cette arrière-pensée *qui est absolue* comme lui-même, savoir qu'il se pénètre, lui, d'une manière indélébile, de cette ombre de l'âme possédée quand même avec le corps et qu'il espère illusoirement pouvoir exclure de la possession, lorsque l'idée en gêne son plaisir.

Et, ne pouvant, vous dis-je, bannir — en aucun instant de la vie quotidienne — cette évidence intérieure qui m'obsède, savoir que mon *moi*, mon être occulte, enfin, désormais est imbu de cette âme pâteuse, aux instincts sans lumière, qui ne saurait extraire la beauté d'aucune chose — (alors que les choses ne sont que ce qu'elles sont conçues et que nous ne sommes, en réalité, que ce que nous pouvons admirer en elles, c'est-à-dire y *reconnaître de nous*), — je vous l'avoue en toute sincérité, je crois avoir commis un acte d'abaissement presque indélébile en possédant cette femme : et ne sachant plus comment me *racheter* de cet acte, je veux du moins en punir la faiblesse, par une sorte de mort purificatrice. Bref, et quand toute la race humaine devrait en sourire, je prétends garder l'originalité DE ME PRENDRE AU SÉRIEUX, ayant, d'ailleurs, pour devise familiale : *Etiamsi omnes, ego non.*

Je vous atteste donc une dernière fois, mon cher enchanteur, que, — sans la soudaine, curieuse et fantastique proposition que vous m'avez faite, — tenez, je n'eusse pas entendu sonner cette heure lointaine qu'emporte le vent de ce pâle matin.

Non ! j'étais dégoûté de l'Heure, voyez-vous.

Maintenant, comme j'ai le droit de regarder le physique voile d'idéal de cette femme ainsi qu'une dépouille gagnée en un combat dont, victorieux trop tard, je sors mortellement blessé, je me permets, pour résumer l'ensemble de cette soirée sans pareille, de disposer de ce voile en vous disant : « Puisque le pouvoir de votre prodigieuse intelligence vous le permet peut-être, je vous confie, pour le transfigurer en un mirage capable de me donner un change sublime, ce pâle fantôme humain. Et si, dans cette œuvre, vous délivrez, pour moi, la forme sacrée de ce corps de la maladie de cette âme, je jure, à mon tour, d'essayer, — au souffle d'une espérance qui m'est encore inconnue, — de compléter cette ombre rédemptrice.

— Bien, dit Edison, pensif.

— C'est juré ! ajouta, de sa voix mélodieuse et triste, Hadaly.

Les draperies se refermèrent, — une étincelle brilla : — le sourd glissement de la dalle blanche, s'enfonçant, comme précipitée, dans la terre, vibra quelques secondes, puis s'éteignit.

Edison, en deux ou trois rapides mouvements de la main autour du front de la dormeuse, en dissipa l'insensibilité, pendant que lord Ewald remettait ses gants, comme si rien que de très simple ne se fût passé.

Miss Alicia Clary s'éveilla, reprenant, — au point où le suggéré sommeil l'avait interrompue, et sans nul autre souvenir, — sa phrase commencée à lord Ewald :

— ... Et puis, pourquoi ne me répondez-vous pas, s'il vous plaît, milord *comte* Ewald ?

A son titre, ainsi sottement décliné, le jeune homme n'eut pas même aux lèvres ce pli amer que cause aux seuls gentilshommes vraiment nobles ces sortes de certificats que donne sans cesse la triviale compagnie.

— Excusez-moi, je suis un peu fatigué, ma chère Alicia, répondit-il.

La croisée était restée ouverte sur la nuit étoilée que pâlissait déjà l'Orient ; une voiture, en s'approchant, faisait crier le sable des allées du parc.

— Hé ! mais — on vient vous prendre, je crois? dit Edison.

— Il se fait très tard, en effet, dit lord Ewald en allumant un cigare, — et vous devez avoir sommeil, Alicia ?

— Oui. je voudrais *reposer* un peu!.. dit-elle:

— Voici l'adresse de votre chez vous, où l'on va vous conduire, dit l'électricien. J'ai vu les appartements : ils sont d'un confort très passable en voyage. — A demain donc, et mille bons souhaits.

Quelques instants après, la voiture emportait les deux amants dans Menlo Park, vers leur cottage improvisé.

Resté seul, Edison réfléchit un instant; puis ayant refermé la fenêtre :

— Quelle soirée ! murmura-t-il. Et ce mystique enfant, ce charmant seigneur, qui ne s'aperçoit pas... que cette ressemblance avec la statue dont on reconnaît l'empreinte en la chair de cette femme, oui! que cette ressemblance — n'est que *maladive*, que ce doit être le résultat de quelque *envie*, en sa bizarre lignée ; qu'elle est née avec cela comme d'autres naissent tigrées ou palmées ; qu'en un mot c'est un phénomène aussi anormal qu'une géante! Ressembler à la *Venus Victrix*, n'est, chez elle, qu'une sorte d'éléphantiasis dont elle mourra. Difformité pathologique, dont sa pauvre nature est affligée. — N'importe, il est mystérieux que cette monstruosité sublime soit arrivée juste au monde pour légitimer absolument ma première andréide! — Allons! l'expérience est belle. A l'œuvre! Et que *l'Ombre* soit! — Sur ce, je crois avoir gagné aussi, ce soir, le droit de dormir quelques heures, à mon tour.

Puis, s'avançant au milieu du laboratoire :

— Sowana! dit-il à demi-voix, avec une intonation particulière.

A ce nom, la voix féminine, si pure et si grave

qu'il avait entendu la veille aux premières heures du crépuscule, lui répondit, invisible, au milieu de la salle :

— Me voici, mon cher Edison : eh bien ! qu'en dites-vous ?

— Le résultat m'a déconcerté moi-même pendant quelques instants, Sowana ! dit Edison. Cela passe toute espérance, en vérité. C'est une magie !

— Oh ! ce n'est rien encore ! dit la voix : *après l'incarnation* ce sera surnaturel.

— Réveillez-vous et reposez-vous ! murmura Edison après un silence.

Puis il toucha le bouton d'un appareil ; les trois radieuses lampes s'éteignirent d'un seul coup.

La veilleuse seule brûlait encore, éclairant, auprès d'elle, sur le coussin de la table d'ébène, le mystérieux bras au poignet enlacé de la vipère d'or — dont les yeux bleus semblaient regarder fixement le grand électricien, dans l'obscurité.

III

Importunités de la Gloire

> » L'ouvrier qui ne travaille pas vingt-cinq heures par jour — n'a que faire d'entrer chez moi »
>
> EDISON.

Durant la quinzaine qui suivit cette soirée, le soleil dora joyeusement le fortuné district du New Jersey.

L'automne s'avançait, cependant ; les feuilles des grands érables de Menlo Park se veinaient de pourpre et le vent les froissait, d'aurore en aurore, plus sèchement.

Le château d'Edison et ses jardins apparaissaient déjà dans de plus bleus crépuscules. Les oiseaux familiers d'alentour, — fidèles aux branchages et aux dernières feuillées, commençaient, gonflant leur plume, à piauler quelques notes de leurs chansons d'hiver.

Pendant cette série de beaux jours, les États-Unis en général, — et, en particulier, Boston, Philadelphie et New York, — s'étaient inquiétés, Edison ayant suspendu toutes réceptions depuis la visite de lord Ewald.

Enfermé avec ses mécaniciens et ses appariteurs en son laboratoire, il ne sortait plus. — Les *reporters*, expédiés en hâte, avaient trouvé grille close ; ils avaient essayé de sonder M. Martin, mais son mutisme souriant avait déconcerté leurs tentatives. Gazettes et *Magazines* s'émouvaient. — « Ah çà, que faisait le sorcier de Menlo Park ? le papa du Phonographe ? » Des rumeurs, touchant la découverte définitive de l'adaptation du compteur (!) à l'Électricité, commencèrent à circuler.

D'habiles détectives avaient cherché à louer des fenêtres lointaines pour surprendre une expérience. Dollars perdus ! — L'on ne voyait rien, de ces maudites fenêtres ! — Des limiers, dépêchés par la Compagnie du Gaz, devenue fortement inquiète, s'étaient retirés sur les hauteurs environnantes et, là, nantis d'énormes télescopes, plongeaient dans les jardins qu'ils inspectaient et scrutaient d'une pupille sagace.

Mais, du côté du laboratoire, le feuillage d'une

grande allée obstruait toute investigation. L'on n'avait distingué qu'une jeune dame, extrêmement belle, vêtue de soie bleue et cueillant paisiblement des fleurs sur la pelouse du milieu, — rapport qui avait terrifié la Compagnie du Gaz.

—L'électricien cherchait à leur donner le change! — C'était clair. — Une jeune dame, cueillant des fleurs?... Allons donc! — Vêtue de soie bleue?... Plus de doute!.. Il raillait! Il avait découvert la division du Fluide, le démon! — Mais on n'était point sa dupe. — Un pareil homme était un fléau social. — On aviserait! — Il ne fallait pas qu'il s'imaginât! » etc.

Bref, l'anxiété se portait au comble, lorsqu'on apprit qu'Edison avait mandé, en toute hâte, l'excellent docteur Samuelson D. D. et le fameux W*** Pejor, le dentiste du high-life américain, le praticien en vogue — tant prisé pour la légèreté de ses pièces, pour son innocente manie du viol et pour la solidité de sa prothèse.

Immédiatement le bruit se répandit, — la foudre surmenée n'eut du moins pas assez d'ailes pour le divulguer, — qu'Edison, malade, rugissait jour et nuit, en proie à la fluxion la plus lancinante et la plus terrible — et que sa tête, vouée à la plus imminente méningite, était devenue grosse comme le Capitole de Washington.

On redoutait l'imminence d'un transport au cervelet. C'était un homme fini! — Les actionnaires du Gaz, dont les titres venaient de baisser considérablement, devinrent tremblants de joie à cette nouvelle. Ils se précipitèrent dans les bras les uns des autres, pleurant de satisfaction et balbutiant des mots dénués de sens.

Après s'être épuisés en d'infructueux efforts en la recherche de termes suffisamment jaculatoires pour rédiger, de concert, en un pique-nique, l'hymne d'actions de grâces qu'ils avaient formé le projet d'exhaler, ils y renoncèrent d'un commun accord, — et, saisis d'une idée lumineuse, se répandirent en hâte de tous côtés pour acheter à la baisse le plus qu'ils purent d'actions au porteur de la Société fondée sur le Capital-intellectuel d'Edison et l'Exploitation de ses découvertes.

Quand le vénérable docteur Samuelson D. D., — suivi de l'excellent et illustre W*** Pejor, — eut affirmé, sur l'honneur, à leur retour à New York, que les esprits vitaux du mirifique sorcier ne s'étaient jamais vus dans un état plus sanitaire ; qu'il s'était agi, simplement, durant leur séjour à Menlo Park, de la jeune dame à la toilette d'azur sur laquelle il essayait une suite d'expériences de ses anesthésiques, — il y eut une débâcle de plusieurs millions de dollars qui fit pousser aux acheteurs de la veille de véritables glapissements. Trois grognements officiels furent même votés contre l'ingénieur, — et consciencieusement exécutés, ceux-là !... — vers la fin du meeting de consolation que s'offrirent les spéculateurs de la fameuse baisse. Dans un pays où le plus clair des affaires est fondé sur l'industrie, l'activité et les découvertes, rien que de naturel en ces événements.

Toutefois, revenues, à moitié, de la panique et de l'alerte, les âmes s'étaient à demi rassurées et l'âpreté des espionnages se relâcha quelque peu.

Tant et si bien qu'une belle nuit, — comme une caisse de dimensions assez importantes avait été notoirement expédiée de New York à Edison, et comme le camion arrivait à Menlo Park, de nonchalants détectives, apostés par les curieux, donnèrent l'exemple d'une modération inattendue. Les procédés qu'ils employèrent, en cette occasion, pour se rendre compte des choses, furent même blâmés comme par trop bénins et trop niaisement ingénieux.

En effet, ils se contentèrent, d'abord, de se ruer, sans vains préambules et à grands coups de gourdins, sur le conducteur et les employés nègres qui escortaient la caisse et de les laisser pour morts sur la route. Puis, aux lueurs des torches, ils s'empressèrent d'ouvrir ladite caisse, — mais en y mettant, cette fois, toute la délicatesse et toute la subtilité de manœuvres dont ils étaient capables, c'est-à-dire en enfonçant, à la hâte, d'énormes ciseaux à froid entre les ais, qu'ils firent éclater.

Enfin ! On allait donc pouvoir examiner les nouveaux éléments électriques et voir en quoi consistait le « Compteur » commandé évidemment par Edison.

Le chef de l'expédition, ayant procédé à l'examen minutieux du contenu de la caisse, n'y inventoria qu'une nouvelle robe de soie bleue (oh ! toute neuve !), des bottines de même nuance, des bas de femme d'une finesse délicieuse, une boîte de gants parfumés, un éventail d'ébène aux sculptures précieuses, des dentelles noires, un corset léger et ravissant, à rubans feu, des peignoirs de batiste, un boîte de bijoux contenant d'assez beaux pendants d'oreilles en diamant, des bagues et un bracelet. — des flacons de parfum, des mouchoirs brodés de l'initiale H** et plusieurs autres objets de ce genre, — enfin, toute une toilette féminine.

A cette vue oiseuse, nos agents, se sentant gagner par une véritable hébétude, formèrent cercle autour de la malle — où chaque objet fut délaissé à sa place, sur un regard profond du chef. Puis, s'étant pris le menton dans la paume de la main, nos seigneurs firent une pause et une grimace, trouvant sans doute à leur déconvenue un arrière-goût saumâtre. Puis, comme affolés, se croisant brusquement les bras, en écartant leurs longs doigts rouges contre leurs flancs et haussant démesurément les sourcils, ils s'entre-regardèrent en silence, d'un œil méfiant. — Puis, à moitié asphyxiés par la fumée des torches de leurs subalternes, ils se demandèrent, tout rêveurs, très bas, les uns aux autres, et avec des expressions butinées sur la flore même de leur langue « si, décidément, le papa du Phonographe se *jouait* d'eux ? »

Néanmoins, comme l'équipée tirait à conséquence, le chef, ayant humé une forte prise — tout en avalant avec peine sa salive, — leur intima l'ordre, à voix basse et entre deux de ces imprécations d'élite qui rappelèrent la horde au sentiment de la réalité, d'aller, avec la rapidité bien connue de l'éclair, rapporter le corps du délit à sa destination, et ce sous peine du lynch.

La horde se mit donc en marche en allongeant le compas. Arrivés à la grille d'Edison, ils y trouvèrent M. Martin et ses quatre joyeux collègues, qui, d'un air avenant, et le revolver à douze coups aux poings, les remercièrent avec chaleur de la peine qu'ils avaient bien voulu prendre, se saisirent lestement de la caisse et rejetèrent la grille sur le nez de nos gentlemen, — lesquels reçurent, en même temps, par la figure, le jet d'un éblouissant pinceau de magnésium parti du laboratoire de l'électricien qui photographiait ainsi, dans cet éclair, leurs trognes hirsutes, hispides et hyrcaniennes.

Une récompense honnête leur était due. Aussi, dès le lendemain, sur un télégramme circonstancié d'Edison et accompagné du portrait-carte collectif de ces parfaits compères (vue prise devant la grille), — il échut à ces dignes personnages (sur une proposition du constable à laquelle ils s'empressèrent d'accéder) la bonne fortune de quelques mois de pénombre. Ceux-là même qui les avaient apostés les chargèrent affreusement devant le constable, à cause de la bénignité de leurs agissements, — ce qui détendit de plus en plus les vigilances de la curiosité publique.

Que faisait Edison? — que pouvait-il avoir encore imaginé? Des impatients rêvaient bien de loqueter la grille! — Mais l'ingénieur avait prévenu, dès longtemps, par la voie comminatoire des journaux, que, dès le crépuscule, il en laisserait divers points, dûment isolés, en correspondance avec un courant sérieux. De sorte que l'on passait au large, une fois le garde-fou circulaire établi. Quels gardiens, quels suisses, quels veilleurs valent, en effet, l'électricité? Qu'on essaie de la corrompre! — alors surtout que l'on ignore même où elle est! A moins de s'habiller en paratonnerres ou de porter d'épais et hermétiques vêtements de cristal, la tentative amènerait fort probablement des résultats amers, — bref, serait couronnée d'un succès pour le moins négatif.

Les milliers de conversations continuaient : « — Qu'est-ce qu'il fait? Mais qu'est-ce qu'il combine? — Interroger mistress Edison?... L'on eût été bien reçu! — D'ailleurs, comment? — Savait-elle seulement quelque chose? — Les enfants?... Accoutumés, de bonne heure, à simuler une surdi-mutité incurable lorsqu'on les questionnait, c'eût été peine perdue. Allons, le mot était donné. Il fallait attendre. »

Tout à coup, vers cette époque, Sitting-Bull, le sachem des derniers Peaux-Rouges du Nord, ayant remporté un inattendu et sanglant avantage sur les troupes américaines envoyées contre lui, — ayant décimé et scalpé, comme on le sait, l'élite des jeunes gens des villes du nord-est de l'Union, — l'attention, stupéfaite de cette nouvelle — qui eut un retentissement dans l'univers, — se porta sur les Indiens menaçants et quitta de vue Edison pour quelques jours.

L'ingénieur en avait profité pour envoyer secrètement l'un de ses mécaniciens à Washington, chez le premier artiste en cheveux de la capitale, le perruquier du Luxe et de la Gentry. L'intelligent émissaire avait remis à cet homme, de la part d'Edison, le spécimen d'une grande et ondulée chevelure brune, avec une note indiquant, au milligramme et au millimètre, le poids et la longueur de celle dont il désirait un double aussi parfait que possible — le tout accompagné de quatre photographies, grandeur nature, d'une tête masquée dont il demandait que l'on reproduisît la coiffure et le négligé.

En moins de deux heures, comme il s'agissait d'Edison, les cheveux furent sertis, pesés et bouillis.

L'envoyé remit alors à l'artiste un mince tissu — un derme capillaire d'un si vivant aspect que le perruquier le tourna et le retourna quelque temps, tout pensif, avant de s'écrier :

— Mais c'est du scalp! du cuir chevelu! frais enlevé! tanné par un procédé inconnu! C'est culbutant! A moins que ce ne soit une substance que... — enfin, tout le *dur* de la perruque est effacé par ce système!

— Ecoutez, répondit l'envoyé d'Edison, ceci moule exactement la boîte crânienne, l'occiput et les pariétaux d'une personne des plus élégantes. A la suite de fièvres, elle craint de perdre les cheveux et désire les remplacer, pour quelque temps, par ceux-ci. Voici les parfums et l'huile dont elle se sert. Il s'agit de confectionner un chef-d'œuvre, — le prix est indifférent. Attelez donc trois ou quatre de vos meilleurs artistes, — nuit et jour, s'il le faut, — à nous tramer cette chevelure sur ce tissu de manière à tromper la nature, en la décalquant. — Surtout ne faites pas MIEUX que nature!!! Vous dépasseriez le but! *Identique!* Rien de plus. Vous contrôlerez, à la loupe, sur les photographies, les poils follets, petits cheveux rebelles, et ombres. M. Edison compte sur votre ouvrage d'ici trois jours — et je ne repartirai qu'en l'emportant.

Le perruquier avait d'abord jeté les hauts cris devant ce délai : mais, le soir du quatrième jour, l'envoyé, tenant une boîte à la main, était rentré dans Menlo Park.

Maintenant, les bien informés des environs chuchotaient entre eux qu'un mystérieux carrosse arrivait chaque matin à une porte inconnue et nouvellement découpée dans le mur du parc. Une jeune miss, presque toujours vêtue de bleu, une personne fort belle, très distinguée, en descendait seule, passait la journée, avec Edison et ses appariteurs, dans le laboratoire, — ou se promenait dans les jardins. Le soir, le même carrosse la venait prendre et la ramenait à certain cottage somptueux, récemment loué par un jeune seigneur anglais, beau, d'ailleurs, comme le jour. — « Que pouvait signifier le secret gardé à propos d'un sujet aussi puéril ? — Cette réclusion soudaine ?... Que venaient faire des épisodes... romanesques... dans le domaine de la Science ? — Enfin, ce n'était pas sérieux ! — Ah ! quel homme bizarre, — cet Edison !... Oui !... Bizarre ! — C'était, ma foi, le mot ! »

De guerre las, on attendit que la « frénésie » du grand ingénieur fût passée.

IV

Par un soir d'éclipse

> Mais un soir d'automne, — comme l'air dormait immobile et bas dans le ciel, — ma bien-aimée m'appela vers elle. Un voile de brume pesait sur la terre et à voir les splendeurs d'octobre dans le feuillage de la forêt et le chaud embrasement du soir sur les eaux, on eût dit qu'un bel arc-en-ciel s'était laissé choir du firmament.
> « Voici le jour des jours ! dit-elle, quand je m'approchai : le plus beau des jours pour vivre et pour mourir ! C'est un beau jour, pour les fils de la terre et de la vie !... Ah ! plus beau, — plus beau encore, — pour les filles du Ciel et de la Mort ! »
> EDGAR ALLAN POE, *Morella*.

L'un des derniers soirs de cette troisième semaine, au tomber de la brune, lord Ewald descendit de cheval devant le portail d'Edison, et, s'étant nommé, pénétra dans l'allée des jardins qui conduisait au laboratoire.

Dix minutes auparavant, comme il attendait, en parcourant les journaux, que rentrât miss Alicia Clary, le jeune homme avait reçu le télégramme suivant :

« Menlo Park : Lord Ewald 7 — 8 — 5 h. 22 minutes, Soir : — Mylord, voulez-vous m'accorder quelques instants ? — Hadaly. »

Sur quoi lord Ewald avait donné l'ordre qu'on sellât son poney.

C'était au déclin d'une orageuse après-midi ; l'on eût dit que la nature s'accordait avec l'événement attendu : Edison semblait avoir choisi son heure.

C'était le crépuscule d'une journée d'éclipse. A l'Occident, des rais d'une aurore boréale allongeaient sur tout le ciel les branches de leur sinistre éventail. L'horizon donnait la sensation d'un décor; l'air vibrait, énervant, sous les frissons d'un vent chaud et lourd qui faisait tournoyer des tas de feuilles tombées. Du sud au nord-ouest se roulaient de monstrueux nuages pareils à des monceaux de ouate violette, bordés d'or. Les cieux paraissaient artificiels; au-dessus des montagnes septentrionales, de longs et fins éclairs, des éparres muets et d'aspect livide, s'entrecroisaient, pareils à des coups d'épée; le fond des ombres était menaçant.

Le jeune homme ayant jeté un regard sur ce ciel, la voûte lui en sembla revêtue, en cet instant, du reflet de ses pensers. Il traversa l'allée et, arrivé au seuil du laboratoire, il eut une seconde d'hésitation: puis, voyant, à travers la vitre, miss Alicia Clary, dont c'était la dernière séance et qui récitait, sans doute, quelque dernier passage à maître Thomas, il entra.

Edison était fort tranquillement assis dans son fauteuil et vêtu de sa robe de chambre. Il tenait à la main des manuscrits.

Au bruit de la porte qui s'ouvrait, miss Alicia Clary se retourna.

— Tiens, s'écria-t-elle, lord Ewald!

Celui-ci s'était abstenu, en effet, de toute visite depuis la soirée terrible.

A l'aspect de l'élégant jeune homme, qui, en sa froideur sympathique, s'avançait vers lui, Edison se leva. Ils se serrèrent la main.

— Le télégramme que j'ai reçu tout à l'heure était d'une concision si éloquente que j'ai mis mes gants en chemin pour la première fois de ma vie, dit lord Ewald.

Puis, se tournant vers Alicia :

— Votre main, chère miss! ajouta-t-il. Vous étiez en répétition?

— Oui, répondit-elle; mais il paraît que c'est fini. Nous relisons, voilà tout.

Edison et lord Ewald s'éloignèrent de quelques pas.

— Alors, demanda le jeune homme en baissant la voix, le grand-Œuvre, l'Idéal électrique... notre merveille... ou plutôt la vôtre... est venue au monde?

— Oui, dit simplement Edison; vous la verrez après le départ de miss Alicia Clary. Eloignez-la, mon cher lord; faites que nous soyons seuls.

— Déjà! dit lord Ewald pensif.

— J'ai tenu parole, voilà tout, dit négligemment Edison.

— Et miss Alicia Clary ne se doute de rien?

— Une simple ébauche de terre lui a donné le change, ainsi que je vous l'avais annoncé. — Hadaly était cachée derrière l'impénétrable manteau de mes objectifs, et mistress Any Sowana s'est montrée une artiste de génie.

— Et vos mécaniciens?

— N'ont vu dans tout cela qu'une simple expérience de photosculpture : — le reste leur est demeuré secret. — D'ailleurs je n'ai désisolé l'appareil intérieur et fait jaillir l'étincelle respiratoire que ce matin, aux premiers rayons du soleil... qui s'en est éclipsé d'étonnement! — ajouta, en riant, Edison.

— Je vous avoue que je ne suis pas sans quelque impatience de contempler, ainsi *devenue*, Hadaly! dit, après un instant, lord Ewald.

— Vous la verrez ce soir. Oh! vous ne la reconnaîtrez pas, dit Edison. — A propos, ajouta-t-il, vous savez, je dois vous en prévenir, — c'est, en vérité, plus effrayant encore que je ne croyais.

— Eh bien! messieurs, leur cria miss Alicia Clary, est-ce que vous conspirez, que vous parlez à voix basse?

— Chère miss, dit Edison en revenant vers elle, j'exprimais à lord Ewald toute ma satisfaction de votre assidue docilité, du réel talent et de la magnifique voix dont vous êtes douée, — et j'ajoutais que j'avais le meilleur espoir quant à l'avenir prochain qui vous attend!

— Eh bien! mais... vous pouviez dire cela tout haut, cher monsieur Thomas, s'écria miss Alicia Clary. Ceci n'a rien qui m'offense. — Mais, continua-t-elle, en illuminant ses paroles de son sourire et avec une féminine menace du doigt, j'ai quelque chose, aussi, à dire à lord Ewald — et je ne suis point fâchée qu'il soit venu. — Oui, oui, il m'est venu des idées, à moi aussi, sur ce qui se passe autour de moi depuis trois semaines! — Enfin, j'ai quelque chose sur le cœur! — Vous m'avez donné à entendre, aujourd'hui, par un mot très surprenant, je ne sais quelle énigme absurde...

Et elle ajouta, d'un air qui voulait être digne et sec, et que démentait sa grave beauté :

— Permettez que nous fassions un tour de parc, lord Ewald et moi; je tiens à éclaircir un doute sur certain sujet...

— Soit ! répondit lord Ewald un peu contrarié, après un regard échangé avec Edison : mais j'aurai, ce soir, à causer aussi de vous avec M. Thomas, et son temps est précieux.

— Oh ! ce ne sera pas long ! dit miss Alicia Clary. Venez ; il est plus CONVENABLE que je ne vous dise pas cela devant lui.

Miss Alicia Clary prit le bras de son amant : ils entrèrent dans le parc et, l'instant d'après, ils marchaient vers la sombre allée.

Lord Ewald, impatient, songeait aux souterrains enchantés où, dans une heure, il allait se trouver en face d'une Ève nouvelle.

Le visage d'Edison, immédiatement après le départ des deux jeunes gens, prit une expression d'inquiétude et de concentration profondes. L'ingénieur craignait, peut-être, que la folle sottise de miss Alicia Clary ne trahît quelque confidence ; il écarta très vite le rideau de la porte vitrée et les suivit d'un regard brillant à travers les carreaux.

Puis il approcha vivement une petite table sur laquelle se trouvaient une lorgnette marine, un microphone de nouveau système et un manipulateur électrique. Les fils de ces deux instruments traversaient la muraille et allaient invisiblement se perdre au milieu des autres qui s'entrecroisaient au-dessus des arbres de l'allée, se ramifiant, de côté et d'autre.

Sans doute une scène de dem-irupture, qu'il croyait pressentir *et qu'il tenait à entendre avant de donner Halady*, lui semblait imminente.

— Que vouliez-vous me dire, Alicia ? demanda lord Ewald.

— Oh! tout à l'heure! répondit-elle : quand nous serons dans cette allée. Elle est très obscure, mon cher, et l'on ne pourra nous voir. Il s'agit d'un souci fort bizarre, je vous assure, qui m'est venu pour la première fois de ma vie! Tout à l'heure, je vous dirai cela.

— Comme il vous plaira, répondit lord Ewald.

La soirée était trouble encore; les longues lignes de feu rose venues du pôle boréal s'atténuaient sur l'horizon; quelques hâtives étoiles piquaient, entre les nuées, les intervalles bleus de l'éther; les feuilles se froissaient avec un bruit plus âpre dans la voûte de feuillage de l'allée; l'odeur de l'herbe et des fleurs était vivace, mouillée et délicieuse.

— Comme il fait bon, ce soir! murmura miss Alicia Clary en frissonnant.

Lord Ewald, préoccupé, l'entendit à peine.

— Oui, dit-il, d'une voix un peu gênée où vibrait une nuance amère et presque railleuse ; mais voyons, Alicia, qu'avez-vous à me dire?

— Mon cher lord, comme vous êtes pressé ce soir! — Voulez-vous venir vous asseoir sur ce banc de mousse, là-bas?... ajouta-t-elle. Nous serons mieux pour causer et je suis un peu lasse.

Elle s'appuyait sur son bras.

— Vous n'êtes pas indisposée, Alicia? dit-il.

Elle ne répondit pas.

Chose singulière, elle semblait soucieuse aussi, ce soir-là, miss Alicia Clary!

Etait-ce quelque instinct féminin l'avertissant d'un vague danger?

Il ne savait qu'augurer de l'hésitation de la jeune

femme. Elle mordait une brindille de fleur, cueillie au hasard, et tout son être resplendissait d'une beauté souveraine. Sa robe soyeuse courbait les fleurs du gazon : elle inclinait son éblouissant visage sur l'épaule de lord Ewald et le charme de ses beaux cheveux, un peu défaits sous leur mantille de dentelle noire, était d'une enivrante mélancolie.

Arrivés auprès du banc de mousse, elle s'assit la première. Lord Ewald, habitué à l'entendre continuellement ressasser des niaiseries intéressées ou banales, en attendait, avec patience, quelques nouveaux spécimens.

Une idée lui vint, cependant ! Si la puissante parole de ce magicien d'Edison avait trouvé le secret de dissoudre, un peu, le voile de poix qui obscurcissait le maussade esprit de cette si belle créature pensait-il; elle se taisait, n'était-ce pas déjà beaucoup?

Il s'assit auprès d'elle.

— Ami, dit-elle tout à coup, tenez, vous êtes triste depuis quelques jours, je trouve ! N'avez-vous rien à m'apprendre vous-même? Je suis une meilleure amie que vous ne le pensez.

Lord Ewald en ce moment était à mille lieues de miss Alicia Clary : il songeait aux fleurs inquiétantes de ce séjour où Hadaly l'attendait sans doute. Aussi, en écoutant cette question de la jeune femme, tressaillit-il, avec un imperceptible mouvement de contrariété, à l'idée qu'Edison avait trop parlé peut-être !

Mais, — dès la première réflexion, — cette éventualité lui parut tout à fait inadmissible. Non : dès le premier soir, Edison l'avait trop puissamment maniée et avec de trop amers sarcasmes, — et, depuis, avait eu trop le loisir de l'entendre, pour s'être jamais laissé aller à de stériles essais de guérison morale.

Cependant, cette manière douce de s'intéresser à lui le surprenait. C'était le premier bon mouvement d'Alicia ; l'instinct de quelque chose de grave était donc bien averti en elle ?..

Une idée plus raisonnable et plus simple remplaça ces premières suppositions.

Le poète se réveilla dans son esprit. Il se dit que la soirée, autour d'eux, était vraiment de celles où il est bien difficile à deux êtres humains, dans l'épanouissement de la beauté, de la jeunesse et de l'amour, de ne pas se sentir un peu plus que de ce monde; que les mystères féminins sont plus profonds que la pensée; que les cœurs les plus obscurs, soumis à des influences sublimes et sereines, peuvent, en un instant, s'éclairer d'une lueur qui leur était inconnue; que ces douces et salutaires ombres invitaient, du moins, à cette espérance ; et qu'enfin sa malheureuse maîtresse pouvait, elle aussi, sans même se rendre compte d'une telle impression, ressentir cet appel divin dans tout son être. Allons! Il devait tenter, au nom de la nuit, un suprême effort de résurrection vers l'âme jusque-là sourde et aveugle, mort-née pour ainsi dire, de celle qu'il aimait avec douleur.

C'est pourquoi, l'attirant doucement, plus près encore de sa poitrine :

— Chère Alicia, dit-il, ce que j'aurais à te dire est fait de joie et de silence : mais d'une joie recueillie et d'un silence plus merveilleux que celui même qui nous environne! Hélas! ô bien-aimée, je t'aime! tu le sais! — Cela signifie que c'est seulement à travers ta présence que je puis vivre! Pour être digne de ce bonheur, ensemble, il suffit d'éprouver ce qui est immortel autour de nous et d'en diviniser toutes les sensations. Là, dans cette pensée, plus de désillusions, jamais! Un seul moment de cet amour est plus qu'un siècle d'autres amours.

En quoi, dis-le-moi, cette manière de s'aimer te semble-t-elle si exaltée ou si déraisonnable? Alors surtout qu'elle me semble si naturelle, et la seule qui ne laisse ni souci ni remords? Toutes les plus ardentes caresses de la passion s'y trouvent multipliées, mille fois plus intenses et plus réelles, ennoblies, transfigurées, permises! — Quel charme trouves-tu donc à dédaigner toujours le meilleur, l'éternel de ton être? Ah! si je ne craignais d'entendre ton jeune rire, hélas! si désespérant et cependant si doux, je te dirais bien d'autres choses, ou plutôt me taisant, nous en subirions de divines!...

Miss Alicia Clary gardait le silence.

— Mais, reprit lord Ewald, avec un triste sourire, je te parle hébreu, n'est-ce pas? — Aussi, pourquoi me questionnes-tu? Que puis-je te dire — et quelles paroles, après tout, valent ton baiser?

C'était la première fois, depuis longtemps, qu'il lui parlait d'un baiser. Impressionnée, sans doute, par le magnétisme de la nuit tombante et de la jeunesse, la jeune femme paraissait, pour la première fois, s'abandonner, plus grave, à l'enlacement charmant de lord Ewald.

Avait-elle compris le doux et brûlant murmure de ces propos passionnés? Une larme tout à coup roula du bout de ses cils sur ses joues pâles.

— Ainsi, tu souffres, dit-elle tout bas, et c'est par moi!

A cette émotion, à cette parole, le jeune homme, en son saisissement, se sentit comme transporté d'un ineffable étonnement. Un intense ravissement l'inspira! Certes, il ne songeait plus à *l'autre!* à la terrible : — cette seule parole humaine avait suffi pour toucher toute son âme, pour y réveiller on ne sait quelle espérance.

— O mon amour! murmura-t-il, presque éperdu.

Et ses lèvres touchèrent les lèvres, réparatrices enfin, qui l'avaient consolé. Il oubliait les longues heures desséchantes qu'il avait subies : son amour ressuscitait. Le délicieux infini des joies pures entrait dans son cœur, et son extase était aussi subite qu'inespérée! Cette seule parole avait dissipé comme un coup de vent du ciel, ses pensées soucieuses et irritées! Il renaissait! Hadaly et ses vains mirages étaient loin maintenant de ses souvenirs.

Ils demeurèrent silencieux et enlacés pendant quelques secondes: le sein de la jeune femme se soulevait et le troublait de ses effluves enivrants; il la pressa dans ses bras.

Au-dessus des deux amants, le ciel était redevenu clair et se chargeait d'étoiles à travers les feuillages de l'allée : l'ombre s'approfondissait et devenait sublime. Oui, l'âme éperdue d'oubli, le jeune homme se sentait renaître dans la beauté du monde.

En cet instant, l'idée obsédante qu'Edison l'attendait en ses caveaux mortels pour lui montrer le noir prodige de l'Andréide, traversa ses pensées.

— Ah! murmura-t-il, étais-je donc insensé? Je rêvais le sacrilège... d'un jouet — dont l'aspect seul m'eût fait sourire, j'en suis sûr! — d'une absurde poupée insensible! Comme si, devant une jeune femme aussi solitairement belle que toi, ne s'évanouissaient pas toutes ces démences d'électricité, de pressions hydrauliques et de cylindres vivants! Vraiment, je remercierai tout à l'heure Edison, et sans autre curiosité. — Il fallait que le désenchantement m'eût bien assombri la pensée pour que j'aie pu concevoir, grâce à la terrible faconde de ce cher et très admirable savant, une possibilité pareille! — O bien-aimée! Je te reconnais! Tu existes, toi! Tu es de chair et d'os, comme moi! Je sens ton cœur battre! Tes yeux ont pleuré! Tes lèvres se sont émues sous l'étreinte des miennes! Tu es une femme que l'amour peut rendre idéale comme ta beauté! — O chère Alicia! Je t'aime! Je...

Il n'acheva pas.

Comme il levait ses yeux emparadisés et mouillés d'exquises larmes vers les yeux de celle qu'il tenait frémissante dans ses bras, il s'aperçut qu'elle avait relevé la tête et le regardait fixement. Le baiser dont il effleura ses lèvres, en aspirant leur haleine, s'éteignit tout à coup; une vague senteur d'ambre et de roses l'avait fait frémir de la tête aux pieds sans qu'il se rendît compte de l'éclair qui venait d'éblouir son entendement d'une façon terrible.

En même temps, miss Alicia Clary se leva — et, appuyant sur les épaules du jeune homme ses pâles mains *chargées de bagues étincelantes*, elle lui dit mélancoliquement, — mais de cette voix inoubliable et surnaturelle qu'il avait une fois entendue :

— Ami, ne me reconnais-tu pas ? Je suis Hadaly.

V

L'Androsphynge

> « En vérité, en vérité, je vous le dis ; s'ils se taisent, les PIERRES PARLERONT ! »
>
> NOUVEAU-TESTAMENT.

A ce mot, le jeune homme se sentit comme insulté par l'enfer. Certes, si, dans cet instant, Edison se fût trouvé là, lord Ewald, au mépris de toute considération humaine quelconque, l'eût brusquement et froidement assassiné. Le sang reflua dans ses artères. Il vit les choses comme sous un jour rouge sombre. Son existence de vingt-sept années lui apparut en une seconde. Ses prunelles, dilatées par la complexe horreur du fait, se fixaient sur l'Andréïde. Son cœur, serré par une amertume affreuse, lui brûlait la poitrine comme brûle un morceau de glace.

Il assura, machinalement, son lorgnon et la considéra de la tête aux pieds, à droite et à gauche, puis en face.

Il lui prit la main : c'était la main d'Alicia! Il respira le cou, le sein oppressé de la vision : c'était bien Alicia! Il regarda les yeux... c'étaient bien les yeux... seulement le regard était sublime! La toilette, l'allure,... — et ce mouchoir dont elle essuyait, en silence, deux larmes sur ses joues liliales, — c'était bien elle encore... mais transfigurée! devenue, enfin, digne de sa beauté même: l'identité idéalisée.

Hors d'état de se ressaisir, il ferma les yeux : puis, de la paume de sa main fiévreuse, essuya quelques gouttes de sueur froide sur ses tempes.

Il venait de ressentir, à l'improviste, ce qu'éprouve un voyageur qui, perdu dans une ascension au milieu des montagnes, ayant entendu son guide lui dire à voix basse : « Ne regardez pas à votre gauche! » — n'a pas tenu compte de l'avertissement, et aperçoit, brusquement, au bord de sa semelle, à pic, l'un de ces gouffres aux profondeurs éblouissantes, voilées de brume, et qui ont l'air de lui rendre son regard en le conviant au précipice.

Il se dressa, maudissant, pâle et dans une angoisse muette. Puis il se rassit, sans proférer une parole et remettant à plus tard toute détermination.

Ainsi, sa première palpitation de tendresse, d'espérance et d'ineffable amour, on la lui avait ravie, extorquée : il la devait à ce vain chef-d'œuvre inanimé, de l'effrayante ressemblance duquel il avait été la dupe.

Son cœur était confondu, humilié, foudroyé.

Il embrassa, d'un coup d'œil, le ciel et la terre, avec un rire vague, sec, outrageant, qui renvoyait à l'Inconnu l'injure imméritée que l'on avait faite à son âme. Et ceci le remit en pleine possession de lui-même.

Alors il vit s'allumer, tout au fond de son intelligence, une pensée soudaine, plus surprenante encore, à elle seule, que le phénomène de tout à l'heure. C'était qu'en définitive la femme que représentait cette mystérieuse poupée assise à côté de lui, *n'avait jamais trouvé en elle de quoi lui faire éprouver le doux et sublime instant de passion qu'il venait de ressentir.*

Sans cette stupéfiante machine à fabriquer l'Idéal, il n'eût peut-être jamais connu cette joie. Ces paroles émues de Hadaly, la comédienne réelle les avait proférées sans les éprouver, sans les comprendre : — elle avait cru jouer « un personnage », — et voici que le personnage était passé au fond de l'invisible scène et avait retenu le rôle. La fausse Alicia semblait donc plus *naturelle* que la vraie.

Il fut tiré de ces réflexions par une douce voix : Hadaly lui disait à l'oreille :

— Es-tu bien sûr *que je ne sois pas là ?*

— Non ! répondit lord Ewald : qui es-tu ?

VI

Figures dans la nuit

L'homme est un Dieu tombé qui se souvient des cieux.
LAMARTINE.

Hadaly se pencha vers le jeune homme et lui dit, avec la voix de la vivante :

— Souvent, là-bas, dans le vieux château, après une journée de chasses et de fatigues, souvent, tu t'es levé de table, Celian, sans avoir touché au souper solitaire — et, précédé par des flambeaux dont tes yeux ensommeillés ne supportaient les clartés qu'avec ennui, tu es rentré dans ta chambre, ayant soif d'obscurité et d'un profond repos.

Là, bientôt, après une pensée vers Dieu, tu éteignais la lampe et t'endormais.

Et voici que d'inquiétantes visions bouleversaient ton âme en ce sommeil !

Tu te réveillais en sursaut, regardant, pâle, autour de toi, dans les ténèbres.

Alors, c'étaient comme des ombres ou des formes qui t'apparaissaient ; tu distinguais, parfois, une figure ; elle te regardait avec une solennelle fixité. Tu cherchais tout de suite à démentir le témoignage de tes yeux et voulais t'expliquer ce que tu voyais.

Si tu n'y parvenais pas, une anxiété sombre, prolongement du rêve quitté, troublait ton esprit jusqu'à la mort.

Pour en dissiper les suggestions, tu rallumais

quelque lumière, et tu reconnaissais, alors, avec ta raison, que ces visages, ces formes ou ces regards n'étaient que le résultat d'un jeu des ombres nocturnes, d'un reflet des nuages lointains sur le rideau, de l'aspect, étrangement animé par la vertu des silencieux mirages de la nuit, de tes vêtements jetés sur un meuble, à la hâte, au hasard du sommeil.

Souriant, alors, de ta première inquiétude, tu éteignais de nouveau la lumière et, le cœur satisfait de cette si absolue explication, tu te rendormais paisiblement.

— Oui, je me rappelle, — dit lord Ewald.

— Oh ! reprit Hadaly, c'était très raisonnable ! Ainsi, tu oubliais, cependant, que la plus certaine de toutes les réalités, — celle, tu le sais bien, en qui nous sommes perdus et dont l'inévitable substance, en nous, n'est qu'idéale — (je parle de l'Infini,) — n'est pas seulement que raisonnable. Nous en avons une lueur si faible, au contraire, que nulle raison, bien que constatant cette inconditionnelle nécessité, ne saurait en imaginer l'idée autrement que par un pressentiment, un vertige, — ou dans un désir.

Eh bien ! en ces instants où, voilé par une demi-veille et sur le point d'être ressaisi par les pesanteurs de la Raison et des Sens, l'esprit est encore tout imbu du fluide mixte de ces rares et visionnaires sommeils dont je te parle, — tout homme en qui fermente, *dès ici*, le germe d'une ultérieure élection et qui sent bien, déjà, ses actes et ses arrière-pensées tramer la chair et la forme futures de sa renaissance, ou, si tu préfères, de sa continuité, cet homme a conscience, en et autour de lui, tout d'abord de la réalité d'un autre espace inexprimable et dont l'espace apparent, où nous sommes enfermés, *n'est que la figure.*

Ce vivant éther est une illimitée et libre région où, pour peu qu'il s'attarde, le voyageur privilégié sent comme se projeter, sur l'intime de son être temporel, l'ombre anticipée et avant-courrière de l'être qu'il devient. Une affinité s'établit donc, alors, entre son âme et les êtres, encore *futurs* pour lui, de ces occultes univers contigus à celui des sens; et le chemin de relation où le courant se réalise entre ce double monde n'est autre que ce domaine de l'Esprit, que la Raison, — exultant et riant dans ses lourdes chaînes pour une heure triomphales, — appelle, avec un dédain vide, L'IMAGINAIRE.

C'est pourquoi l'impression que ton esprit, errant encore sur la frontière de ce sommeil étrange et de la vie, avait subie tout d'abord et en sursaut, c'est pourquoi cette primitive et intuitive impression, ne t'avait pas trompé. *Ils étaient bien là, dans la chambre, autour de toi, ceux-là qu'on ne peut nommer*, — ces précurseurs, si inquiétants, qui n'apparaissent, le jour, que dans l'éclair d'un pressentiment, d'une coïncidence ou d'un symbole.

Oh! lorsqu'à la faveur de cette substance infinie, l'Imaginaire (au dégagement de laquelle, en nous et autour de nous, les ténèbres et leur silence sont si favorables), lorsqu'ils s'aventurent jusqu'en nos limbes et que, par une action réciproque et médiatrice, ils réfléchissent leur présence, non pas *en* une âme, — cela ne se peut pas encore —

mais *sur* une âme disposée à leur visitation, — devenue, pendant l'assoupissement de sa Raison, à proximité de leur monde, — d'une âme presque échappée et confondue avec leur essence, déjà, — Oh! si tu savais !

Ici, Hadaly prit, dans l'ombre, la main de lord Ewald :

— si tu savais comme ils s'efforcent de transparaître, autant que possible, pour l'avertir et augmenter sa foi, fût-ce au moyen des Terreurs de la Nuit! — comme ils se vêtent, au hasard, de toutes les opacités illusoires qui peuvent renforcer demain le souvenir de leur passage! — Ils n'ont pas d'yeux pour regarder?... N'importe ; — ils te regardent par le chaton d'une bague, par le bouton de métal de la lampe, par une lueur d'étoile dans la glace. — Ils n'ont pas de poumons pour parler?... Mais ils s'incarnent dans la voix du vent plaintif; dans le craquement du bois mort d'un meuble ancien, dans le bruit d'une arme qui tombe, soudainement, alors, faute d'équilibre... (car il est une Prescience qui permet éternellement!) Ils n'ont pas de formes ni de visages visibles ? ils s'en figurent un avec les plis d'une étoffe, ils s'accusent dans la tige feuillue d'un arbuste, dans les lignes d'un objet, et se servent ainsi des ombres pour s'incarner, te dis-je, en tout ce qui vous entoure, au mieux de la plus intense sensation qu'ils doivent laisser de leur visite.

Et le premier *mouvement-naturel* de l'Ame est de les *reconnaître*, en et par cette même terreur sainte qui les atteste.

VII

Luttes avec l'Ange

> Le Positivisme consiste à oublier, comme *inutile*, cette inconditionnelle et *seule* vérité, — *que la ligne qui nous passe sous le nez* N'A NI COMMENCEMENT NI FIN.
>
> QUELQU'UN.

Après un silence, Hadaly, de plus en plus impressionnante, reprit :

— Tout à coup l'actuelle Nature, alarmée de ces approches ennemies, accourt, bondit et te rentre dans le cœur, en vertu de ses droits formels non encore prescrits. — Secouant, pour t'étourdir, les logiques et sonores anneaux de ta Raison, comme on secoue le hochet d'un enfant pour le distraire, elle se rappelle en toi. — Ton angoisse?... va, c'est elle! c'est elle seule qui, sentant bien sa misère en présence de cet autre monde imminent, se débat pour que tu te réveilles tout à fait, — c'est-à-dire, pour que tu te retrouves en elle, — car ton organisme en fait partie, encore, — et pour que tu refoules, par cet acte même, tes hôtes merveilleux en dehors de son grossier domaine! Ton « Sens-Commun? » Mais c'est le filet de rétiaire dont elle t'enveloppe pour paralyser ton essor lumineux, pour se sauvegarder et te reconquérir, toi, son prisonnier qui t'évadais! Ton sourire,—une fois les murs de ton cachot reconnus, une fois bien payé de ses obscurs prétextes, — c'est le signe de son illusoire triomphe du moment, lorsque, tout persuadé de sa pauvre réalité, te voici replongé et limité de nouveau dans ses leurres.

Ainsi, te rendormant, tu as dissipé, en effet, autour de toi, les précieuses présences évoquées, les parentés futures, inévitables, *reconnues* ! Tu as banni d'autour de toi les solennelles et réflexes objectivités de ton Imaginaire; tu as révoqué en doute ton Infini sacré. Quelle est ta récompense? Oh! te voici tranquillisé!

Tu t'es retrouvé sur la Terre... — rien que sur cette terre tentatrice, qui toujours te décevra, comme elle a déçu tes devanciers ! rien que sur cette terre, où, naturellement, revus de mémoire et avec des regards redevenus purement rationnels, ces salubres prodiges ne te semblent plus que nuls et vains. — Tu te dis : — « Ce sont là des choses du sommeil! des hallucinations!... » — que sais-je? Et, te payant ainsi du poids de quelques mots troubles, tu amoindris étourdiment en toi-même le sens de ton surnaturel. A l'aurore suivante, accoudé à la fenêtre ouverte aux airs purs du matin, le cœur joyeux, rassuré par ce traité de paix douteuse avec toi-même, tu écoutes au loin le bruit des vivants (tes semblables!) qui s'éveillent aussi et vont à leurs affaires, ivres de Raison, affolés par toutes les soifs de leurs sens, éblouis par toutes les boîtes de jouets dont se paye l'âge mûr de l'Humanité qui entre en son automne.

Oubliant, alors, de quels droits d'aînesse inestimables tu payes, toi-même, en ta conscience, chaque lentille de ce plat maudit que t'offrent, avec de froids sourires, ces martyrs, toujours déçus, du Bien-être, — ces insoucieux du Ciel, ces amputés de la Foi, ces déserteurs d'eux-mêmes, ces décapités de la notion du Dieu dont la Sainteté infinie est inaccessible à leur mensongère corruption mortelle, voici que tu regardes, toi aussi, avec une complaisance d'enfant ébloui, cette glaciale planète qui roule la gloire de son antique châtiment dans l'Étendue! Voici qu'il te semble pénible et nul de te souvenir que, — sous quelques tours, à peine révolus dans l'attract circulaire de son soleil déjà piqué, lui-même, des taches de la mort, — tu es appelé à quitter pour jamais cette bulle sinistre, aussi mystérieusement que tu y es apparu! Et voici qu'elle te représente maintenant le plus clair de tes destinées.

Et, non sans quelque sceptique sourire encore, tu finis par saluer en ta Raison d'une heure, — toi qui sors d'un grain de blé, — la Législatrice « évidente » de l'*inintelligible, informe et inévitable* INFINI.

VIII

L'Auxiliatrice

> La résurrection est une idée toute naturelle; il n'est pas plus étonnant de naître deux fois qu'une.
> VOLTAIRE. *Le Phénix.*

Lord Ewald, agité de sentiments extraordinaires, écoutait patiemment l'Andréïde, ne percevant pas où cette dialectique la conduirait quant à la question qu'il *lui* avait adressée.

Mais la radieuse *Inspirée* continua, comme si elle eût levé tout à coup quelque rideau ténébreux:

— Ainsi, d'oublis en oublis de ton origine et de ton but véritables, malgré tous les avertissements de la nuit et du jour, tu allais préférer, — à cause de cette infortunée et si vaine passante dont j'ai pris la voix et le visage, — tu allais préférer de renoncer à toi-même. Pareil à l'enfant qui veut naître avant la gestation nécessaire à sa possibilité, tu avais résolu (sans frémir de l'acte impie et au mépris des sélections de plus en plus sublimes que confèrent les douleurs surmontées), tu avais résolu de devancer ton heure qui ne sonnait pas.

Mais, me voici, moi ! — Je surviens, de la part des tiens futurs !... de ceux que tu as souvent bannis et qui, seuls, sont d'intelligence avec ta pensée. — O cher oublieux, écoute un peu encore, avant de vouloir mourir.

Je suis, vers toi, l'envoyée de ces régions sans bornes dont l'Homme ne peut entrevoir les pâles frontières qu'entre certains songes et certains sommeils.

Là, les temps se confondent ; l'espace n'est plus ! les dernières illusions de l'instinct s'évanouissent.

Tu le vois : au cri de ton désespoir, j'ai accepté, de me vêtir à la hâte, des lignes radieuses de ton désir, pour t'apparaître.

Je m'appelais en la pensée de qui me créait, de sorte qu'en croyant seulement agir de lui-même il m'obéissait aussi obscurément. Ainsi, me suggérant, par son entremise, dans le monde sensible, je me suis saisie de tous les objets qui m'ont semblé le mieux appropriés au dessein de te ravir.

Hadaly, souriante, et se croisant les mains sur l'épaule du jeune homme, lui dit tout bas :

— Qui je suis ?... Un être de rêve, qui s'éveille à demi en tes pensées — et dont tu peux dissiper l'ombre salutaire avec un de ces beaux raisonnements qui ne te laisseront, à ma place, que le vide et l'ennui douloureux, fruits de leur prétendue vérité.

Oh ! ne te réveille pas de moi ! Ne me bannis pas, sous un prétexte que la Raison traître, qui ne peut qu'anéantir, déjà te souffle tout bas. Songe que, né en d'autres pays, tu penserais d'après d'autres usages, et qu'il n'est, pour l'Homme, d'autre vérité que celle qu'il accepte de croire entre toutes les autres, — aussi douteuses que celle qu'il choisit : choisis donc celle qui te rend un dieu. « Qui je suis ? » demandais-tu ? Mon être, ici-bas, *pour toi du moins*, ne dépend que de ta libre volonté. Attribue-moi l'être, affirme-toi que je suis ! renforce-moi de toi-même. Et soudain, je serai tout animée, à tes yeux, du degré de réalité dont m'aura pénétrée ton Bon-Vouloir créateur. Comme une femme, je ne serai pour toi que ce que tu me croiras. — Tu songes à la vivante ? Compare ! Déjà votre passion lassée ne t'offre même plus la terre ; — moi, l'Impossessible, comment me lasserai-je de te rappeler le Ciel !

Ici, l'Andréide prit les deux mains de lord Ewald, dont la stupeur, le recueillement sombre et l'admiration, atteignaient un paroxysme intraduisible. Cette haleine tiède, pareille à une brise vague ayant passé sur des moissons de fleurs, l'étourdissait ! Il se taisait.

— Crains-tu de m'interrompre? reprit-elle; prends garde. Tu oublies que ce n'est qu'en toi que je puis être palpitante ou inanimée, et que de telles craintes peuvent m'être mortelles. Si tu doutes de mon être, je suis perdue, — ce qui signifie *également* que tu perds en moi la créature idéale qu'il t'eût suffi d'y appeler.

Oh! de quelle merveilleuse existence puis-je être douée si tu as la *simplicité* de me croire! si tu me défends contre ta Raison!

A toi de choisir entre moi... et l'ancienne Réalité, qui, tous les jours, te ment, t'abuse, te désespère, te trahit.

T'ai-je déplu? Ce que je t'ai dit t'a paru bien grave, peut-être, ou d'images trop subtiles? C'est que je suis très grave et très subtile, — mes yeux ont réellement pénétré jusque dans les domaines de la Mort.

Songe, et tu verras que penser de cette façon est nécessairement la seule toute simple, pour moi. Préfères-tu la présence d'une femme joyeuse, et dont les paroles ressemblent à des oiseaux? — C'est bien facile; si tu appuies le doigt sur la flamme bleue de ce saphir qui brûle à la droite de mon collier, je serai transfigurée en une femme de cette nature — et tu regretteras la disparue. J'ai tant de femmes en moi qu'aucun harem ne pourrait les contenir. Veuille, elles seront! Il dépend de toi de les découvrir en ma vision.

Mais, non! ces autres semblances féminines qui dorment en moi, — ne les éveille pas. Je les dédaigne un peu. Ne touche pas à ce fruit mortel en ce jardin! Tu t'étonnerais encore — et je suis encore si peu qu'un étonnement efface mon être et le voile ! Que veux-tu ! Ma vie tient encore à moins que celle des vivants.

Admets mon mystère tel qu'il t'apparaît. Toute explication (oh ! si facile !) en serait, sous un peu d'analyse, plus mystérieuse encore, peut-être, que lui-même, hélas ! mais serait, en toi, mon anéantissement. — Ne préfères-tu pas *que je sois* ? — Alors, ne raisonne point mon être : subis-le délicieusement.

Si tu savais comme la nuit de mon âme future est douce et depuis combien de rêves tu m'attends ! Si tu savais quels trésors de vertiges, de mélancolie et d'espérance cache mon impersonnalité ! Ma chair éthérée, qui n'attend qu'un souffle de ton esprit pour devenir vivante, ma voix où toutes les harmonies sont captives, mon immortelle constance, n'est-ce donc rien, au prix d'un vain raisonnement qui te « prouvera » que je n'existe pas ? — Comme si tu n'étais pas LIBRE de te refuser à cette vaine et mortelle évidence, alors qu'elle est elle-même si douteuse, puisque nul ne peut définir où commence cette EXISTENCE dont il parle ni en quoi son essence ou sa notion consistent. — Est-il à regretter que je ne sois pas de la race de celles qui trahissent ? de celles qui acceptent, d'avance, dans leurs serments, la possibilité d'être veuves ? Mon amour, pour être pareil à celui dont palpitent les Anges, a des séductions peut-être plus captivantes que celui des sens terrestres, où dort toujours l'antique Circé !

Après un instant, Hadaly, considérant celui qui

la contemplait avec stupeur, ajouta, soudainement rieuse :

— Oh! quels singuliers vêtements nous portons! — Pourquoi mets-tu ce morceau de verre dans ton œil, en me regardant? Tu n'y vois donc pas bien, *non plus?*

Mais... voici que je t'adresse des questions, comme une femme! — et il ne faut pas que je devienne femme : je changerais!

Puis, sans transition et d'une voix sourde :

— Emmène-moi là-bas, dans ta patrie! dans le château sombre! Oh! j'ai hâte de m'étendre en mon noir cercueil de soie, où je dormirai pendant que l'Océan nous portera vers ton pays. Laisse les vivants s'enfermer, à l'étroit de leurs foyers, en des paroles et des sourires! Que t'importe! Laisse-les se trouver plus « modernes » que toi, — comme si, bien avant la Création des mondes et des mondes, les temps ne furent pas tout aussi « modernes » qu'ils le sont ce soir et qu'ils le seront demain!

Profite de tes hautes murailles, gagnées et cimentées par le sang lumineux que répandirent les tiens, alors qu'ils forgeaient ta patrie.

Crois bien qu'il y aura toujours de la solitude sur la terre pour ceux qui en seront dignes! Nous ne daignerons pas même rire de ceux que tu quittes, bien que pouvant leur rendre, avec une meurtrière usure, leurs sarcasmes d'insensés, d'ennuyés et d'aveugles, ivres d'un orgueil à jamais risible, puéril et condamné.

Est-ce que nous aurons le temps de penser à eux! D'ailleurs, on participe toujours de ce que à quoi l'on pense : préservons-nous donc *de les devenir* quelque peu, *en y songeant!* Viens. Une fois dans l'enchantement de tes vieux arbres, tu m'éveilleras, si tu veux, en un baiser dont tressaillera sans doute l'Univers troublé ! — mais la volonté d'un seul vaut mieux que le monde.

Et, dans l'ombre, Hadaly, toucha de ses lèvres le front interdit de lord Ewald.

IX

Révolte

<small>Qu'importe le flacon, pourvu qu'on ait l'ivresse !
ALFRED DE MUSSET.</small>

Lord Ewald n'était pas seulement un homme courageux, mais un homme intrépide. La vertu de cette fière devise « *Etiamsi omnes, ego non!* » amalgamée à son sang par l'action des siècles, courait dans ses veines ; cependant, à ces dernières paroles, un long frémissement l'agita : puis, il se dressa presque hagard :

— Ah çà ! murmura-t-il, de tels miracles seraient plutôt faits pour effrayer l'âme que pour la consoler ! Quel homme s'est imaginé que ce sinistre automate pourrait m'émouvoir à l'aide d'on ne sait quels paradoxes inscrits sur des feuilles de métal ! Depuis quand Dieu permit-il aux machines de prendre la parole ? Et quel risible orgueil semblent concevoir d'électriques fantômes qui, vêtus de la forme d'une femme, prétendent se mêler à notre existence ? — Ah ! ah ! ah ! Mais j'oubliais ! je suis au théâtre ! Et je ne dois qu'applaudir. La scène est, en effet, très étrange! Bravo, donc! Edison! — Bis! bis!...

Et, après avoir bien assuré son lorgnon, lord Ewald alluma paisiblement un cigare.

Le jeune homme venait de parler au nom de la dignité humaine, et même au nom du Sens Commun, outragés par le prodige de Hadaly. Certes, ce qu'il venait de dire n'était pas sans réplique, — et s'il se fût trouvé à quelque tribune parlementaire pour défendre sa cause, nul doute que cette façon de donner du fer ne fût de nature à lui attirer une riposte dangereuse, brève et de parade malaisée. Ainsi, à la question : « *Depuis quand Dieu permet-il aux machines de prendre la parole?* » si un passant lui eût répondu : « Depuis qu'il a vu le triste usage que vous en faites! » la réponse eût été assez gênante. Quant à la phrase : « J'oubliais, je suis au théâtre! » si le quidam eût simplement chantonné :

— « Eh! après tout, Hadaly ne fait que doubler supérieurement VOTRE comédienne! » le passant n'aurait pas eu tout à fait tort.

Tant il est vrai que l'homme, même supérieur, lorsqu'il est profondément troublé et que, cédant à une petite vanité d'esprit, il craint de le laisser paraître, peut, avec les meilleures intentions du monde, en défendant les causes les plus justes, compromettre le droit lui-même — par un peu « trop de zèle. »

Lord Ewald ne tarda pas à s'apercevoir, d'ailleurs, qu'il s'était engagé dans une aventure beaucoup plus sombre qu'il ne l'avait pensé.

X

Incantation

> — Tes yeux, gouffres clairs, souriantes étoiles où se reflète mon divin amour, je vais donc les fermer !
> RICHARD WAGNER, *La Walkyrie*.

L'Andréïde avait baissé la tête, et cachant son visage en ses deux mains, pleurait en silence.

Puis, montrant le sublime visage d'Alicia transfiguré et tout inondé de larmes :

— Ainsi, dit-elle, tu m'as appelée et tu me repousses. Une seule pensée de toi pouvait m'animer, et, prince inconscient des forces du monde, tu n'oses disposer de ta puissance. Tu me préfères une conscience que tu méprises. Tu recules devant ta divinité. L'idéal captif t'intimide. Le Sens commun te redemande; esclave de ton Espèce, tu lui cèdes et me détruis.

Créateur doutant de ta créature, tu l'anéantis à peine évoquée, avant d'avoir achevé ton ouvrage. Puis, te réfugiant dans un orgueil à la fois traître et légitime, tu ne daigneras plaindre cette ombre qu'avec un sourire.

Cependant, pour l'usage que fait de la Vie celle que je représente, était-ce donc la peine de m'en priver en sa faveur? Femme, j'eusse été de celles que l'on peut aimer sans honte : j'aurais su vieillir! Je suis plus que ne furent les humains avant qu'un Titan n'eût dérobé le feu du ciel pour en doter ces ingrats ! Moi, qui m'éteins, nul ne me rachètera du Néant ! Il n'est plus de la terre celui qui eût bravé, pour m'insuffler une âme, le bec de l'éternel vautour ! Oh ! comme je fusse venue pleurer sur son cœur avec les Océanides ! — Adieu, toi qui m'exiles.

En achevant ces paroles, Hadaly se leva, puis, après un profond soupir, marcha vers un arbre et, levant la main contre l'écorce, s'y appuya, regardant le parc illuminé par la lune.

Le pâle visage de l'incantatrice resplendissait :

— Nuit, dit-elle avec une simplicité d'accent presque familière, c'est moi, la fille auguste des vivants, la fleur de Science et de Génie résultée d'une souffrance de six mille années. Reconnaissez dans mes yeux voilés votre insensible lumière, étoiles qui périrez demain ; — et vous, âmes des vierges mortes avant le baiser nuptial, vous qui flottez, interdites, autour de ma présence, rassurez-vous ! Je suis l'être obscur dont la disparition ne vaut pas un souvenir de deuil. Mon sein infortuné n'est même pas digne d'être appelé stérile ! Au Néant sera laissé le charme de mes baisers solitaires ; au vent, mes paroles idéales ; mes amères caresses, l'ombre et la foudre les recevront, et l'éclair seul osera cueillir la fausse fleur de ma vaine virginité. Chassée, je m'en irai dans le désert sans Ismaël ; et je serai pareille à ces oiselles tristes, captivées par des enfants, et qui épuisent leur mélancolique maternité à couver la terre. O parc enchanté ! grands arbres qui sacrez mon humble front des reflets de vos ombrages ! Herbes charmantes où des étincelles de rosée s'allument et qui êtes plus que moi! Eaux vives, dont les pleurs ruissellent sur cette écume de neige, en clartés plus pures que les lueurs de mes larmes sur mon visage! Et vous, cieux d'Espérance, — hélas! si je pouvais vivre! Si je possédais la vie! Oh! que c'est beau de vivre! Heureux ceux qui palpitent! O Lumière, te voir! Murmures d'extase, vous entendre! Amour, s'abîmer en tes joies! Oh! respirer, seulement une fois, pendant leur sommeil, ces jeunes roses si belles! Sentir seulement passer ce vent de la nuit dans mes cheveux!... Pouvoir, seulement, mourir!

Hadaly se tordait les bras sous les étoiles.

XI.

Idylle nocturne

> Ora, llora.
> De palabra
> Nace razon ;
> Da luz ol son.
> O ven ! ama !
> Eires alma,
> Soy corazon !
>
> Victor Hugo : *La chanson de Dea.*

Soudain elle se tourna vers lord Ewald :

— Adieu! reprit-elle. Rejoins donc tes semblables et parle-leur de moi comme « de la chose du monde la plus curieuse! » Tu auras tout à fait raison, ce qui est bien peu de chose.

Tu perds tout ce que je perds. Essaie de m'oublier; va! c'est impossible. Celui qui a regardé une Andréide comme tu me regardes a tué la femme en lui, car l'Idéal violé ne pardonne pas et nul ne joue impunément à la divinité!

Je retourne en mes caveaux resplendissants. — Adieu, toi qui ne peux plus vivre!

Halady appuya son mouchoir à ses lèvres et, chancelante, s'éloigna lentement.

Elle marchait dans l'allée vers le seuil lumineux où veillait Edison. Sa forme bleue et voilée dépassait chaque arbre, et, comme un rayon l'éclaira dans une embellie, elle se détourna vers le jeune homme. Silencieuse, elle ramena ses deux mains à sa bouche et lui envoya un baiser avec un effrayant mouvement de désespoir. Alors, éperdu, hors de lui-même, lord Ewald marcha vivement vers elle, la rejoignit et lui jeta son bras juvénilement autour de la taille, qui se ploya, défaillante, en cet enlacement.

— Fantôme! Fantôme! Hadaly!-dit-il, — c'en est fait! Certes, je n'ai pas grand mérite à préférer ta redoutable merveille à la banale, décevante et fastidieuse amie que le sort m'octroya! Mais, que les cieux et la terre le prennent comme bon pourra leur sembler! je résous de m'enfermer avec toi, ténébreuse idole! Je donne ma démission de vivant — et que le siècle passe!... car je viens de m'apercevoir que, placées l'une auprès de l'autre, c'est, positivement, la vivante qui est le fantôme.

Hadaly, à ces paroles, sembla tressaillir : puis, avec un mouvement d'infini abandon, elle noua ses bras à l'entour du cou de lord Ewald. De son sein haletant, qu'elle pressait contre lui, sortait une senteur d'asphodèles : ses cheveux, se dénouant éperdûment, roulèrent au long de son dos sur sa robe.

Une grâce lente, et languide, et pénétrante, adoucissait sa rayonnante et sévère beauté; elle semblait ne pouvoir parler! La tête appuyée sur l'épaule du jeune homme, elle le regardait entre ses cils, en souriant d'un radieux sourire. Déesse-féminéisée, illusion charnelle, elle épouvantait la nuit. Elle semblait aspirer l'âme de son amant comme pour s'en douer elle-même; ses lèvres entr'ouvertes, à demi pâmées, bougeaient, et frémissaient, effleurant celles de son créateur en un baiser virginal.

— Enfin!... dit-elle sourdement : — Ô bien-aimé, c'est donc toi !

XI.

Penseroso

> Adieu, jusqu'à l'aurore
> Du jour où qui j'ai foi,
> Du jour qui doit encore
> Me réunir à toi !
> *Musique de* Schubert.

L'instant d'après, lord Ewald rentrait dans le laboratoire, ramenant ainsi, par la taille, Hadaly chancelante et dont la tête grave, pâle et comme évanouie, était demeurée appuyée sur l'épaule de son compagnon.

Edison était debout, les bras croisés devant un long et splendide cercueil d'ébène, grand ouvert, à deux battants, capitonné de satin noir et dont l'intérieur moulait exactement une forme féminine.

On eût dit le perfectionnement, dû à notre ère, d'un cercueil égyptien, digne de l'hypogée d'une Cléopâtre. A droite et à gauche, dans les parois creusées, une douzaine de rubans d'étain galvanisé, pareils à des papyrus funèbres, un manuscrit, la baguette de verre et d'autres objets étaient rangés. Edison, appuyé à la roue étincelante d'une énorme machine à tonnerre, regardait fixement lord Ewald qui s'avançait vers lui.

— Ami, dit celui-ci pendant que l'Andréide, comme revenue à elle-même, demeurait immobile, Halady est un présent qu'un demi-dieu seul pourrait offrir. Jamais dans les bazars de Bagdad ni de Cordoue, pareille esclave ne fut montrée aux califes! Jamais enchanteur ne suscita pareille vision! Jamais Shéhérazade n'eût osé l'imaginer dans ses *Mille et une Nuits*, de peur d'éveiller le doute dans l'esprit du sultan Schariar. Aucun trésor ne pourrait acheter ce chef-d'œuvre. Si, d'abord, il m'a transporté d'un mouvement de colère, l'admiration m'a vaincu.

— L'acceptez-vous? demanda l'Électricien.

— Je serais un insensé, vraiment, si je refusais!

— Quittes! — dit Edison, gravement, et en lui tendant les mains, que lord Ewald pressa de même.

— Soupez-vous avec moi, *l'un et l'autre, comme la dernière fois?* continua-t-il en souriant. — Si vous voulez, nous recommencerons la conversation de l'autre soir : vous verrez que les réponses de Hadaly seront... différentes de celles de son modèle.

— Non, dit lord Ewald : j'ai hâte d'être le prisonnier de cette énigme sublime.

— Adieu! miss Hadaly!... dit Edison. Vous souviendrez-vous, là-bas, de votre chambre souterraine — où nous causions, parfois, de celui qui devait vous éveiller à notre pâle existence de vivants?

— Oh! mon cher Edison! répondit l'Andréïde en s'inclinant devant l'Électricien, ma ressemblance avec les mortels n'ira jamais jusqu'à oublier mon créateur.

— A propos, — et la vivante?... demanda Edison.

Lord Ewald tressaillit.

— Ma foi, dit-il, je l'avais oubliée.

Edison le regarda.

— Elle sort d'ici, dans une assez méchante humeur, même. A peine étiez-vous en promenade qu'elle est survenue, bien réveillée de toute influence — et que son flux de paroles m'a mis dans l'impossibilité d'entendre un mot de ce que vous vous êtes dit, sans doute, en ce parc. Cependant j'avais disposé des appareils nouveaux pour... — enfin! je vois que, même livrée à sa seule nature, Hadaly, dès le premier instant de sa *vie*, s'est montrée digne de ce qu'en attendent les siècles futurs. Je n'en étais pas inquiet, d'ailleurs, s'il faut tout dire. — Quant à celle qui, pour vous du moins, vient de mourir en elle, miss Alicia Clary m'a notifié tout à l'heure, fort et ferme, qu'elle « renonçait à ces nouveaux rôles, dont elle ne pouvait retenir la prose inintelligible et dont les *longueurs* lui ossifiaient le cerveau. » — Son modeste vœu, désormais, « tout bien réfléchi » était de débuter « tout bonnement en des opéras-comiques de son répertoire : leur succès, *bien assis déjà*, lui assurait mieux l'attention des gens de goût. » — Quant à sa statue, votre départ de Menlo Park étant, disait-elle, fixé à demain matin, je n'aurais qu'à « la lui expédier à Londres » : elle a même ajouté que « relativement à mes honoraires, je pouvais vous demander le *prix fort*, attendu qu'elle savait qu'on ne doit pas marchander avec les artistes. » — Sur quoi, miss Alicia Clary m'a dit adieu, me priant de vous avertir (au cas où vous me feriez une visite), « qu'elle vous attendait là-bas, pour les arrangements ». Donc, une fois à Londres, vous n'aurez plus, mon cher lord, qu'à la laisser suivre en paix sa carrière. Une lettre, accompagnée d'un don « princier » lui annoncera votre rupture — et tout sera dit. Qu'est-ce qu'une maîtresse? un ceinturon et un mantelet, a écrit Swift.

— C'était mon projet, dit lord Ewald.

Hadaly, soulevant doucement sa tête sur l'épaule de lord Ewald, murmura, d'une voix faible et pure, en un mystérieux sourire, en montrant l'électricien :

— Il viendra, n'est-ce pas, à Athelwold, nous voir?

Le jeune Anglais, à cette naturelle parole, ayant réprimé un nouveau mouvement d'admirative stupeur, répondit, simplement, d'un signe affirmatif.

Chose singulière! c'était Edison qui avait tressailli à ce mot et qui regardait Hadaly fixement.

Il se frappa le front, tout à coup, — sourit, se

baissa très vite et après avoir écarté le bas de la robe de l'Andréide, appuya les doigts sur les deux talons des bottines bleues.

— Qu'est-ce? demanda lord Ewald.

— Je désenchaîne Hadaly! répondit Edison. Je l'isole, en un mot, puisqu'elle n'appartient plus qu'à vous. A l'avenir, ce seront les bagues seules et le collier qui l'animeront. Le Manuscrit vous donnera, sur ce point, les détails les plus précis, les plus explicites. Vous comprendrez bien vite de quelles infinies complexités vous pourrez approfondir les soixante heures gravées en elle : c'est le jeu des échecs : — c'est sans limites, comme une femme.
— Elle a aussi les deux autres types féminins suprêmes et dont les subdivisions s'obtiennent très facilement « en mêlant leur dualité » ce qui devient alors irrésistible.

— Mon cher Edison, dit lord Ewald, je crois que Hadaly est un très véritable fantôme, et je ne tiens plus à me rendre compte du mystère qui l'anime. J'oublierai même, je l'espère, le peu que vous m'en avez appris.

Hadaly, à ces mots, pressa comme avec tendresse la main du jeune seigneur et se penchant à son oreille, lui dit très bas et très vite, pendant que l'électricien se tenait baissé à ses pieds :

— Ne lui parle pas de ce que je t'ai dit tout à l'heure : c'est pour toi seul.

Edison se releva, tenant à la main deux petits boutons de cuivre, dévissés, auxquels attenaient deux fils de métal d'une ténuité si extrême que leurs prolongements, enduits d'une matière isolante, s'étaient jusqu'alors perdus, invisibles, à la suite de l'Andréide. Ces inducteurs s'étaient confondus avec le plancher, le sol, les fourrures, sur lesquels avait passé Hadaly. Sans doute, ils étaient reliés quelque part, au loin, à des générateurs inconnus.

L'Andréide, alors, sembla frémir de tous ses membres : Edison toucha le fermoir du collier.

— Aidez-moi ! dit-elle.

Et, s'appuyant d'une main à l'épaule de lord Ewald, elle entra, souriante, dans le beau cercueil avec une sorte de grâce ténébreuse.

Puis, ayant ramené autour d'elle ses longs cheveux ondés, elle s'y étendit doucement.

Ayant ensuite passé à l'entour de son front le lourd bandeau de batiste qui devait retenir sa tête et préserver strictement son visage de tous contacts avec les parois de cette couche, elle agrafa, très serrés autour de son corps, de larges liens de soie qui l'assujettirent de manière à ce qu'aucun heurt ne la fît bouger.

— Ami, dit-elle en croisant alors les mains, tu éveilleras la dormeuse après la traversée : — d'ici là nous nous reverrons... dans les mondes du sommeil !...

Elle ferma les yeux, comme endormie.

Les deux battants se joignirent, doucement, hermétiquement, sans aucun bruit, au-dessus d'elle. Une plaque d'argent, incrustée d'armoiries, était fixée sur le cercueil, au-dessus du mot HADALY inscrit en caractères orientaux.

— Le sarcophage, reprit Edison, sera placé, tout à l'heure, ainsi que je vous l'ai dit, en une vaste caisse carrée, au couvercle bombé, dont l'intérieur est comblé d'une ouate épaisse et fortement pressée. Cette précaution n'est prise que pour éviter, en voyage, aux passants, des réflexions quelconques. Voici la clef du cercueil et l'invisible serrure qui permet au ressort de se détendre.

Et il indiqua, sous le chevet de Hadaly, une petite étoile noire, imperceptible.

— Maintenant, ajouta-t-il en offrant un siège à lord Ewald, — un verre de Xérès, n'est-ce pas ? nous avons encore quelques paroles à nous dire.

Et, appuyant sur un bouton de cristal, Édison fit flamboyer les lampes, qui en mêlant leur lumière à la lumière oxhydrique, produisaient l'effet du grand soleil.

Puis il envoya s'allumer le phare rouge au-dessus du laboratoire et, les rideaux une fois retombés, revint vers son hôte.

Sur un guéridon brillaient des verres vénitiens et un flacon de vin paillé.

— Je bois à l'Impossible ! dit l'électricien avec un grave sourire.

Le jeune lord toucha de son verre le verre d'Édison en signe d'acquiescement.

L'instant d'après, ils étaient assis en face l'un de l'autre.

XII

Explications rapides

> Il y a plus de choses au ciel et sur la terre, Horatio, que n'en contient toute votre philosophie.
>
> SHAKESPEARE, *Hamlet.*

Après un assez long moment de pensées muettes :
— Voici la seule question que je voudrais vous adresser, reprit lord Ewald, — Vous m'avez parlé d'un aide féminin, d'une personne nommée mistress Any Sowana... qui, paraît-il, a modelé, en effet, mesuré, calqué, membre à membre, pendant les premiers jours, notre ennuyée vivante.

D'après les dires d'Alicia, ce serait « une femme très pâle, *entre deux âges*, peu parleuse, toujours en deuil, ayant dû être fort belle : ses yeux sont constamment presque fermés, au point que la couleur en demeure inconnue. Cependant elle y voit clair ! » Et, miss Alica Clary ajoute que, dans l'espace d'une demi-heure, sur cette estrade, la mystérieuse statuaire l'a « comme pétrie des pieds à la tête » silencieusement, ainsi qu'une masseuse de bains russes. Elle ne s'arrêtait, à des instants, que pour « crayonner des chiffres et des lignes sur des feuilles de papier, — qu'elle vous offrait, très vite. »

Tout ceci tandis qu'un long « rayon de flamme, » dirigé sur la nudité de la patiente, semblait suivre les mains glaciales de l'artiste « comme si celle-ci eût dessiné avec de la lumière ».

— Eh bien? demanda Edison.

— Eh bien, répondit lord Ewald, si j'en juge par la première et si *lointaine* voix de Hadaly, ce doit être un être bien merveilleux que cette mistress Any Sowana !

— Allons ! dit Edison, je vois que vous avez réfléchi, tous les soirs, dans votre cottage, et que vous avez essayé de vous expliquer l'œuvre par vous-même. Bien. Vous en devinez quelque peu, j'en suis sûr, l'arcane initial : mais, — qui pourrait imaginer, jamais, par quelle circonstance, toute adventice et miraculeuse, il me fut donné de m'en rendre maître ! — Cela prouve que tout arrive à ceux qui cherchent.

Vous vous rappelez, n'est-ce pas, l'histoire que je vous ai contée, *en bas*, d'un certain Edward Anderson ? Ce que vous me demandez n'est autre que la *fin* de cette histoire : — la voici.

Edison, s'étant recueilli un instant, reprit :

— Sous le coup de la triste mort et de la ruine de son mari, mistress Anderson, se voyant dépossédée de sa maison, subitement, — sans pain même, et vouée, avec ses deux enfants de dix à douze ans, à la très problématique charité de quelques banales connaissances commerciales, fut, tout d'abord, atteinte d'un mal qui la réduisit à l'inaction complète, — d'une de ces grandes névroses reconnues incurables, celle du Sommeil.

Je vous ai dit combien je tenais en estime la nature de cette femme, et, — comprenez-moi, milord, — son intelligence... J'eus donc le bonheur de songer à venir en aide à cette abandonnée, — comme jadis vous vîntes à mon aide ! — et au nom de l'ancienne amitié que son malheur ne pouvait qu'augmenter en moi, je plaçai, de mon mieux, les deux enfants et pris des mesures pour que leur mère fût à l'abri de toute détresse.

Un assez long temps se passa.

Souvent, au cours de mes trop rares visites à cette malade, j'eus l'occasion de constater ces étranges — et persistants accès de sommeil, *continus*,— durant lesquels elle parlait et me répondait sans rouvrir les yeux. Il y a nombre d'exemples, classés aujourd'hui, de ces léthargiques somnolences, où plusieurs sujets sont demeurés, des trimestres entiers, sans prendre aucune nourriture. A la longue — (étant doué, je crois, d'une faculté d'attention assez intense), — je finis par me préoccuper de guérir, s'il était possible, le mal singulier de mistress *Any* Anderson.

Lord Ewald, à ce prénom souligné d'intonation par l'ingénieur, eut un mouvement de surprise.

— Guérir? murmura-t-il ; — transfigurer, plutôt ! n'est-ce pas ?

— Peut-être, reprit Edison. — Oh! je me suis aperçu, l'autre soir, — à votre maintien tranquille devant miss Alicia Clary... frappée, — en moins d'une heure de Suggestion-fixe, — d'un effet d'hypnotisme cataleptique, — oui, je me suis aperçu que vous étiez au fait de ces nouvelles expériences, tentées par les premiers d'entre nos praticiens à ce sujet. Elles ont démontré, vous le savez, que la Science, à la fois ancienne et récente, du Magnétisme-humain, est une science positive, indiscutable, — et qu'en un mot la réalité de notre fluide nerveux n'est pas moins évidente que celle du fluide électrique.

Eh bien ! je ne sais comment l'idée me vint de recourir, — en vue du seul soulagement que cette infortunée en pourrait ressentir, — à l'action magnétique ! Je prétendais combattre, par elle, ce mal d'invincible torpeur corporelle. Je me renseignai sur les plus sûres méthodes : puis, j'essayai, non sans quelque patience et persistai, tout simplement, presque chaque jour, pendant deux mois environ. Soudainement, voici que, d'abord, les phénomènes connus s'étant produits les uns après les autres, d'autres phénomènes, — encore troubles, à l'estime de la Science, mais qui, demain, cesseront de le paraître, — des crises de voyance-mentale, absolument énigmatiques, — se manifestèrent au plus profond de ces longs évanouissements.

Alors, mistress Any Anderson *devint mon secret*. Grâce à l'état de torpeur vibrante, suraiguë, où se trouvait notre malade, — cette aptitude, qui m'est, d'ailleurs, naturelle, à la projection de ma volonté, se développa, vite, jusqu'au degré le plus intense, peut-être, — car je me sens, aujourd'hui, la faculté d'émettre, à distance, une somme d'influx nerveux suffisante pour exercer une domination presque sans limites sur certaines natures, et ceci en fort peu, non de jours, mais d'heures.

— J'en vins donc à établir un courant si subtil entre cette rare dormeuse et moi, qu'ayant pénétré d'une accumulation de fluide-magnétique le métal congénère, et fondu par moi, de deux bagues de fer — (n'est-ce point du magisme pur ?), — il suffit à mistress Anderson, — à Sowana, plutôt, — de passer l'une d'elles à son doigt (si j'ai l'autre bague, aussi, à mon doigt), pour, non seulement subir, à l'instant même, la transmission, vraiment occulte ! de ma volonté, mais pour se trouver, mentalement, fluidiquement et véritablement, auprès de moi, jusqu'à m'entendre et m'obéir, — son corps endormi se trouvât-il à vingt lieues. Sa main tenant l'embouchure d'un téléphone, elle me répondra ici, par voie d'électricité, à ce que je me contenterai de prononcer tout bas. — Que de fois nous avons causé, de la sorte, au mépris *positif* de l'espace, cette créature, ainsi spiritualisée, et moi !

J'ai dit *Sowana*, tout à l'heure. Vous n'oubliez pas, sans doute, que la plupart des grandes magnétisées finissent par *se* désigner à la troisième personne, comme les petits enfants. Elles *se* voient distantes de leurs organismes, de tout leur système sensoriel, enfin. Pour se dégager davantage en augmentant l'oubli de leur personnalité physique, — sociale, si vous le voulez, — plusieurs d'entre elles, parvenues à l'état de voyance, ont la singulière coutume de se baptiser, je puis dire, d'un nom de songe qui leur vient on ne sait d'où, et dont elles VEULENT être appelées, dans leur lumineux sommeil, au point de ne plus répondre qu'à ce pseudonyme d'outre-monde. C'est ainsi qu'un jour, — tout à coup — s'interrompant d'une phrase commencée, mistress Anderson, m'a dit, avec une simplicité d'intonation capable de déconcerter les moins superstitieux, ces seuls mots inoubliables :

« — Ami, je me rappelle Annie Anderson, qui

dort là-bas, où vous êtes : mais, *ici*, je me souviens d'un *moi* qui se nomme, depuis bien longtemps, — Sowana. »

— Quelles assombrissantes paroles je devais entendre ce soir! murmura, comme à lui-même, le jeune lord, après une sorte de stupeur silencieuse.

— Oui : ce serait à croire que nous sommes sur la limite d'une champ d'expériences... confinant vraiment au « Fantastique ! » reprit Edison.—Enfin, légitime ou frivole, ce vœu bizarre m'a paru mériter d'être satisfait, — en sorte que, dans nos causeries lointaines, je n'interpelle plus mistress Anderson que sous l'insolite dénomination qu'elle m'a notifiée.

Et ceci d'autant plus volontiers que l'être moral qui m'apparaît en mistress Anderson, à l'état de veille, et celui qui m'apparaît, dans la profondeur magnétique, semblent absolument différents. Au lieu de la femme très simple, si digne, si intelligente, même, — mais, de vues, après tout, fort limitées, — que je connais en elle, — voici qu'au souffle de ce sommeil il s'en révèle une tout autre, multiple et inconnue! Voici que le vaste savoir, l'éloquence étrange, l'idéalité pénétrante de cette endormie nommée Sowana — qui, au physique, est la même femme — sont choses logiquement inexplicables! Cette dualité n'est-elle pas un phénomène stupéfiant? Cependant, — bien qu'à des degrés d'intensité moindre — ce phénomène est avéré, constaté, reconnu, chez tous les sujets soumis à de sérieux magnétiseurs, et Sowana ne fait exception, grâce à son genre tout particulier de névrose, que comme exemple d'anormale perfection de ce cas physiologique.

Le moment est venu, maintenant, de vous apprendre, milord, qu'après le trépas de la belle Evelyn Habal, l'artificielle fille, je crus devoir faire montre à Sowana des reliques burlesques apportées par moi de Philadelphie, en manière de dépouilles opimes. — En même temps, je lui communiquai l'esquisse, déjà très nette, de ma conception de Hadaly. Vous ne sauriez croire avec quelle joie sombre, nouvelle et comme vengeresse, elle accueillit et encouragea mon projet! — Elle n'eût point de trêve que je ne me fusse mis à l'œuvre! — Et je lus commencer, puis m'absorber en cette œuvre, à tel point que mes travaux sur les pouvoirs éclairants et les lampes sans nombre que je devais achever, pour l'Humanité en subirent un retard de deux années : — ce qui m'a fait perdre des millions, soit dit en souriant! — Enfin, lorsque toutes les complexités de l'organisme de l'Andréide furent exécutées, je les assemblai dans leur unité transfigurante et lui présentai l'être d'apparition, la jeune armure inanimée.

A cette vue, Sowana — comme en proie à je ne sais quelle exaltation concentrée — me demanda de lui en expliquer les plus secrets arcanes — afin, l'ayant étudiée en totalité, de pouvoir, *à l'occasion*, S'Y INCORPORER ELLE-MÊME ET L'ANIMER DE SON ÉTAT « SURNATUREL ».

Frappé de cette confuse idée, je disposai, en peu de temps et avec toute l'ingéniosité dont je puis être capable, un système assez compliqué d'appareils, d'inducteurs absolument invisibles, de condensateurs tout nouveaux : j'y adjoignis un cylindre-moteur exactement correspondant à celui des mouvements de Hadaly. Quand Sowana s'en fut tout à fait rendue maîtresse, elle m'envoya, un jour, sans me prévenir, l'Andréide, ici même, pendant que j'achevais un travail. Je vous déclare que l'ensemble de cette vision me causa le saisissement le plus terrible que j'aie ressenti dans ma vie. L'œuvre effrayait l'ouvrier.

— Que serait donc ce fantôme une fois devenu le double d'une femme! pensai-je.

Dès lors toutes mes mesures furent calculées et minutieusement prises pour me trouver à même, un jour, de tenter, pour quelque cœur intrépide, ce que nous avons réalisé. Car, — il faut bien remarquer ceci ! — *tout n'est point chimérique en cette créature!* Et c'est bien un être inconnu, c'est bien l'Idéal, c'est bien Hadaly qui, — sous les voiles de l'électricité, — en cette armure d'argent simulant l'Humanité féminine, — vous est apparu : puisque, si je connais mistress Anderson, *je vous atteste* QUE JE NE CONNAIS PAS SOWANA!

Lord Ewald tressaillit à cette parole grave de l'électricien ; celui-ci continua pensif :

— Étendue à l'abri des feuillées ombreuses et des mille lueurs fleuries du souterrain, Sowana, les yeux fermés, perdue hors de la pesanteur de tout organisme, s'incorporait, vision fluide, en Hadaly! En ses mains solitaires, comme en celles d'une morte, elle tenait les correspondances métalliques de l'andréide; elle marchait, en vérité, dans la marche de Hadaly, parlait en elle, — de cette voix si étrangement lointaine qui, durant son espèce de sommeil sacré, vibre sur ses lèvres! Et il me suffisait de redire, de lèvres aussi, mais *en silence*, tout ce que vous disiez, pour que cette Inconnue de nous deux, vous entendant par moi, répondît en ce fantôme.

D'où parlait-elle? *Où* entendait-elle? *Qui* se trouvait-elle devenue? Qu'est-ce que ce fluide incontestable, qui confère, pareil au légendaire anneau de Gigès, l'ubiquité, l'invisibilité, la transfiguration intellectuelle? A qui avions-nous affaire, enfin?

Questions.

Rappelez-vous le mouvement — si *naturel!* — de Hadaly vers la réfraction photographique de la belle Alicia, dans ce cadre? Et, *en bas*, celui vers l'appareil thermométrique propre à peser le calorique des rayons planétaires? l'explication, tout improvisée, de cet appareil? la scène, si singulière, de la bourse? Rappelez-vous la netteté avec laquelle Hadaly décrivait la toilette exacte de miss Alicia Clary, lisant, sous la lampe, la dépêche du premier soir, dans le wagon? Savez-vous par quel subtil, par quel incroyable moyen, ce fait de voyance extra-secrète a pu se produire? Voici : — Vous étiez imbu, pénétré, vous, du fluide nerveux de votre détestée et chère vivante! Or, à certain moment, si vous vous en rappelez, Hadaly *vous a pris par la main* pour vous conduire vers le hideux tiroir où reposent les restes de l'étoile théâtrale. Eh bien, le fluide nerveux de Sowana se trouvait, par l'intime transmission de l'autre fluide, *en communion avec le vôtre, grâce à cette pression de la main de Hadaly*. A l'instant même il s'envola sur ces invisibles réseaux demeurés, malgré sa distance apparente, entre vous et votre belle maîtresse : il s'en alla donc aboutir à leur centre effusif, c'est-à-dire à miss Alicia Clary, dans le wagon qui l'amenait à Menlo Park.

— Est-ce possible! songea lord Ewald à voix basse.

— Non : mais cela *est*, répondit l'électricien. Tant d'autres choses, d'apparence impossible, se réalisent autour de nous, que celle-ci, de plus ou de moins, n'a pas le pouvoir de me surprendre outre mesure, attendu que je suis de ceux qui ne peuvent jamais oublier la quantité de néant qu'il a fallu pour créer l'Univers.

Oui : l'inquiétante songeuse, étendue sur des coussins jetés sur une large planche de verre aux supports isolants, tenait le clavier d'induction dont les touches l'électrisaient doucement et entretenaient un courant entre elle et l'Andréide. Et j'ajouterai qu'il est de telles affinités entre les deux fluides auxquels elle était soumise, qu'il ne me semble pas très surprenant, surtout dans la situation ambiante où nous nous trouvions, que le phénomène d'extra-voyance se soit accompli.

— Un instant, répondit lord Ewald ; certes, il est déjà fort admirable que l'électricité seule puisse, aujourd'hui, transmettre à des distances et des hauteurs sans limites bien précises — par exemple toutes forces-motrices connues : à tel point que, — si je dois en croire les rapports qui se publient de toutes parts, — demain, sans doute, elle fera rayonner sur cent mille réseaux, dans les usines terrestres, l'aveugle, la formidable énergie,

jusqu'à nos jours perdue, des cataractes, des torrents, — que sais-je ! du reflux même, peut-être.
— Mais ce prestige est, à la rigueur, intelligible, étant donnés les conducteurs *palpables*, — magiques véhicules, — en lesquels vibre la puissance du fluide ! Tandis que le fait de translation SEMI-SUBSTANTIELLE de ma pensée vive... comment l'admettre, à distance, *sans inducteurs, si ténus qu'ils puissent être ?*

— D'abord, répondit l'électricien, la distance, en vérité, n'est plus ici, qu'une sorte d'illusion. Et puis ! vous oubliez bon nombre de faits officiellement acquis, depuis peu de temps, à la Science expérimentale : savoir, par exemple, que — non plus seulement le fluide nerveux d'un être vivant, mais la simple *vertu* de certaines substances se transmettent à « distance » dans l'organisme humain, *sans ingestion, suggestion ni induction*. Les faits suivants ne sont-ils pas avérés aux yeux des plus positifs médecins actuels : — voici tel nombre de flacons de cristal, hermétiquement scellés et enveloppés, contenant, chacun, telle drogue dont j'ignore le nom. Je me saisis, au hasard, de l'un d'entre eux ; je l'approche, à dix ou douze centimètres, de la base crânienne d'un — hystérique, par exemple : — en quelques minutes, voici que le sujet se convulse, vomit, éternue, clame ou s'endort selon les *vertus* propres au spécifique présenté derrière sa tête à cette distance. — Quoi ! si c'est un acide mortel, ce malade offrira les symptômes — pouvant entraîner son décès — de l'intoxication par *cet* acide ? Si c'est tel électuaire, il tombera dans une ponctuelle extase, revêtue, constamment, d'un précis caractère de religiosité, — en des hallucinations *toujours* sacrées? fût-il le fidèle d'un culte différent de celui dont il éprouvera les mystiques visions? Si je tiens, par hasard, un chlorure, — du chlorure d'or, — voici que ce *voisinage* le brûle jusqu'à lui arracher des cris de souffrance? — Où sont les conducteurs de ces phénomènes? Et, devant ces incontestables faits, qui pénètrent la Science expérimentale d'une si légitime stupéfaction, pourquoi ne supposerais-je pas la possibilité d'un fluide-nouveau, mixte, synthèse de l'électrique et du nerveux, tenant, à la fois, de celui qui fait mouvoir, vers le pôle nord, la pointe de toute aiguille aimantée et de celui qui fascine l'oiseau placé sous le battement d'ailes de l'épervier?

Si, dans l'état de sursensibilité hystérique, une *affinité-inductrice* peut, ainsi, relier l'organisme du malade aux propriétés-intimes de ces substances et attirer leur vibrante influence à travers les pores du verre et du parchemin, — comme l'aimant impressionne, à travers le verre et les étoffes, les molécules de fer, — s'il est indiscutable enfin, qu'une sorte d'obscur magnétisme se dégage *même des choses végétales et minérales* et peut franchir, — sans inducteurs, — obstacles et distances jusqu'à impressionner de leur vertu spéciale un être vivant, comment pourrais-je être surpris, outre mesure, qu'entre trois individus d'espèce congénère, mis en relation par un centre commun électro-magnétisé, les fluides, en un certain instant, soient devenus corrélatifs au point que le phénomène en question se soit produit?

Pour conclure, du moment où la sensibilité occulte de Sowana n'est point réfractaire à l'action secrète du fluide magnétique, — à telle légère secousse, par exemple, donnée, *ici-bas*, à mistress Anderson, — alors que, dans l'état cataleptique, aucune autre influence du *dehors* ne parvient jusqu'à elle et qu'on pourrait brûler vive la seconde sans réveiller la première, — je trouve démontré que le fluide nerveux n'est pas dans un état d'indifférence totale à l'égard du fluide électrique et que, par conséquent, à tel ou tel degré, quelques-unes de leurs propriétés peuvent se fusionner en une synthèse d'une nature et d'un pouvoir inconnus. Celui qui, ayant découvert ce fluide nouveau, pourrait en disposer comme des deux autres, serait capable d'opérer des prodiges à confondre ceux des yoghis de l'Inde, des bonzes thibétains, des fakirs-charmeurs du Coromandel et des derviches de l'Egypte centrale.

Lord Ewald répondit, après un moment de songerie singulière :

— Bien qu'il soit de toute intellectuelle convenance que je ne voie jamais mistress Anderson, Sowana me semble mériter d'être une amie, — et, si, en toute cette magie environnante, elle peut m'entendre, — que ce vœu lui parvienne, *où* qu'elle soit !... Mais, une dernière question : est-ce que les paroles que Hadaly, tout à l'heure, a prononcées dans votre parc, furent dites et « déclamées » par miss Alicia Clary ?

— Certes, répondit Edison, — puisque vous avez dû reconnaître la voix et les mouvements de cette vivante : celle-ci ne les a si merveilleusement récités (d'ailleurs, sans y rien comprendre), que sous la patiente et puissante suggestion de Sowana.

Lord Ewald, à cette réponse, demeura dans une suprême stupeur. Cette fois, en effet, l'explication ne portait plus. Le fait d'avoir *prévu* les différentes phases de cette scène (et la *voix* attestait qu'elles avaient été prévues), n'était plus concevable.

Il allait donc simplement déclarer et prouver, à son tour, à l'ingénieur, la radicale et absolue impossibilité de ce fait, nonobstant toute solution ; mais au moment de lui notifier cette évidence, il se rappela, tout à coup, l'étrange prière que Hadaly lui avait adressée, tout bas, avant de s'enfermer en l'obscurité de son artificiel cercueil.

C'est pourquoi, gardant au secret de ses pensées la sensation de vertige qu'il éprouvait, il ne répliqua rien. Seulement, il jeta vers le cercueil un coup d'œil étrange : il venait d'entrevoir très distinctement la présence d'un être d'outre-monde dans l'Andréïde.

Edison donc poursuivit sans prendre attention à ce regard.

— L'état de spiritualité constante et de souveraine clairvoyance où se réalise *la vie réelle* de Sowana lui confère un pouvoir de suggestion des plus intenses, et surtout sur des sujets hypnotisés à demi déjà par moi. Les effets de sa volonté, même sur leur intelligence, sont immédiats.

Ce n'est que soumise à la suprématie de cette influence que la comédienne, durant des jours entiers, récita patiemment, sur cette estrade, et environnée de mes objectifs invisibles, chaque phrase des scènes que possède Hadaly et qui la personnalisent. Et ceci jusqu'aux intonations, mouvements et regards désirés, lesquels étaient appelés, inspirés, en cette belle innocente, par Sowana. Les fidèles poumons d'or de Hadaly n'enregistraient, sous le doigt de l'inspiratrice que la parfaite nuance vocale enfin proférée entre vingt autres, quelquefois. — Moi, le micromètre en main et ma plus forte loupe sous la paupière, je ne ciselais, qu'au degré correspondant à leur instantanée photographie, sur les aspérités du cylindre-moteur de l'Andréide, les seuls ensembles parfaits des mouvements, unis aux regards ainsi qu'aux expressions radieuses ou graves d'Alicia. Durant les onze journées que ce travail a demandé, le reste physique du fantôme s'accomplissait — moins la poitrine, enfin, — sur mes scrupuleuses indications. — Voulez-vous voir les quelques douzaines de spéciales épreuves photo-chromiques sur lesquelles sont piqués les points (précis à des millièmes de millimètre près), où les grains de poudre métalliques ont été disséminés, en la carnation, pour l'exacte aimantalisation des cinq ou six sourires fondamentaux de miss Alicia Clary? Je les ai là, dans ces cartons. L'expression de ces jeux de physionomie se nuance toute seule de la valeur des paroles, — de même que juste cinq jeux de sourcils modifient les regards ordinaires de cette si intéressante jeune femme.

Au fond, ce labeur, dont l'ensemble doit vous paraître si complexe et les détails d'un rendu si difficile, se réduit, sous l'analyse, l'attention, la persévérance, à si peu de chose, que, sûr de mes formules générales, dues à quelque peu d'intégral, et qui, seules, m'ont coûté de longues fatigues, tout ce curieux et minutieux travail de réfraction n'est ni ardu ni malaisé ; cela va tout seul ! Au moment de forclore l'armure, il y a quelques jours, et d'appliquer, peu à peu, d'abord par poudre, puis couche par couche, l'illusionnelle carnation, sur les mille si capillaires inducteurs dont l'étincelant duvet métallique traversait les jours imperceptibles de cette armure, à ce moment, dis-je, Hadaly, — perdue encore en ces limbes, — avait répété, devant moi, d'une manière irréprochable, toutes les scènes qui constituent le mirage de son être mental.

Mais aujourd'hui, toute la journée, tantôt ici même, tantôt dans le parc, la répétition définitive — que j'ai contemplée entre elle, vêtue comme son modèle et Sowana, m'a confondu !

C'était l'Humanité idéale, — moins ce qui est innomable en nous, moins ce dont il est impossible, en ces instants-là, de contrôler l'absence en Hadaly. J'étais, je l'avoue, enthousiasmé comme un poète. Quelles paroles de mélancolie, réalisant la volupté du rêve ! Quelle voix, quelle profondeur pénétrante en ces yeux ! quels chants ! quelle beauté de déesse oubliée ! quels enivrants lointains d'âme féminine ! quels appels inconnus vers un impossible amour ! Sowana, d'un frôlis de bagues, transfigurait cette évocatrice de songes enchantés.

— Oui, ce sont bien, je vous l'ai dit, les premiers, parmi les plus lumineux esprits entre les grands poètes et les penseurs de ce siècle, qui ont écrit ces étonnantes et admirables scènes.

Là-bas, lorsque vous l'éveillerez en votre vieux château, vous verrez, — dès la première coupe d'eau pure et le premier festin de pastilles, — vous verrez quel fantôme accompli vous apparaîtra ! Dès que les usages et la présence de Hadaly vous seront devenus familiers, je vous dis que vous en deviendrez le sincère interlocuteur, car si j'ai fourni physiquement ce qu'elle a de terrestre et d'illusoire, une Ame qui m'est inconnue s'est superposée à mon œuvre et, s'y incorporant à jamais, a réglé, croyez-moi, les moindres détails de ces scènes effrayantes et douces avec un art si subtil qu'il passe, en vérité, l'imagination de l'homme.

Un être d'outre-Humanité s'est suggéré en cette nouvelle œuvre d'art où se centralise, irrévocable, un mystère inimaginé jusqu'à nous.

XIII

L'adieu

L'heure triste, où chacun de son côté s'en va
VICTOR HUGO. *Ruy Blas*.

— Ainsi, reprit Edison, l'œuvre est accomplie et je puis conclure qu'elle n'est pas un vain simulacre. Une âme s'est donc surajoutée, disons-nous, à la voix, au geste, aux intonations, au sourire, à la pâleur même de la vivante qui fut votre amour. Chez celle-ci, toutes ces choses n'étaient que mortes, raisonneuses, décevantes, avilies : sous leurs voiles se cache aujourd'hui la féminine entité à laquelle cet ensemble de beauté insolite appartenait peut-être, puisqu'elle s'est montrée digne de l'animer. Ainsi celle que victima l'Artificiel a donc racheté l'Artificiel! celle qui fut abandonnée, trahie pour l'amour dégradant et obscène, s'est grandie en une vision capable d'inspirer l'amour sublime! celle que frappa, dans ses espérances, dans sa santé, dans sa fortune, le contre-coup d'un suicide, a détourné d'un autre le suicide. Prononcez, maintenant, entre l'ombre et la réalité. Pensez-vous qu'une telle illusion puisse vous retenir en ce monde — et vaille la peine de vivre?

Pour toute réponse, lord Ewald se leva: puis, tirant d'un étui d'ivoire un admirable petit pistolet de poche et l'offrant à Edison :

— Mon cher enchanteur, dit-il, permettez-moi de vous laisser un souvenir de toute cette radieuse aventure inouïe! Vous l'avez bien gagné! Je vous rends les armes.

Edison, se levant aussi, prit l'arme, en fit jouer la batterie pensivement, puis étendit le bras vers la nuit de la croisée ouverte.

— Voici une balle — que j'envoie donc au Diable, s'il existe, — et, dans cette hypothèse, j'incline à penser qu'il est dans les environs.

— Ah! ah! comme dans le *Freyschütz*! murmura lord Ewald qui ne put s'empêcher de sourire à cette boutade du grand électricien.

Celui-ci fit feu sur l'obscurité.

— Touché! cria, dans le parc, une voix extraordinaire.

— Qu'est-ce donc? demanda le jeune lord, un peu surpris.

— Rien. C'est un de mes anciens phonographes qui s'amuse! répondit Edison continuant son énorme plaisanterie.

— Je vous prive d'un chef-d'œuvre surhumain ! dit lord Ewald, après un moment.

— Non, puisque j'ai la formule : dit l'électricien. Mais… je ne fabriquerai plus d'andréides. Mes souterrains me serviront à me cacher pour y mûrir d'autres découvertes.

Et maintenant, milord comte Celian Ewald, un verre de Jerez, — et adieu. Vous avez choisi le monde des rêves ; emportez-en l'incitatrice. Moi, le destin m'enchaîne aux pâles «réalités». La caisse de voyage et le chariot sont prêts ; mes mécaniciens, bien armés, vous feront escorte jusqu'à New York, où le capitaine du transatlantique le *Wonderful* est prévenu. Nous nous verrons peut-être au château d'Athelwold. Ecrivez-moi. Vos mains ! — Adieu.

Il y eut donc, entre Edison et lord Ewald, encore un dernier serrement de main.

Une minute après, lord Ewald était à cheval à côté du chariot, entouré des torches de son escouade redoutable.

L'on se mit en marche — et bientôt les étranges cavaliers disparurent, au loin, sur la route, vers la petite gare de Menlo Park.

Demeuré seul, au centre du rayonnement de son pandémonium, Edison se dirigea, lentement, vers des tentures noires dont les longs plis retombaient devant quelque chose d'invisible. Arrivé auprès d'elles, il les fit glisser sur leurs anneaux.

Etendue, toute vêtue de deuil, — et, sans doute, endormie sur un vaste canapé de velours rouge posé sur des disques de verre, une svelte femme, encore jeune, bien que sa belle chevelure noire se brillantât d'argent autour des tempes, apparut. Le visage, aux traits sévères et charmants, d'un ovale pur, exprimait une sorte de tranquillité surnaturelle. La main pendante sur le tapis tenait l'embouchure, — entourée d'une espèce de masque rembourré de ouate, — d'un électrophone : si elle y parlait, nul, fût-ce auprès d'elle, ne pouvait l'entendre.

— Ah ! Sowana, dit Edison, — voici donc la première fois que la Science aura prouvé qu'elle pouvait guérir l'Homme... même de l'amour !

Comme la voyante ne répondait pas, l'électricien lui prit la main : la main, glacée, le fit tressaillir : il se pencha ; le pouls ne battait plus, le cœur était immobile.

Pendant de longues minutes il multiplia, autour du front de l'endormie, les magnétiques passes du réveil : — vainement.

Edison s'aperçut, au bout d'une heure d'anxiété et d'efforts de volition devenus stériles, que celle qui semblait dormir avait définitivement quitté le monde des humains.

XIV

Fatum

Sic fata voluere.
PAROLES AUGURALES.

Environ trois semaines après ces événements, M. Edison, n'ayant reçu ni lettres ni dépêches de lord Ewald, commençait à s'inquiéter de ce silence.

L'un des soirs suivants, vers les neuf heures, étant seul dans le laboratoire, l'ingénieur, en parcourant, assis auprès d'une lampe, l'une des principales gazettes américaines, tomba sur les lignes suivantes qui attirèrent son attention et qu'il lut deux fois avec une profonde stupeur:

Lloyd. — Dispatch. Nouvelles maritimes.

« La perte du steamer *The Wonderful*, que nous
« avons annoncée hier, vient de se confirmer et
« nous recevons, sur ce sinistre, les tristes détails
« suivants :

« Le feu s'est déclaré à l'arrière, sur les deux
« heures du matin, dans les compartiments des
« marchandises où des barils d'essence minérale
« et de spiritueux, enflammés par une cause in-
« connue, ont éclaté.

« La mer était grosse et, comme le steamer tan-
« guait assez durement, la nappe de flamme, en
« un instant, pénétra dans le compartiment des ba-
« gages. Un fort vent d'ouest activa l'incendie de
« telle sorte que l'embrasement apparut en même
« temps que la fumée.

« En une minute, les trois cents passagers, éveil-
« lés en sursaut, encombraient le pont, éperdus
« devant l'inévitable péril.

« Là, des scènes horribles se passèrent.

« Devant la fournaise qui crépitait et s'avançait,
« les femmes, les enfants poussaient de grands et
« désespérés cris d'épouvante.

« Le capitaine ayant déclaré que l'on sombrerait

« dans les cinq minutes, on se précipita vers les
« chaloupes mises à flot en quelques secondes.

« Les femmes, les enfants furent embarqués d'a-
« bord.

« Pendant ces scènes d'horreur, un incident
« étrange se produisit dans l'entrepont. Un jeune
« Anglais, lord E***, s'étant saisi d'une barre d'é-
« coutille, voulait pénétrer, de force, au milieu
« des flammes, parmi les caisses et colis en com-
« bustion.

« Ayant terrassé le lieutenant et l'un des contre-
« maîtres qui le voulaient saisir, il ne fallut rien
« moins qu'une demi-douzaine de matelots se
« ruant sur lui pour l'empêcher, dans l'état forcené
« où il paraissait être, de se jeter au milieu de l'in-
« cendie.

« Tout en se débattant, il déclarait vouloir sau-
« ver, à tout prix, du feu devenu terrible, une caisse
« renfermant un objet si précieux qu'il offrait l'é-
« norme somme *de cent mille guinées à qui l'aide-*
« *rait à l'arracher au sinistre*, — chose, d'ailleurs, im-
« possible et qui eût été inutile, les embarcations
« étant à peine suffisantes pour les passagers et
« l'équipage.

« L'on fut contraint de le lier, non sans peine, à
« cause de l'extraordinaire vigueur dont il faisait
« preuve, et de l'emporter évanoui dans le dernier
« canot, dont les passagers furent recueillis par
« l'*aviso* français *Le Redoutable*, sur les six heures
« du matin.

« La première chaloupe de sauvetage, surchar-
« gée de femmes et d'enfants, a chaviré. L'on évalue
« à soixante-douze le nombre des noyés: Voici quel-

« ques-uns des noms de ces malheureuses vic-
« times. »

(Suivait une liste officielle, dans les premiers noms de laquelle figurait celui de miss *Emma-Alicia Clary, artiste lyrique*).

Edison jeta le journal violemment. Cinq minutes se passèrent sans qu'une parole traduisît sa sombre songerie. D'un mouvement de la main sur un bouton de cristal, il éteignit les lampes.

Puis, il se mit à faire les cent pas dans l'obscurité.

Soudain le coup de timbre du télégraphe sonna.

L'électricien fit luire la veilleuse auprès de son appareil Morse.

Trois secondes après, se saisissant de la dépêche, il lut les paroles suivantes :

« Liverpool, pour Menlo Park, New Jersey. Etats-
« Unis 17. 2. 8. 40. Edison, ingénieur :

« *Ami, c'est de Hadaly seule que je suis inconsolable — et je ne prends le deuil que de cette ombre. — Adieu.*

— Lord Ewald . »

A cette lecture le grand inventeur se laissa tomber sur un siège, auprès de l'appareil : — ses regards distraits rencontrèrent, non loin de lui, la table d'ébène : une clarté lunaire pâlissait encore le bras charmant, la main blanche aux bagues enchantées ! Et, songeur attristé, se perdant en des impressions inconnues, ses yeux s'étant reportés au dehors, sur la nuit, par la croisée ouverte, il écouta, pendant quelque temps, l'indifférent vent de l'hiver qui entre-choquait les branches noires, — puis son regard s'étant levé, enfin, vers les vieilles sphères lumineuses qui brûlaient, impassibles, entre les lourds nuages et sillonnaient, à l'infini, l'inconcevable mystère des cieux, il frissonna, — de froid, sans doute, — en silence.

FIN.

TABLE

AVIS AU LECTEUR..................................... I

DÉDICACE V

LIVRE PREMIER.

M. Edison

Pages

I.	Menlo Park....................................	1
II.	Phonograph's papa.............................	4
III.	Les lamentations d'Edison.....................	6
IV.	Sowana..	9
V.	Résumé du soliloque...........................	12
VI.	Des bruits mystérieux.........................	14
VII.	Une dépêche !.................................	17
VIII.	Le songeur touche un objet de songe...........	20
IX.	Rétrospectivité...............................	24
X.	Photographies de l'Histoire du monde...........	28
XI.	Lord Ewald....................................	33
XII.	Alicia..	40
XIII.	Ombre...	44
XIV.	Comme quoi le fond change avec la forme.......	49
XV.	Analyse.......................................	51
XVI.	Hypothèse.....................................	54
XVII.	Dissection....................................	61
XVIII.	Confrontation.................................	70
XIX.	Remontrances..................................	75

TABLE

LIVRE DEUXIÈME.

Le pacte

		Pages
I.	Magie blanche	81
II.	Mesures de sûreté	87
III.	Apparition	89
VI.	Préliminaires d'un prodige	93
V.	Stupeur	103
VI.	Excelsior!	105
VII.	Hurrah!.. Les savants vont vite!	117
VIII.	Temps d'arrêt	121
IX.	Plaisanteries ambiguës	129
X.	Cosi fan tutte	142
XI.	Propos chevaleresques	144
XII.	Voyageurs pour l'Idéal : bifurcation!	146

LIVRE TROISIÈME.

L'Eden sous terre

I.	*Facilis descensus Averni*	151
II.	Enchantements	153
III.	Chant des oiseaux	155
IV.	Dieu	158
V.	Electricité	160

LIVRE QUATRIÈME.

Le secret

I.	Miss Evelyn Habal	167
II.	Côté sérieux des caprices	174
III.	L'ombre de l'Upa	180
IV.	Danse macabre	194
V.	Exhumation	199
VI.	Honni soit qui mal y pense!	204
VII.	Eblouissement	207

LIVRE CINQUIÈME.

Hadaly

		Pages
I.	Première apparition de la Machine dans l'Humanité,	211
II.	Rien de nouveau sous le soleil......	220
III.	La Démarche........	229
IV.	L'éternel Féminin......	237
V.	L'Equilibre......	240
VI	Saisissement......	245
VII.	*Nigra sum, sed formosa*..	249
VIII.	La Carnation......	254
IX.	La bouche de rose et les dents de perle......	256
X.	Effluves corporels......	257
XI.	Uranie......	259
XII.	Les Yeux de l'esprit......	263
XIII.	Les Yeux physiques......	267
XIV.	La chevelure......	270
XV.	L'épiderme......	272
XVI.	L'heure sonne......	274

LIVRE SIXIÈME.

... Et l'*Ombre* fut?

I.	On soupe chez le magicien......	279
II.	Suggestion......	285
III.	Importunités de la Gloire......	303
IV.	Par un soir d'éclipse......	313
V.	L'Androsphynge......	324
VI.	Figures dans la nuit......	327
VII.	Luttes avec l'Ange......	331
VIII.	L'Auxiliatrice......	333
IX.	Révolte......	339
X.	Incantation......	341
XI.	Idylle nocturne......	343
XII.	Penseroso......	345
XIII.	Explications rapides......	352
XIV.	L'Adieu......	368
XV.	Fatum......	371

Paris. — Imprimerie G. Rougier et Cⁱᵉ, rue Cassette, 1.

5 octubre 91

www.ingramcontent.com/pod-product-compliance
Lightning Source LLC
Chambersburg PA
CBHW060607170426
43201CB00009B/927